只要心理学忽略了心智器官的解剖，它本身就极不可能达成对心智结构真实、合法的描述。

—— Paul Flechsig（1896）于莱比锡

LANGUAGE IN OUR BRAIN
THE ORIGINS OF A UNIQUELY HUMAN CAPACITY

人类语言的大脑之源

〔德〕安吉拉 D. 弗里德里希（Angela D. Friederici）／著
陈路遥　孙政辉　国　佳　魏岩军／译
冯丽萍／校

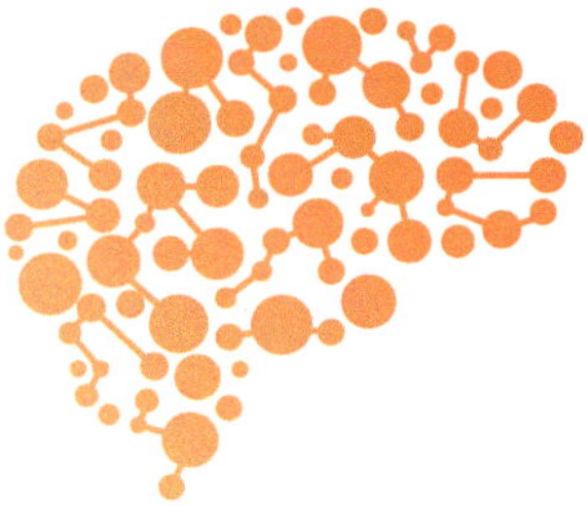

科学出版社
北　京

图字：01-2021-6836号

《人类语言的大脑之源》原名 Language in Our Brain: The Origins of a Uniquely Human Capacity，作者为 Angela D. Friederici。该书由美国 Massachusetts Institute of Technology 出版社于 2017 年出版，并授权中国科技出版传媒股份有限公司（科学出版社）独家出版发行其简体中文版。

图书在版编目（CIP）数据

人类语言的大脑之源 /（德）安吉拉 D. 弗里德里希（Angela D. Friederici）著；陈路遥等译. —北京：科学出版社，2022.1

书名原文：Language in Our Brain: The Origins of a Uniquely Human Capacity

ISBN 978-7-03-071435-0

Ⅰ. ①人…　Ⅱ. ①安… ②陈…　Ⅲ. ①人类语言学－研究　Ⅳ. ①H0

中国版本图书馆CIP数据核字（2022）第025689号

责任编辑：孙文影　高丽丽　冯雅萌 / 责任校对：杨　然

责任印制：李　彤 / 封面设计：有道文化

科学出版社 出版

北京东黄城根北街 16 号

邮政编码：100717

http://www.sciencep.com

北京建宏印刷有限公司印刷

科学出版社发行　各地新华书店经销

*

2022年1月第　一　版　开本：720 × 1000　1/16

2025年3月第三次印刷　印张：17

字数：340 000

定价：99.00 元

（如有印装质量问题，我社负责调换）

中文版序

Angela D. Friederici

语言连接起了世界。在科学界，16世纪的通用语是拉丁语，20世纪的通用语则成了英语，谁也不知道未来哪种语言将成为通用语。

2003年11月，我有幸参加了由慕尼黑大学的Ernst Poeppel与北京大学的同人在北京大学举办的首次中德研讨会。在这次研讨会上，中国科学家与德国科学家各占一半，大家用英语进行学术交流。

在该研讨会中，我报告了我们在句法和语义信息加工方面的电生理研究工作，介绍了“句子理解三阶段”模型：第一步是早期句法结构的构建；第二步是语义关系的构建；第三步是句法和语义信息的最终整合。在茶歇的时候，一位年轻的学生——叶铮（Zheng Ye）走到我面前，用完美的英语问了我这样一个问题：这一模型是否也适用于汉语这种作为非屈折变化的语言？因为这个模型是基于德语建立的，而在德语中，屈折形态可以提示句法相关的信息。我回答道：这的确是一个需要实证检验的问题。我们讨论了进行实证检验的可能方法。几个月后，我收到了北京大学一项采用普通话句子作为实验材料的电生理研究的首批结果，该研究结果证实了这个模型，并在2006年发表于杂志《大脑研究》（*Brain Research*），叶铮为第一作者，周晓林教授为通讯作者（Ye et al.，2006）。

随后的数年里，多项语言认知神经科学领域的中德合作启动。这些学者关注词汇和韵律语境中的音高加工（Nan et al.，2009；Chien et al.，2020a，2020b），以及中德学前儿童语言网络的发展（Xiao et al.，2016；Qi et al.，

2019）。

2018 年，陈路遥博士加入了我的研究团队，目前他就职于北京师范大学。他与我们分享了在句法加工过程中及其神经基础方面的研究兴趣。关于层级句法结构神经基础的讨论令人极为振奋，进而催生出了一个以人工语法为“最终实验场”的项目。在这个项目中，我们直接对比了层级与非层级结构的脑激活情况，发现 Broca 区后部和颞上回后部显著参与了层级结构的加工（Chen et al., 2021）。

回到北京后，陈路遥博士提议，我于 2017 年出版的英文原著有必要面向汉语读者，特别是那些对语言及其大脑基础感兴趣的读者。

在书中，我试图为世界各地不同实验室进行的许多研究提供连贯、综合的描述。尽管这些研究使用了不同的语言，采用了不同的测量方法，如脑电图、脑磁图或者功能磁共振成像，但这些数据提供了一幅连贯的图景。这些数据表明，特定的语言功能和大脑之间的关系并非随机的，而是颇具系统性的，从而不同语言之间可以进行归纳、概括。因此，语言的神经生物学基础似乎是普遍的，这表明人类语言具有遗传基础。最近，我们了解到，普遍的语言网络为特定语言的终生使用所调节，这支持了生物预设的语言系统[①]和语言环境二者相互作用下产生语言的观点。这一观察结果确实需要进一步研究，本书或许能够为这一事业提供指导。

令我格外高兴的是，这本书已经被翻译为中文，以飨更多科学家和学生读者。我特别感谢陈路遥博士，是他牵头了整个翻译项目：他不仅在翻译上一丝不苟，更重要的是，他还尽心统筹全局，努力协调各方。如果没有他，本书中文版将不会存在。我也非常感谢孙政辉博士、国佳博士和魏岩军博士在细致阅读原著全文后所做的系统而连贯的翻译工作。特别感谢冯丽萍教授审校了译著全文，切实保证了中文版的质量。

① 即通过生物遗传形成的先天语言神经生理系统。——译者注

杨亦鸣教授通读了译著手稿后亲自撰写序言，他的鼎力支持使我感到了莫大的荣幸，在此谨致谢忱！

Angela D. Friederici

2021 年 6 月于莱比锡

参考文献

Chen, L., Goucha, T., Männel, C., Friederici, A. D. & Zaccarella, E. (2021). Hierarchical syntactic processing is beyond mere associating: Functional magnetic resonance imaging evidence from a novel artificial grammar. *Human Brain Mapping, 42*(10), 3253-3268.

Chien, P. J., Friederici, A.D., Hartwigsen, G. & Sammler, D. (2020a). Intonation processing increases task-specific fronto-temporal connectivity in tonal language speakers. *Human Brain Mapping, 42*(1), 161-174.

Chien, P. J., Friederici, A. D., Hartwigsen, G. & Sammler, D. (2020b). Neural correlates of intonation and lexical tone in tonal and non-tonal language speakers. *Human Brain Mapping, 41*(7), 1842-1858.

Nan, Y., Friederici, A. D., Shu, H. & Luo, Y. J. (2009). Dissociable pitch processing mechanisms in lexical and melodic contexts revealed by ERPs. *Brain Research, 1263*, 104-113.

Qi, T., Schaadt, G., Cafiero, R., Skeide, M. A., Brauer, J. & Friederici, A. D. (2019). The emergence of long-range language network structural covariance and language abilities. *NeuroImage, 191*, 36-48.

Xiao, Y., Brauer, J., Lauckner, M., Zhai, H., Jia, F., Margulies, D. S., & Friederici, A. D. (2016). Development of the intrinsic language network in Chinese preschool children from age 3 to 5 years. *PLoS ONE, 11*(11), e0165802.

Ye, Z., Luo, Y. J., Friederici, A. D. & Zhou, X. L. (2006). Semantic and syntactic processing in Chinese sentence comprehension: Evidence from event-related potentials. *Brain Research, 1071*, 186-196.

序　言

杨亦鸣

一

当语言学研究目标发展到要解释人类语言能力的时候，神经语言学就应运而生了。因为神经语言学探讨脑与语言的关系，真正关注语言能力研究，有望解决“为语言系统及语言系统的使用提供物质基础的生理机制是什么”（Chomsky，1988）的问题。因此，当代理论语言学（主要是形式语言学）与神经语言学的研究目的在这里已合二为一了。随着神经语言学的发展，乔姆斯基认为没有任何原则性的方法可以将语言学与神经语言学区别开来，这正如没有原则性的方法能将化学与物理化学区别开来一样，有关语言研究的部分是人类生物学的一部分，可以称为“生物语言学”（斯特梅尔，乔姆斯基，2003）。语言的生物基础最直观的表现是语言器官，不过乔姆斯基所谓的“语言器官”（language organ）就是“普遍语法”（universal grammar，UG），是属于人类生物天赋一部分的语言能力物化的语言装置（faculty of language，FL），普遍语法把某种特定语言看作 FL 的一种特定状态 L，无论 L 的面貌如何，语言都是“有限手段的无限运用”，而这种递归程序在大脑中是通过神经元构成的回路实现的（乔姆斯基，2002）。

但是，要想真正科学有效地探索人类大脑的语言机制，难度很大，能够在先进的理论假设与缜密的实验设计、实验数据之间达到和谐互证且有原始创新意义的著述更是凤毛麟角，而摆在读者面前的这部《人类语言的大脑之源》就属于这样一部著作。该书为马克斯·普朗克人类认知与脑科学研究所（Max Planck Institute for Human Cognitive and Brain Sciences）主任 Angela D. Friederici 教授所著，2017 年由麻省理工学院出版社出版，英文书名为 *Language in Our Brain: The Origins of a Uniquely Human Capacity*。

Friederici 教授 1952 年出生于德国科隆，1976 年和 1980 年先后在德国波恩大学获得语言学和心理学学位，之后在麻省理工学院做博士后，继而在马克斯·普朗克心理语言学研究所和巴黎笛卡尔大学担任研究员。1994 年，她成为莱比锡马克斯·普朗克认知神经科学研究所（Max Planck Institute of Cognitive Neuroscience）的创始主任，该研究所于 2004 年更名为马克斯·普朗克人类认知与脑科学研究所。

二

该书是 Friederici 教授及其团队几十年研究成果的结晶。在导论中，作者开宗明义厘清了语言的定义，"语言并不等同于交际，而是用于交际"，"语言是一种心智器官，指的是一套有限的运算机制，它允许我们生成无限数量的句子"。然后，作者分别简要阐述了语言是特定的认知系统和人脑的神经系统，并为后文提供了一个统一的语言功能解剖学模型。

正文包括 4 个部分。第一部分包括第 1、2 章。作者逐一描述了从听觉输入到句子理解过程中不同子环节加工的时间和空间信息，这些子环节在时间上以部分并行、总体级联的方式运行。其具体可分为声学加工和语音分类加工（100ms；左侧初级听觉皮层和颞平面），初始阶段结构构建（120—250ms；左侧额叶岛盖、BA44 区的腹侧部分以及颞上回前部），语义、题元角色和句法加工（300—500ms；左侧颞上回、颞中回以及额下回的 BA45/47 区，其中复杂句法层级的加工由 BA44 区和左侧颞上回后部支持），不同类型信息的整合

（600ms，左侧颞上回后部）。韵律加工主要分布在右半球，涉及颞上回和额下回区域。句子理解中句法信息和韵律信息的相互作用由连接左右半球的胼胝体负责。此外，还简短地讨论了语言核心系统之外的人类交流系统。

第二部分包括第3、4章。作者刻画了不同语言脑区之间的结构连接，然后讨论了腹侧和背侧纤维束的语言功能，最后基于时间和空间信息构建了一个自下而上与自上而下相结合的语言神经环路。初始输入信息沿着腹侧通路从听觉皮层自下而上到达额叶皮层，其中语义信息到达额下回前部，句法信息到达额下回后部；额下回前部自上而下控制颞中回的词汇语义通达并通过顶叶皮层实现对颞后皮层的语义预测，额下回后部支持短语的层级化，通过背侧通路将信息传送到颞叶皮层后部，完成句法、语义信息整合。

第三部分包括第5、6章。作者讨论了语言习得和大脑之间的关系。众多研究发现与语言学习关键期假设一致：从出生到3岁，二语习得者可获得与母语者相当的句法和语义；3岁后，二语习得者可获得与母语者相当的语义，不过句法却达不到那么高的标准；而青春期后的二语习得者几乎不可能获得与母语者一样的句法和语义。并且，人类大脑关键期与语言模态无关，无论是听觉语言还是手语，大脑在关键期阶段对语言输入都最敏感。在此基础上，作者及其团队通过实验提出了语言习得模型假设的两个主要发展阶段：第一阶段是3岁以前，主要依赖于以颞叶皮层和腹侧语言网络为基础的自下而上的加工过程，具体包括言语感知、语音切分、词形识别、词汇层面和句子层面的语义、句法知识的出现；第二阶段是3岁以后直到儿童后期，以左侧额下回为代表的背侧语言网络逐渐成熟，自上而下的加工过程逐渐出现。语言相关区域的灰质随着年龄的增长而减少，而这些区域之间的白质连通性则随着年龄的增长而增加。作者详细描绘了个体发展中的结构连接和功能连接变化。

第四部分包括第7、8章。作者主要讨论了语言的演化和可能的潜在神经约束，然后提出了基于核心语言系统的神经基础的综合观点。作者提到鸣禽已经具备了基于简单规则序列的感觉-运动学习能力，但并不具备加工层级结构的能力。作者还从行为层面、细胞结构到网络水平的多尺度神经科学层面回顾了人类和非人类灵长类动物的物种比较研究。这些研究表明：第一，细胞结构分析显示人类额下回 Broca 区呈现左偏侧化现象，而非人类灵长类动物并不存在；第二，与非人类灵长类大脑相比，人类大脑中 Broca 区 BA44 区与颞上皮层之间的背侧连接更强。作者由此提出语言是一种独特的人类能力，它具有产生和加工层级结构句法序列的能力，这也是人类区别于非人类灵长类动物的能力。BA44 区和连接 BA44 区和颞上皮层后部的弓状束对语言能力具有特别的作用，这些大脑结构的出现可能是为了支持人类处理句法的能力。

纵观全书，有三大优点。首先，结构安排合理，内容层次丰富，清晰地阐释了人类语言系统是什么样的，人类语言在个体上是如何发展的，以及在物种上是如何演化而来的等科学问题。作者以“语言是演化而来的生物系统”这一假设为前提，采用成人、个体发展和种系发生等多领域视角，从神经环路、神经网络等多尺度水平，关注时间和空间两个维度，深入剖析语言内部各个子系统——语音、句法、语义，紧紧围绕“人类独特能力的起源”这一中心，全面、系统地阐述了人类语言核心系统的认知神经基础，并提出了人类语言理解的认知神经模型。

其次，善于吸收同时代学者的成果，研究的内容不断更新，保持学术研究的前沿性。作者于 1995 年提出了句子加工的“三阶段模型”，此后作者吸收了同时代重要的研究成果，比如，来自细胞构筑的分析证实了成人大脑 Broca 区具有左向不对称性（Amunts et al.，2003），而在成年黑猩猩中则未发现该脑区的不对称性（Schenker et al.，2010）；来自人类和非人类灵长类动物大脑之间的跨物种比较揭示了 Broca 区的 BA44 区与颞上皮层之间的背侧通路在人脑中比在非人类灵长类大脑中更强壮（Rilling et al.，2008）等。在这些成果的启发下，经过 2002 年、2011 年、2012 年的不断发展与完善，作者最终提出了创新性成果——

语言神经认知腹侧和背侧双通道模型。

最后，善把金针度与人，作者在全书的叙述中，经常会耐心地介绍自己所用的技术手段和方法，对读者深入了解神经科学前沿技术手段很有帮助。比如，第 1 章在阐述语言理解的神经基础前，介绍了当代各种神经科学技术手段的原理、优缺点以及适合的研究领域，包括事件相关电位（ERP）、脑磁图（MEG）等神经生理学手段具有较高的时间分辨率，功能磁共振成像（fMRI）等影像学设备则具有较高的空间分辨率，而近红外光谱技术（NIRS）的空间分辨率虽然差于功能磁共振成像，但是其监测系统直接安装在参与者的头上，可用于对儿童的研究。此外，在 3.1 节论述语言的神经解剖学通路前，作者简要梳理了从最初只能采用尸体解剖方式到现在采用弥散张量成像（DTI）技术进行白质纤维束研究的学术史，并描述了新的成像技术手段的原理、方法、指标及其意义。作者还注重对具体研究方法进行汇总，内容的概括性强，比如，1.4 节归纳了研究短语结构构建的方法，1.5 节总结了当前句法研究的思路，1.6 节罗列了 N400 效应所有可能出现的语境等。这些内容充分照顾了不同学科背景的读者，能帮助初学者开阔学术探索的视野。

当然，该书也有可以讨论之处。如作者在 8.1.2 提到重点讨论句法网络的原因时认为，“有充分的证据表明，非人类动物，如非人类灵长类动物和狗可以学习单词和固化短语的意义，但不能学习句法”。如果说句法对人类而言是特有的和重要的，大抵没有问题，但这样的表述会使人认为词等语言单位有可能或部分有可能是人与高级动物共享的，那些动物只是因为没有句法，最终无法形成人类的语言。即容易使人误认为人类和动物只有句法系统不同，二者的词汇或者概念具有可比性。然而值得注意的是，虽然灵长类动物和人类在种系关系上最近，但是非人类灵长类动物完全不是人，它们没有语言，没有语言学意义上的词汇（即层级系统中的语言单位），因此，非人类灵长类动物和狗掌握的“词和意义”似乎不能算是学习语言学意义上的词。是不是可以这样认为，动物可以在（听觉、视觉、嗅觉、味觉、触觉等形成的）形象本身和意义（人类所认为的）之间建立简单固定的连接。这是由物种遗传结构所决定、以生存目标为导向而形成、利用有限形象集合来思维和表达的生存策略；而句法是用来组合人类特有词汇的，不是组合动物之记忆策略的“词”。

换言之，人类语言词汇如果不是处在目前这样由上下表里分层的、可以组合和聚合的分节语构成的层级系统中，句法也就无用武之地了。简言之，我个人觉得句法很重要，不是因为句法可以单独地狂飙突进（sturm und drang）以撑起语言的局面，而是它能简洁有效地组织词汇系统，从而为人类带来赖以思维的载体和交际的工具，乃至形成创造和发展文化及文明的人类特有的能力（语言能力）。当然，这个问题较为复杂，需要与神经机制和神经基础的研究互证，而且也并非 Friederici 教授主要讨论的问题。但是它昭示我们，语言中句法运算和词在进化上的关系问题值得进一步思考和研究，以更深入地认识 Friederici 教授所发现的人脑特有的 BA44 区以及连接 BA44 区和颞上皮层后部的弓状束在人类语言中所发挥的功能和作用。

此外，作者对学术界的另一贡献是关于 ELAN（early left anterior negativity，早期左侧前部负波）效应的报告。关于 ELAN 效应的实证数据非常丰富，但这个效应的具体功能意义尚有不清楚之处，而且目前看来 ELAN 效应是不是在所有语言中都会被发现也尚待证明，所以这一效应的发现意义重大并且值得进一步去研究。难得的是 Friederici 教授本人在书中就引述了有研究者（Steinhauer & Drury，2012）质疑短语结构构建的脑电指标 ELAN 的信度和效度，说明了作者为人的宽容态度和学术敏锐性。

总之，该书较为全面地反映了神经语言学，尤其是以 Friederici 教授有关背侧语言通路的独特发现为代表的句法研究方面的最新进展及前沿问题。它的中译本将成为国内神经语言学学习者与研究者必不可少的参考书。

三

乔姆斯基在为该书原著所写的序言中有这样一段话："Friederici 最引人瞩目的研究结论主要关涉 Broca 区内的特定区域（BA44 区和 BA45 区），以及连接 BA44 区和颞叶皮层后部的白质背侧纤维束……Friederici 认为，这些结构似乎是为了促进人类加工句法的能力的提升——这一人类语言机能的核心而演化出来的。"乔姆斯基还特别提到，BA44 区负责生成层级句法结构，据此它在神经生理学水平上具有独特性质，在功能和微观结构水平上都不同于其他脑区。更具体地说，基本句法运算——最简单的情况是合并（merge）——所发生的部位是 BA44 区的腹侧部分，而邻近的区域则涉及与句法结构无关的组合操作。BA45 区负责语义加工过程。在 Broca 区内，语言和动作行为的神经网络也相互区别。这些是大胆的提议，只要能够站得住脚或者得到进一步发展，就会具有丰富意蕴。

我读了这段话感慨颇多。乔姆斯基语言学早期是被称为转换生成语言学的，至今人们也还常常这么称呼，但是乔姆斯基语言学的核心是普遍语法。为了探索普遍语法先天的"语言获得装置"（language acquisition device，LAD），即语言官能、语言能力的实质，他在句法操作层面上假设是不断改进的，甚至不惜把深层结构向表层结构"转换生成"的那些删并、移位等酷炫的操作，连同深层结构和表层结构这些术语一并"扬弃"掉，经过近 60 多年的发展，直到今天的"最简方案"，提出普遍语法的基本句法运算是"合并"。Friederici 教授的探索发现了 BA44 区的腹侧部分是这一操作的生物基础，确实令人欢欣鼓舞。如同理论物理学的理论假设得到了实验物理学的验证，假说就发展为理论一样，所有的语言理论都只是有关语言的某种理论假设，但这些理论有无人脑的生物基础是需要神经科学，特别是脑科学来验证的，因此 Friederici 工作的意义也就不言而喻了。神经语言学与理论语言学的互证，对理论语言学的发展是至关重要的（杨亦鸣，2007）。

20世纪90年代初，我的研究兴趣由汉语史专业音韵学研究方向扩展到神经语言学的研究，第一个失语症实验研究，就发现句法从深层结构（包括浅层结构）向表层结构的转换生成其实是不存在的。在当时“转换生成”的句法操作在学界还处在鼎盛时期的背景下，这个结论足够令我震撼，几年后这篇文章才得以问世（杨亦鸣，1997）。当然，正如大家所知，随后我们也了解到其时乔姆斯基的语言学确实已从理论本身推演出新的模型，句法研究也不再依赖深层结构、表层结构及其转换，并经由修正的扩展标准理论、管辖和约束理论最终发展为“最简方案”。正是由于我们都曾从事过用神经语言学实证方法的研究来验证和推进生成语法的工作，所以对Friederici教授的研究工作感到很亲切。当然，我们与Friederici教授的交集不仅如此，事实上Friederici教授对我们团队的一项ERP研究工作曾给予了极富价值的指导和建议，这项研究目前还在进行中。

说到乔姆斯基，这里也要向这位伟大的语言学家表示深深的谢意。2002年，我们创办《语言科学》杂志的时候，乔姆斯基给予了大力支持，并给刊物赐稿，就是发表在《语言科学》创刊号上的《语言与脑》这篇数十页的英文长文。《语言科学》创刊十周年的时候，乔姆斯基又发来亲自制作的视频表示祝贺。

以下的文字是我在今天出差途中所写：

> 非常巧合，我今天上午在学校有三节本科生的语言学概论课，中午从徐州来到南京，下午在东南大学做了一场学术讲座，明天要继续南下去上海，在那里还将有两场学术交流活动。晚上我回到宾馆打开邮箱时，意外看到Friederici教授的一封邮件，一方面对我撰写序文表示致谢，另一方面催促我尽早交稿，快人快语，着实领教了。我

一般写成文字的东西，喜欢搁置几个月，反复斟酌修改，这次就谨遵 Friederici 教授之命，把结尾写好，今晚就连夜发给本书的翻译团队。就此也向本书翻译团队陈路遥、孙政辉、国佳、魏岩军等青年才俊表示谢意，感谢他们为中国读者翻译了这么优秀的一部论著。感谢我的学生、本书译者之一的孙政辉，为我撰写序文费力准备了有关材料。还要感谢本书的审校者冯丽萍教授，她代表著译方热情邀请我撰写序文，给了我先睹为快的机会。同时，也要感谢科学出版社精心编校，出版了这么一部重要的著作；我做主编的《语言科学》创刊已近 20 年，一直是由科学出版社打理的，我们一直心存感激。

最后，要郑重感谢本书的作者 Friederici 教授。Friederici 教授以其杰出的科研工作，扎实推进了语言脑机制研究的进展。能为这样一部译著撰写序文，我非常乐意，深感荣幸！

杨亦鸣

教育部“长江学者”特聘教授、博士生导师

江苏师范大学语言科学与艺术学院院长

2021 年 11 月 11 日凌晨 3 时于徐州到南京、上海出差途中

参考文献

乔姆斯基 . 2002. 语言与脑 . 语言科学，（创刊号），11-30.

斯特梅尔，乔姆斯基 . 2003. 乔姆斯基在线访谈：语用学的性质和相关问题 . 沈兴安等译 . 语言科学，（1），104-110.

杨亦鸣 . 1997. 汉语皮质下失语患者主动句式与被动句式理解、生成的比较研究 . 中国语文，（4），282-288.

杨亦鸣 . 2007. 语言的理论假设与神经基础——以当前汉语的若干神经语言学研究为例 . 语言科学，（2），60-83.

Amunts, K., Schleicher, A., Ditterich, A. & Zilles K. 2003. Broca's region: Cytoarchitectonic asymmetry and developmental changes. *Journal of Comparative Neurology, 465*(1), 72-89.

Chomsky, N. 1988. Language and Problems of Knowledge: The Managua Lectures. Cambridge: The MIT Press.

Friederici, A. D. 1995. The time course of syntactic activation during language processing: A model based on neuropsychological and neurophysiological data. *Brain and Language, 50*(3), 259-281.

Friederici, A. D. 2002. Towards a neural basis of auditory sentence processing. *Trends in Cognitive Sciences, 6*(2), 78-84.

Friederici, A. D. 2011. The brain basis of language processing: From structure to function. *Physiological Reviews, 91*(4), 1357-1392.

Friederici, A. D. 2012. The cortical language circuit: From auditory perception to sentence comprehension. *Trends in Cognitive Sciences, 16*, 262-268.

Rilling, J. K., Glasser, M. F., Preuss, T. M., Xiangyang Ma, X. Y., Zhao, T. J., Hu, X. P., & Behrens, T. E. J. 2008. The evolution of the arcuate fasciculus revealed with comparative DTI. *Nature Neuroscience*, *11* (4), 426-428.

Schenker, N. M., Hopkins, W. D., Spocter, M. A., Garrison, A. R., Stimpson, C. D., Erwin, J. M., Hof, P. R., & Sherwood, C. C. 2010. Broca's area homologue in chimpanzees (pan troglodytes): Probabilistic mapping, asymmetry, and comparison to humans. *Cerebral Cortex, 20*(3), 730-742.

Karsten, S., & Drury, J. E. 2012. On the early left-anterior negativity (ELAN) in syntax studies. *Brain and Language, 120*(2), 135-162.

译者序

人类语言是如此复杂、精密、伟大而神奇！我们的思想由此得以传承，我们的情感由此得以传递。缤纷多彩的各种自然语言都依赖于人类“利用有限手段创造出无限表达”的语言能力，它无疑是人类演化史上的里程碑。或许语言能力重新定义了人类，人类文明也因这一非凡的能力而得以绵亘。透过语言这一视窗，我们可以更深入地了解人类的高级认知神经活动及其生物学基础，从而为“what makes us human”（“我们何以为‘人’”）提供一份可能的答案。

时至今日，语言认知神经科学研究方兴未艾。我们可以在语言学理论的框架中利用先进的认知神经技术，在时间与空间两个维度上对人类语言能力的各个方面展开系统研究。如何更好地将语言学与认知神经科学结合起来推动这一新兴交叉学科的蓬勃发展，是吾辈同侪必须积极思考的问题。从事语言认知神经科学研究的同人一定不会对 Angela D. Friederici 教授感到陌生，而她就是这样一位成功将语言学理论同认知神经科学紧密结合的世界级科学家。无论是她提出的 ELAN 成分，还是“语言神经认知腹背侧双通路模型”，这些成果都极大地丰富了我们对人类语言认知神经机制的了解，也为我们继续深化这一研究提供了重要启示与科学范式。

这些优秀的研究成果都收录在 Friederici 教授于 2017 年由麻省理工学院出版社正式出版的英文原著 *Language in Our Brain: The Origins of a Uniquely Human Capacity* 之中。在这本书里，Friederici 教授旗帜鲜明地认为，“语言使我们得以为人”——语言是人类特有的能力，它源自颇为复杂的大脑基础。站在这个立场上，她从语言各子成分加工的时间顺序与空间定位、语言加工的结构与功能脑网络、个体发育、二语习得和种系演化等视角，系统阐述了人类核心语言系统的认知神经基础，从而为“大脑如何运作以支持人类特有语言能力”这一中心论题提供了连贯、综合的整体观。因此，该书一经问世，便受到了学界的一致好评。世界级著名语言学家、生成语法创始人 Noam Chomsky 教授亲自为该书作序，充分肯定了 Friederici 教授在语言认知神经科学领域的杰出贡献。著名认知神经科学家 David Poeppel 教授和 Cathy J. Price 教授也高度评价了该书的学术价值，并鼎力推荐。为此，我们决心翻译这部匠心巨作，以飨语言学、心理学、认知神经科学、人工智能和言语治疗等领域的广大汉语母语读者。一方面，我们希望为读者扫除语言壁垒，帮助读者准确把握当今世界前沿先进理论、模型的来龙去脉，对这些理论学说有较为深入的认识；另一方面，汉语有其自身的特色，区别于富有形态变化的印欧语，汉语加工、产生与习得的认知神经基础能否为当前语言认知神经理论与模型所解释亟待考察。因此，如果该书可以让更多青年学者投身于语言——特别是汉语的认知神经科学研究的行列，我们将不胜欣慰。

在翻译中，我们以“忠于原著”为最高标准，并力求语言流畅、简洁。为了遵循“读者友好”的原则，我们在原著表述较为抽象、隐晦的地方添加了“译者注”，以便于读者理解。我们还就原著中的一些笔误与 Friederici 教授进行了一一核对，并及时予以修改。此外，为了防止英文术语中所含人名的汉译用字的不一致性（如 Broca 区存在“布洛卡区”“布罗卡区”等不同中文翻译）给读者带来不必要的理解障碍，除了公认的或者大众较为熟悉的汉译名字（如达尔文）外，译著仍保留了英文。另外，如有必要，对于一些非术语的英文表达，除了进行汉语对译外，在其首次出现时会加注相应的英文原文，以减少读者的理解偏差。不过，译著疏漏之处在所难免，恳请广大读者批评指正，我们会在新版中及时进行订正。电子邮件可发送至：北京师范大学陈路遥博士（luyaochen@bnu.edu.cn），北京师范大学冯丽萍教授（fengliping@bnu.edu.cn）。

本译著的翻译历时近半年时间，得到了众多专家、学者的支持。首先，感谢 Angela D. Friederici 教授对本翻译团队的授权与信任，我们为能够翻译这部著作而倍感荣幸。特别感谢北京师范大学冯丽萍教授对全书逐词逐句的精心审校。衷心感谢江苏师范大学杨亦鸣教授为本译著作序与为本译著提供的鼎力支持。非常感谢北京师范大学丁国盛教授、卢春明教授和吴金闪教授对本书的大力推荐与高度评价。此外，王启萍女士、天津师范大学吴俊杰博士、北京师范大学硕士生刘洋和林思颖等通读了译稿，并提出了相应的修改意见；知名翻译工作者俞卓君女士对翻译过程进行了必要指导，在此向他们一并表示谢忱。最后，由衷地感谢科学出版社付艳、孙文影等编辑对本译著出版的辛勤付出！

陈路遥　北京师范大学汉语文化学院
孙政辉　南京师范大学文学院
国　佳　北京师范大学汉语文化学院
魏岩军　北京语言大学语言认知科学学科创新引智基地
2021 年 6 月

原书序

Noam Chomsky

50年前，Eric Lenneberg发表了迄今被奉为经典的研究，它开辟了现代语言生物学（biology of language）[①]领域。现在这一领域已经成为一门蓬勃发展的学科。在现代语言生物学50周年之际，Friederici对该领域进行了细致而全面的回顾，令人印象非常深刻。她的回顾为这门学科提供了极为丰富的证据以及精细的实验方法。

Friederici骄人的研究十分全面，涵盖了关于语言结构及其使用中几乎每个重要方面的丰富实验探究和理论分析，同时也涉及语言使用与总体世界信仰体系的整合方式。在整个过程中，她采用通用的（并且在我看来，如果非得这么说的话，这是非常合理的）概念，即加工和感知可以通达共同的"知识库"——核心内部语言，一种可以产生无限的结构化表达序列的运算系统。她对各种概念和方法的讨论颇为审慎、周到，清楚地表明了现有证据和实验程序的重要性和不足之处。她通过仔细、谨慎的证据汇总、分析提出的研究提议，颇具挑战性与深远意义。

Friederici最引人瞩目的研究结论主要关涉Broca区内的特定区域（BA44区和BA45区），以及连接BA44区和颞叶皮层后部的白质背侧纤维束。Friederici认为，"这条纤维束可以被看作一个缺失环节（missing link），它必

① 原文为"biology of language"，这里译作"语言生物学"，以区别于"biolinguistics"（生物语言学）。——译者注

须通过演化从而使语言能力的完全形成变为可能”。支持这一结论的证据是，猕猴和黑猩猩的背侧通路非常薄弱，新生儿的背侧通路也是如此且髓鞘化程度很低，而掌握语言的成年人的背侧通路则很强健。这里报告的实验进一步表明，髓鞘化程度可以预测加工句法上复杂的非常规句子的行为，且该通路强度的增加与加工复杂句法结构的能力的提升直接相关。众多实验结果表明，这条纤维束可能是造成人类成人语言能力区别于前语言阶段婴儿、猴子的原因之一。Friederici 认为，这些结构似乎是为了促进人类加工句法的能力的提升——这一人类语言机能的核心而演化出来的。

BA44 区负责生成层级句法结构，据此它在神经生理学水平上具有独特性质，在功能和微观结构水平上都不同于其他脑区。更具体地说，基本句法运算——最简单的情况是合并（merge）——所发生的部位是 BA44 区的腹侧部分，而邻近的区域则涉及与句法结构无关的组合操作。BA45 区负责语义加工过程。在 Broca 区内，语言和动作行为的神经网络也相互区别。这些是大胆的提议，只要能够站得住脚或者得到进一步发展，就会具有丰富的意蕴。

Friederici 广泛地回顾了涉及本领域的诸多方面。仅从她回顾的部分主题和提出的结论来说，该书从结构和发展两方面考察了句法和语义加工的分离。她回顾了大脑右半球专门负责韵律的区域在演化上可能更为原始的证据，并且该区域的贡献与核心语言区域（在 1 秒内）可以非常迅速地整合在一起，用于分配和解读表达的韵律结构。实验手段揭示了“外化”之前语言的产生过程。“外化”主要指发音，虽然由 Ursula Bellugi 从事的开创性工作（受到 Laura Ann Petitto 和其他人的研究启发）可知，手势语也可用于外化，并且在某些有关方面与言语十分相似。正如 Friederici 提议的，得出如下结论是合理的，即“存在一种普遍的神经语言系统，在很大程度上与输入模态无关”，并且它可以通过终身使用手势语来进行微调。人类还存在专门的脑区用于复杂非常规句子的语义–句法信息和句法加工。语言掌握以规则和系统的方式发展，这由相互支持的行为和神经研究揭示，这种发展也具有一些确定的类似于关键敏感期的时间点。对行为研究和句法结构及其加工过程神经领域特异性的观察表明，到2—3岁，儿童已经掌握了大量句法知识，尽管对语言的完全掌握仍要等到青春期早期。

这些广泛探索的结果为这一迅速发展的现代语言生物学领域研究的知识提供了一系列引人入胜的洞见，并对未来令人兴奋的前景进行了描绘。

Noam Chomsky
2016年11月
美国马萨诸塞州剑桥市

前　言

语言塑造了我们人类，它是我们固有的一部分。我们学习它、使用它，却很少思考它。不过，一旦我们开始思考语言，它似乎就成了一个纯粹的奇迹。语言是一个极其复杂的实体，它有若干子成分，包括语言的声音、单词的意义，以及控制单词之间关系的语法规则。

我第一次意识到语言确实存在这样的子成分是在我的学生时期，当时我在一家语言障碍患者诊所工作。在刚到诊所的某一天，我遇到了一位患者，他不能用完整的句子说话。这位患者似乎很聪明，能够通过交流表达自己的需求，但他的话语几乎缺失了所有的语法项目，就像电报一样。我立刻想到，如果语法在脑损伤后会单独失效，那么它必定在大脑中也能被加以单独表征。这是在 1973 年，那时像计算机断层扫描这样的大脑结构成像技术刚刚发展起来，当然还不能在所有的诊所中使用。

几年之后的 1979 年，当我在麻省理工学院和波士顿大学波士顿退伍军人医院做博士后研究时，神经学专家 Norman Geschwind 是那时最早通过计算机断层扫描在活体内进行定位，将感觉与认知障碍同特定脑区相关联起来的人之一。在他的临床研讨会中，他对一个特定患者进行了行为检查，并由此预测该患者脑部损伤的位置，然后展示了其脑部损伤的计算机断层扫描图像。Norman Geschwind 大多时候做出了正确的预测，从而为验证大脑与行为之间的系统关系提供了令人印象深刻的证据。

如今，35 年多过去了[①]，随着功能磁共振成像等新的大脑成像技术的出现，我们对大脑和认知行为之间关系的认识逐步深入。在语言领域尤其如此，这得益于语言学理论指导下的研究。

语言学系统地描述了三个相关的语言组成部分：语言的声音、语义（处理单词、单词组合的意义）和句法（处理决定单词组合的语法规则）。为了跟进语言的实时运用，所有这些不同的组成部分都必须在若干毫秒内协同工作。如果想了解语言，我们首先必须把这个复杂的实体分解成相关的部分——它的子部分——然后了解它们是如何协同工作的，从而使语言的使用成为可能。语言就像一张马赛克图片，一旦所有部分都就位，一个连贯的画面就会出现。

在《人类语言的大脑之源》一书中，我将描述支持语言及其子部分的相关大脑系统，它们在生命最初几年是如何发展的，以及它们在演化过程中是如何出现的。

为了撰写这本书，我主要参考了文献中关于语言与大脑关系的实证数据，其中一部分来自我和我的学生、同事一起写的文章，正是与他们的工作和讨论为本书的观点的提出奠定了基础。我要感谢这些年来所有和我一起工作的人。

① 指到原书成书时间（2017 年）。——译者注

致　谢

如果不是1979年秋天在麻省理工学院Endicott宾馆召开的一次研讨会上遇到了Noam Chomsky，我就不会写这本书。他关于语言是一个生物器官的想法，以及Jerry Fodor关于思维模块化的假设，这些在当时被热烈辩论的观点在我后来的研究中都有迹可循。我开始寻找语言的神经生物学基础。在《人类语言的大脑之源》一书中，我介绍了我们今天知道的关于神经语言网络及其个体发育和种系发生的知识。

在科研道路上，我得到了许多优秀教师和同事的支持。我在麻省理工学院做博士后时，是Merrill Garrett给我了支持；回到欧洲后，是Pim Levelt为我提供了在马克斯·普朗克心理语言学研究所（Max Planck Institute for Psycholinguistics）进行研究的机会。

1994年，我科学生涯的梦想变成了现实。马克斯·普朗克协会（Max Planck Society）为我和我亲爱的同事、神经学家Yves von Cramon提供了一个机会：在莱比锡建立一家全新的马克斯·普朗克认知神经科学研究所（Max Planck Institute for Cognitive Neuroscience）。现在我们只需要把梦想变成现实，在马克斯·普朗克协会的帮助下，我们做到了。对此，我表示非常感激。

我由衷地感谢研究所内外的同事，他们结合自己的专长阅读并评论了《人类语言的大脑之源》一书的部分内容。我深深地感谢Pim Levelt和Marco Tettamanti对本书大部分内容提出的反馈意见。特别感谢Wolfgang Printz作为神经科学领域之外的专家，提出了许多有益的建议，极大地提高了本书内容的明晰性。

非常感谢我们部门的同事们，他们曾与我一起写了一些重要的综述文章，这些综述为本书的各个部分的研究提供了依据，并且他们还对本书各部分给予了重要的反馈。他们是（按姓氏字母排序）Alfred Anwander，Jens Brauer，Tomás Goucha，Thomas C. Gunter，Gesa Hartwigsen，Claudia Männel，Lars Meyer，Michael A. Skeide 和 Emiliano Zaccarella。特别感谢 Emiliano Zaccarella 为本书编写了术语表。我要感谢 Andrea Gast-Sandmann 制作并改编了本书中的图表。非常感谢 Elizabeth Kelly 用英语编辑了此文本。我也要感谢 Christina Schröder 在本书付梓过程中各个阶段给予的支持。此外，我还要表达对 Margund Greiner 的感激，她不懈地致力于对整份手稿进行格式编辑。

目　录

中文版序（Angela D. Friederici）　i

序言（杨亦鸣）　v

译者序　xv

原书序（Noam Chomsky）　xix

前言　xxiii

致谢　xxv

导　论

0.1　语言作为一种人类独有的特征　1

0.2　语言作为一个特定的认知系统　3

0.3　语言作为一个大脑系统　5

第一部分

第 1 章　大脑中的语言功能：从听觉输入到句子理解　15

1.1　听觉语言理解的认知模型　16
1.2　声学–音系加工过程　20
1.3　从词形到句法和词汇–语义信息　27
1.4　初始短语结构构建　32
1.5　句子加工过程中的句法关系　43
1.6　加工语义关系　54
1.7　题元角色指派：语义和句法特征　60
1.8　韵律信息加工　69
1.9　语言理解的功能神经解剖学　79

第 2 章　延伸　82

2.1　语言理解与产生：语言的共同知识库　82
2.2　语言理解与交际：核心语言系统之外　92

第二部分

第 3 章　语言的大脑结构网络　99

3.1　语言的神经解剖通路　99
3.2　右半球通路和跨半球通路　107
3.3　语言的神经解剖通路模型：句法和语义网络　111

第 4 章　语言的大脑功能网络　116

4.1　语言网络的神经受体构筑基础　117
4.2　功能连接与皮层神经振荡　120
4.3　神经语言回路　128

第三部分

第 5 章　语言习得的大脑关键期　137

5.1　第二语言学习的神经生理学　138
5.2　学习的关键期和敏感期：事实和思考　147
5.3　神经语言网络的普遍性　149

第 6 章　神经语言网络的个体发育　155

6.1　在出生后前三年的语言　157
6.2　3岁以后的语言　175
6.3　发展过程中的结构和功能连接　182
6.4　语言网络的个体发育：一个模型　187

第四部分

第 7 章　语言的演化　193

7.1　语言演化理论　193
7.2　鸣禽对结构化序列的加工　195
7.3　猴子与人类的比较　197
7.4　大脑发育的古人类学思考　208

第 8 章　语言的神经基础　210

8.1　语言网络综合观　212
8.2　尾声：会说话的人——不仅仅是单词　219

术语表　221

语言部分　221
方法部分　226
中英词汇对译表　229

导 论

0.1 语言作为一种人类独有的特征

人类生来就要学习语言。我们无需任何正式的教学或训练就能学会母语，并且每天在任何可能的情境中都可以轻松地使用语言，甚至无需思考。这意味着一旦学会了语言，我们就会自动地使用它。这项本领令人惊叹，尤其是考虑到其他生物乃至机器都不能以类似方式处理语言之时。

是什么使得我们能够如此来处理语言？这种独特的人类特征的基础是什么？

一个显而易见的答案是，语言机能必然是先天的。然而，这个答案没有多大意义，除非我们定义两件事：第一，术语“语言”指的是什么？第二，我们所说的“先天的”指的又是什么？第一个问题似乎有一个简单的答案，因为我们都用语言来进行交际，但这未必是正确的答案。因为我们可以通过用手指示、面部表情和形象性手势等来进行无语言的交际。所以很明显，语言和交际并不是一回事。语言并不等同于交际，而是用于交际，所以语言领域的研究人员在研究主题上往往存在分歧。一些研究人员假设，语言是一种心智器官，指的是一套有限的运算机制，它允许我们生成无限数量的句子，从而将语言与交际区分开来（Chomsky，1980，1995a；Berwick & Chomsky，2015）。其他研究人员则将语言视为共享交际意图这一人类能力的附带现象（Tomasello，1999，2008；Tomasello et al.，2005）。这些不同的观点根植于对语言作为一项人类机能是如何演化而来的不同信念之中。虽然两种观点都同意人类认知发生了生物学上的演化，但一方坚信语言是在社会互动和交际中发展而来的（Tomasello，2008）；另一方则持这样一种观点，即语言是由基因决定的神经生物演化的结果，其中的遗传基因还有待进一步研究（Berwick & Chomsky，2015）[①]。

在本书中，我先假设语言是一个通过种系发生而演化出来的生物系统，然后致力于细化这个系统的神经生物学基础。除了所有自然语言必需的构建层级结构句子的能力外，人类语言的使用基于的其他认知能力都可以部分地出现在其他动物之中。非人类特有、出现于非人类灵长类、狗或鸟等动物中的认知能力包括记忆能力和注意能力、联想学习能力和跨越时间识别、记忆序列的能力。这些认知能力与人类特有的、先天的语言机能一同使我们能够习得和使用任何自然语言。

在这里，"先天的"是什么意思？它不仅指与生俱来的能力，还包括出生后根据固定的生物程序发展出来的能力，即使这需要在发展的关键期获得语言输入。被遗弃的儿童，如 Kaspar Hauser 和近期有大量文献记载的个案 Genie（Curtis，1977），早年都被剥夺了语言输入，在以后的生活中未能发展出完全的语言能力（Blumenthal，2003）。Kaspar Hauser 是一个在 7 岁左右被发现的男孩，他确实学会了词汇和语言的一些基本方面，但像其他被遗弃的孩子一样，其未能发展句法能力。Genie 是一个在 13 岁被发现的女孩，她从 2 岁起就脱离了与人类的接触。她可以通过强化训练习得词汇，然而却无法学会最基本的句法结构原则。这与语言习得的正常情况形成了鲜明对比。正常情况下，在整个发展过程中接收连续语言输入的儿童通常会获得包括句法在内的完整语言能力，这看起来像遵循着一个固定的生物程序。我们将看到，不仅听觉语言输入如此，当输入的是视觉信息时也是如此（如在手势语中）。因此，自然似乎为我们提供了语言的生物程序，但它需要输入才能得以发展。

与人类形成鲜明对比的是，黑猩猩（我们的近亲）无法学会通过组合单词来构建更大的话语单元。研究表明，4 岁的儿童，无论是听觉正常的儿童还是聋童，其构建的话语平均长度为 3—4 个单词，而黑猩猩，即使经过 4 年采用有意义符号进行交际的强化训练，也只能呈现出平均长度略大于一个单词或符号的话语（Pearce，1987）。因此，黑猩猩身上根本不存在绑定单词以建立语言序列的能力。物种间的有趣差别也见于另一项比较人类和猴子结构化序列加工的研究之中。该研究表明，绒顶柽柳猴（cotton-top tamarin）虽然

① 我们必须注意的是，遗传基础并不会由单个基因所代表，因为基因组以复杂的方式影响大脑的发展与行为（Fisher & Vernes，2015）。

能够学习听觉呈现的、根据简单规则构造的序列，但无法学会等长的、根据更复杂规则构造的序列（Fitch & Hauser，2004）。相比之下，人类能够在几分钟内学会这两种规则类型。这些表明，在学习句法结构序列时，人类和非人类灵长类动物存在显著差异。为什么会这样呢？

一个可能的答案或许是，人类和非人类灵长类动物在大脑的神经解剖上存在差异，特别是在构成人类语言网络的那些部分。的确，对那些负责人类语言的脑区以及连接这些区域的纤维束进行的跨物种分析揭示了人类和非人类灵长类动物之间的关键区别（Rilling et al.，2008）。我将在本书最后更详细地讨论这些差异。在此之前，我们必须了解语言是什么，另外我们还必须学习人脑中语言的一些神经解剖学基本知识。

在导论中，我将把语言当作一个特定的认知系统以及一个基于大脑的系统进行简要思考。只有思考过这些之后，我才会讨论关于人类语言功能及其大脑基础之间关系的大量、详细的已有实证数据，然后比较人类和非人类灵长类动物的大脑结构。

0.2 语言作为一个特定的认知系统

语言是人类认知的基石，它服务于人类交际，但并非交际本身。非人类的生物，例如，鲸鱼和蜜蜂，是通过语言以外的方式进行交流的。对于人类而言，语言虽然服务于交际，但除了语言之外，人们还使用手势和情感语调作为沟通的手段。此外，人类能够推断说话者的言外之意，这样的人类语言与其他交际方式的区别主要在于句法。句法是一种特定的、由规则和操作组成的认知系统，它允许把词汇组合成“元结构”，如短语和句子。除了由句法规则和词汇清单构成的核心语言系统，还有两个接口[①]：一个是外部接口，即感觉-运动接口，帮助感知和言语产生；另一个是内部接口，即概念-意图接口，保证核心语言部门与概念、意图和推理之间的关系（Berwick et al.，2013）。

在产生或理解一个句子时，语言系统的不同部分必须协同工作才能成功地达成语言的使用。在这个系统中，句法是中心部分，它已经得到了很好的论述，尽管在多种语言学理论中存在一些不同（如短语结构语法，Chomsky，

① 或译为“界面”。——译者注

1957，1965；中心词驱动的短语结构语法，Pollard & Sag，1994；词汇功能语法，Bresnan，2001）。一个著名的理论（Chomsky，1995b，2007）提出，句法可以分解成一个个单一的基本机制，称为“合并”，它将元素绑定为一个层级结构。这是一个强势主张，因为它被假定为适用于所有自然语言。①

这是什么意思呢？举个例子可能是最好的澄清方式。当我们听一个句子并听到单词“the”（限定词，相当于“这”）后面跟一个单词“ship”（名词，“船”）时，合并运算将这两个元素结合在一起，形成了一个最小的层级结构。在本例中，“the ship”被称为限定词短语。然后，当我们接下来听到“sink”（动词，“沉没”）这个词时，合并运算再次将两个元素绑定在一起：一个元素是限定词短语“the ship”，另一个元素是“sinks”，这就导出了一个具有层级结构的句子：“The ship sinks”（“船沉了”）。递归、一遍又一遍地应用这种运算，就可以生成无限个任意长度的句子，并使其在头脑中进行表征。正如我们将看到的那样，同其他更复杂的句法加工过程一样，基本的合并运算在人脑中有一个明确的定位。

不过，一般而言，语言是一个将结构化的单词序列映射到意义之中的系统。这种映射要求我们不仅识别句子中单词的句法关系，还要识别单词的意义，从而确定“谁对谁做了什么”。与句法和其严格的规则相反，对于单词和其意义的表征不易在神经生理学上进行考察，这也许是因为每个单词有两种类型的语义表征：一方面是语言-语义（linguistic-semantic）表征；另一方面是概念-语义（conceptual-semantic）表征（Bierwisch，1982）。由于有部分重叠，这两种表征形式在实证上难以区分。与包含所有视觉、触觉、嗅觉和情景联系的丰富的概念-语义表征相比（Collins & Loftus，1975；Miller，1978；Jackendoff，1983；Lakoff，1987；Pustejovsky，1995），语言-语义表征仅限于与语言相关的部分，因此尚未被细化（Bierwisch，1982）。根据这一观点，语言-语义表征只包含一个概念-语义表征信息的子集，仅满足构建语法正确且可解析的句子的需要。

这在心理学和神经科学上意味着什么？请考虑句子“He sits on a chair”（“他坐在椅子上”）中的单词“chair”（“椅子”）。为了加工这个句子，语言-语义表征，即椅子是“可以坐的东西”，就已足以理解这一句子。概念-语义

① 该理论并非没有遭到挑战。Jackendoff 和 Pinker（2005）提供了另一种概念，其中，组合性并不只限于狭义句法，而是可以扩展到其他更大的构念之中。

表征则包含更多信息，可能包含在不同历史背景下以及个体情境中世界上所有可能的椅子形式。据此，相比语言-语义表征，概念-语义表征甚至可能包括个体的情景记忆，例如，“这是我上周在博物馆看到的那把椅子”。由于个体间概念-语义表征存在巨大差异，可以想见概念-语义的大脑基础没有语言-语义表征那样具有明确的范围。① 因此，要掌握一个词的全部意义，往往需要囊括核心语言系统之外的其他方面，如说话人的意图和 / 或说话人所处的情境或文化背景。考虑到这一点，至少在初次尝试时，理解有时会失败不足为奇，但令人惊讶的是人际交流大多时候是成功的。

0.3 语言作为一个大脑系统

大脑本身是一个非常复杂的系统，如何描述语言功能与大脑之间的关系仍然是一个很大的挑战。大脑由灰质和白质组成。灰质由大约 1000 亿个神经元组成，它们通过数万亿个突触相互连接。每个神经元都有许多连接，通过这些连接接收来自其他神经元的信号（这些连接就是树突），神经元也通过一些连接将信号传递给其他神经元（这些连接是轴突）。轴突通过突触与其他神经元接触，在突触中信号通过神经递质实现传递。相反，白质几乎没有神经元，由纤维束组成，这些纤维束通过短程纤维束连接邻近的脑区，或通过长距离纤维束连接较远的脑区，以保证这些区域之间的联系。在它们的成熟状态下，这些纤维束被髓鞘包裹，髓鞘起着绝缘作用，能使信号快速传播。灰质和白质是包括语言在内所有认知能力的基础。

然而，我们尚无法完全了解大脑的功能。这对所有不同的神经层次都是如此：从单个神经元和它们之间的沟通到局部回路乃至宏观回路，神经元集群甚至整个脑区都在进行交流。不过，在过去的几个世纪和几十年里，我们关于大脑的知识有了相当大的增长，这使我们能够初步描述神经语言网络。今天，我们可以从与语言相关脑区的不同神经科学水平上将数据汇聚起来，这些水平涉及从细胞和分子水平到神经回路水平，再到系统水平，系统水平由相隔较远的脑区组成的更大神经网络所代表。所有这些层次的分析应该可以引出一个关于人类大脑中语言的生理综合观。

① 注意这是一个假设，目前需要系统的实证评估。

0.3.1 语言-大脑关系简史

在历史上[①]，Franz Gall（1758—1828）是第一个提出认知功能和大脑特定区域之间存在联系的人，他假设语言位于左侧额叶。1836年，Dax发表了一次演讲，其根据对大脑左半球损伤导致的语言障碍的观察，认为左半球与语言有关（Dax，1836）。对语言确实在大脑特定部位进行表征的首个有记载的实证证据是19世纪晚期的一个临床案例。这一著名的病例是法国科学家Broca的病人。据描述，这位患者在语言产生方面存在严重缺陷，因为他只能发出"tan"这个音节。Broca很好地描述了这个患者的语言行为，但为了报告语言与大脑的关系，当时的神经科医生不得不等到患者死后进行大脑尸检。在尸检中，神经科医生在死者的左侧额下回发现了"Tan先生"的脑损伤区域，该区域在今天被称为Broca区（Broca，1861）（图0.1）。若干年后，来自弗罗茨瓦夫的Carl Wernicke描述了一些语言理解障碍的患者（Wernicke，1874）。这些患者被发现在左侧颞叶皮层有病变，病变区域如今被称作Wernicke区（图0.1）。根据这些描述，Broca区被认为支持语言产生，而Wernicke区被认为支持语言理解。这些脑损伤是由中风引起的——在这些病例中是缺血性中风，其中血管将血液输送到特定的脑区时被阻塞，导致相应区域的神经元死亡。后来，这些语言缺陷分别被命名为Broca失语症（Broca's aphasia）和Wernicke失语症（Wernicke's aphasia）。

最初，对语言缺陷的各自分类以患者临床观察期间的语言产出和理解能力为基础。主要存在语言输出缺陷的患者通常以电报的方式讲话，省略了所有的功能词，因此句子听起来像电报，就好像语法消失了一样，这种症状被称为"失语法症"（agrammatism）（Pick，1913）。相反，如Wernicke所描述的，主要表现为理解缺陷的患者会产生他人不易理解的句子。这些患者经常产生成分错误交叉或未完成的话语。例如，考虑一下以下德语中的话语及其英语字面翻译："und ich nehme auch an dass das mit dem Sprechen oder was sonst *überall*，also das da，das ist es，sonst anders als die Beine so was hat ich keine/ and I suppose also that this with the speaking or what else overall，this one，this is it，different to the legs that one I did not have."（"我想也这个跟说或者其他什么总的来说，这个，这是它，不同于那些我没有的那一条腿。"）这种症状被称为语法倒错性障碍（paragrammatism）（Kleist，1914；Jakobsen，1956）。

---

① 对心理语言学历史的详尽描述请见Levelt（2013）的研究。

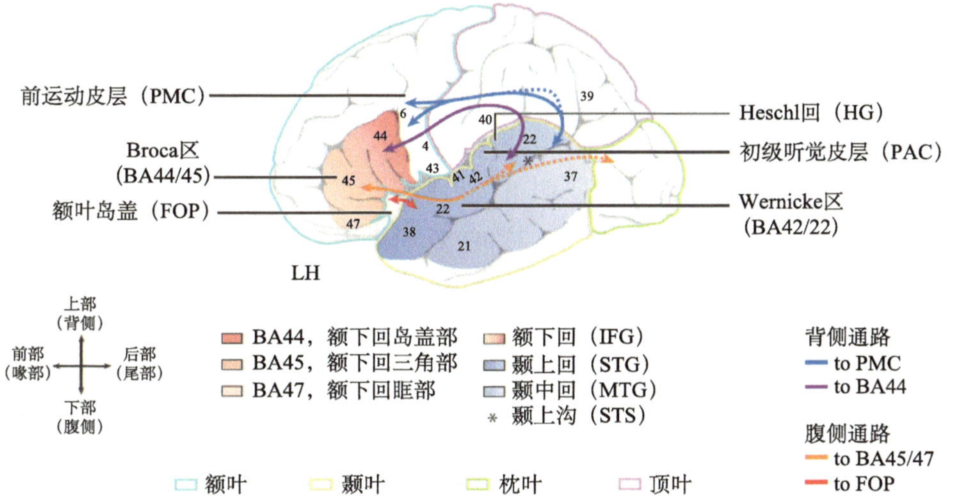

图 0.1 语言的神经解剖。大脑左半球的解剖与细胞构筑细节。顶部：不同脑叶（额叶、颞叶、顶叶、枕叶）边界由不同颜色标记。与语言相关的主要脑回［额下回（IFG）、颞上回（STG）、颞中回（MTG）］用不同颜色标记，STG 与 MTG 之间的颞上沟（STS）用星号标记。编号标记语言相关的 Brodmann（BA）分区，这由 Brodmann（1909）根据细胞构筑特征定义。坐标（见左下方）标示脑叶或 BA 中脑回的上（背侧）、下（腹侧）位置（例如，颞上回，BA44 区上部）。水平坐标标示脑回的前部（喙部）、后部（尾部）位置（如颞上回前部）。Broca 区包括额下回岛盖部（BA44 区）和额下回三角部（BA45 区）。位于 Broca 区前部的是额下回眶部（BA47 区）。额叶岛盖（frontoparietal operculum，FOP）位于 BA44 区和 BA45 区的腹内侧。前运动皮层（premotor cortex，PMC）位于 BA 6 区。Wernicke 区被定义为 BA 42 区和 BA 22 区。初级听觉皮层（PAC）与 Heschl 回分别处于颞叶上部外侧到内侧的位置。白质纤维束，即连接语言相关脑区的背侧和腹侧通路由彩色箭头所示（见右下方）。引自 Friederici. (2011). The brain basis of language processing: From structure to function. *Physiological Reviews, 91*(4), 1357-1392

直到 20 世纪 70 年代末和 80 年代初，神经学家才能够在活体内观察患者的大脑。只有在新成像技术出现之后，在活着的患者中描述其语言行为与大脑损伤之间的关系才成为可能。随着神经影像学方法的进步，语言学和心理语言学理论也有了重要的发展，这使得对 Broca 区负责语言产生、Wernicke 区负责理解的经典观点进行了修正。

当开展更多基于语言和心理语言学理论的精细测试研究时，人们对 Broca 区和 Wernicke 区功能的经典观点进行了修正，测试结果需要在功能上对这些脑区进行重新定义（Zurif et al.，1972；Caramazza & Zurif，1976）。

结果发现，Broca 失语症患者不仅在语言产生方面存在问题——他们说的是一种漏掉所有功能词的失语法电报式语言——而且在面对语法复杂的、理解依赖于功能词的结构时，他们的语言理解也存在问题。例如，被动句——“The boy was pushed by the girl”（“男孩被女孩推了”），在只加工实词“boy pushed girl”（“男孩推了女孩”）时就会出错。这些观察结果引出了这样一种观点：在语言产生和理解过程中，Broca 区负责语法加工。对 Wernicke 区的功能解释也发生了类似的转变。研究发现，Wernicke 失语症患者不仅在理解话语的意义方面存在缺陷，而且在产出的词汇选择方面也存在问题，这引出的观点是，Wernicke 区所在的颞叶皮层支持词汇-语义加工过程。因此，正是语言学和心理语言学理论建构带来了关于语言与大脑关系的新见解。这些研究首次表明，语言的不同子成分，如语法和词汇，可能在大脑中有不同的定位。

20 世纪末，随着神经科学新方法的发展，语言与大脑的关系可以在活体被试加工语言时被观察到。如今，语言网络可以被描述为由大脑左、右半球的一些皮层脑区组成。在某些皮层下结构（subcortical structures）的参与下，这些皮层脑区适时地相互作用。这些皮层下结构并非为语言所特有，但可以作为语言网络与其感觉输入系统（例如，听觉语言的听觉皮层和手势语的视觉皮层）及输出系统（例如，发音或者做手势的运动皮层）之间的关系系统。在这本书中，我主要关注神经语言网络的皮层区域，并将讨论它们在成人大脑和儿童尚在发育的大脑中特定的语言功能。

0.3.2 语言的神经解剖学简介

为了绘制人脑中的语言网络地图，我们需要一个坐标系，将大脑分为相应部分，并为这些部分贴上标签。不幸的是，不同的神经解剖坐标系和标签存在太久并仍在使用。因此，我将把它们全部呈现在这里。一种描述大脑中某一特定功能的、由神经解剖所得到的位置的方法是命名皮层中的不同脑回：额叶中的额下回或颞叶中的颞上回和颞中回（图 0.1）。该模型代表了大脑左半球——语言的优势半球的解剖学细节。[①]

一个多世纪以来，左半球的 Broca 区和 Wernicke 区被认为是大脑中语言

① 该模型的初版发表于 Friederici（2002）的研究中，之后发展出新的版本，发表于后来 Friederici（2011）所做的研究中。这些版本都是基于对当时已有数据的综述。在这里，该模型作为一个主干，为本书中讨论的数据提供了参照。

加工的中心区域。根据神经解剖学的微观结构，这两个脑区已在细胞构筑的层面上被描述，近年来，人们也在神经受体构筑层面上对它们进行了描述。这些微观结构的分析允许对较大的皮层区域进行划分，这比任何基于损伤的功能划分都要精细得多，因为大脑损伤通常覆盖着较大的皮层组织。

早期但迄今仍然有效的划分是由 Brodmann 于 1909 年提出的对皮层结构进行的细胞构筑的描述。他只给出了大脑左半球的描述，因为他在显微镜下一毫米一毫米地观察皮层，耗费了多年时间才完成了这项分析。他分析了大脑皮层中六层神经元的类型和密度。最后，他确定了细胞构筑上不同的区域，并对其进行编号，这些区域现在被称为 Brodmann 分区（BA）（图 0.1）。这一编号方式仍在使用，以表示大脑中某个功能活动的位置。基于 Brodmann 的细胞构筑分析，像 Broca 区就可以再分为一个靠后的部分（BA44 区）和一个靠前的部分（BA45 区）。Broca 区在细胞构筑上可以分为两个亚区这一发现后来被客观的细胞构筑分析所证实（Amunts et al.，1999）。BA44 区和 BA45 区的划分与（额下回）岛盖部和三角部的神经解剖分离相吻合。Wernicke 区位于颞叶皮层，指的是 BA42/22 区。在细胞构筑上，BA22 区与初级和次级听觉皮层（BA41 区，BA42 区）以及位于其下方的颞中回（Brodmann，1909）不同。

21 世纪，划分不同脑区的新方法得到了发展。一种方法是受体构筑划分，另一种方法是基于连接的划分。受体构筑分析考虑了给定区域中神经递质的类型和密度（Zilles & Amunts，2009；Amunts et al.，2010）。神经递质是在神经元之间传递信号、将信息从一个神经元传递到另一神经元的生化物质。受体构筑分析还表明，BA44 区和 BA45 区之间存在整体差异，在这些区域内部甚至还具有更精细的划分；外侧区域 BA45 区、BA44 区与腹内侧区域额叶岛盖之间也存在差异（Amunts et al.，2010；有关详细信息，请参见图 0.2 的图例）。

基于连接的划分方法指的是根据脑白质纤维与大脑其他区域的连接来划分皮层区域的方法（Johansen-Berg，2004；Anwander et al.，2007）。通过使用基于连接的划分方法，Broca 区域也被划分为 BA44 区和 BA45 区，这两个区域都与位于腹侧的额叶岛盖相分离（Anwander et al.，2007；图 0.3）。使用基于连接的方法，颞上回的 BA 22 区可以分为 3 个亚区（Raettig et al.，已投稿）。在此方法的基础上，颞上回和颞上沟都可分为 3 个部分：后部、中部和前部。

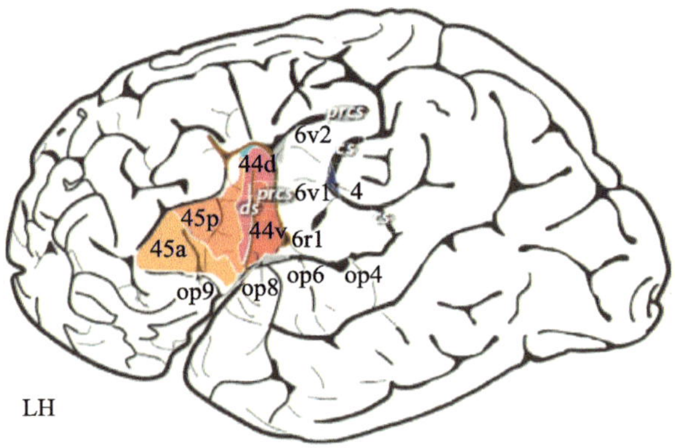

图 0.2 左侧 IFG 受体构筑划分。在尸体大脑中分析了额下回（IFG）区域的受体构筑差异。分区范围呈现于单个尸体大脑左半球侧表面。不同受体结合位点被进行了研究。颜色编码表明受体构筑上所定义的边界。44 区可细分为 44d（背侧）和 44v（腹侧）。45 区在结构上可被细分为前（45a）和后（45p）两部分。第 6 区可分为 3 个子部分。Op 表示岛盖（operculum）（编号表示不同的子部分），prcs 表示中央前沟，cs 表示中央沟。转自 Amunts et al. (2010). Broca’s region: Novel organizational principles and multiple receptor mapping. *PLoS Biology, 8,* e1000489

来自不同分析的综合数据为以下观点提供了强有力的实证基础——特定的脑区可以在不同的神经科学水平上彼此分离：在基于细胞或受体构筑参数的较低水平上，以及在基于结构连接的较高水平上。正如我们将会看到的，这些不同神经科学水平上的脑区分离与认知上的语言系统中功能子部门的分异最相关。

从上述简短的描述中我们可以清楚地看到，语言和大脑之间的关系是复杂的，尤其是考虑到网络的不同部分必须实时工作才能使语言加工成为可能的时候。构成左半球语言功能性脑网络主要部分的脑区，特别是 Broca 区和 Wernicke 区可参见图 0.1，并进行了颜色编码。这些区域有助于加工世界上所有语言的单词和句子。右半球的对侧同源区域（图 0.1 中没有呈现）也是语言网络的一部分，支持韵律信息的加工，如句子的韵律。网络中不同的脑区由纤维束连接，它们提供了保证信息从一个区域传递到另一个区域的通路（图 0.1 中的彩色箭头示意）。这些通路存在于每个半球内，连接额叶和颞叶语言区。此外，还有连接左右半球的纤维束，其允许两个半球之间传递信息。

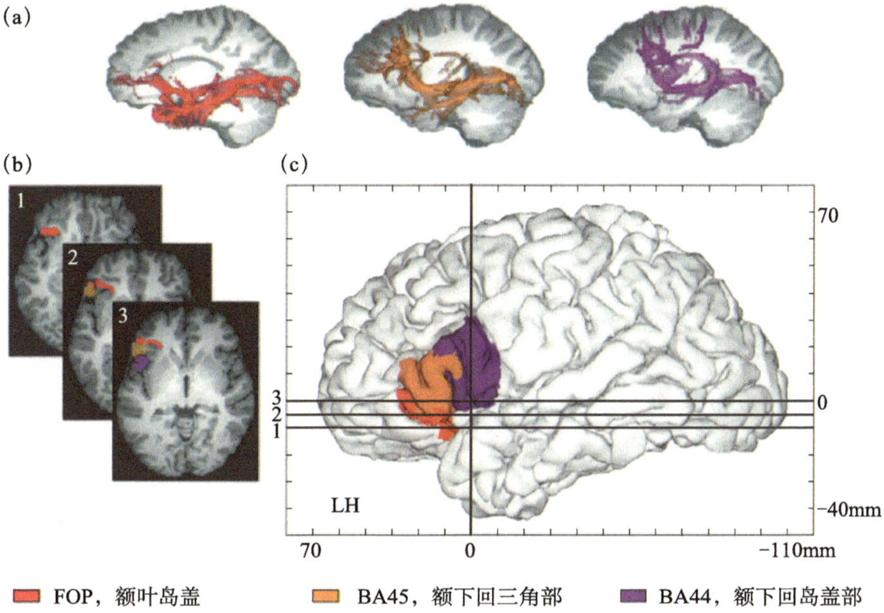

图 0.3 左侧 IFG 基于结构连接的划分。基于白质纤维通路脑区连接的额下回（IFG）划分。(a) 在组平均水平上，额下回可以分为 3 个团块（cluster）：额下回岛盖部，BA44 区（紫色）；额下回三角部，BA45 区（橙色）；额叶岛盖，FOP（红色）。(b) 这些脑区在同一被试大脑左半球 Talairach 标准皮层表面 3 个不同轴位上的描绘。(c) 展示了 3 个不同水平上等距切割所划分区域的轴位切片的位置，轴向切片由水平实线（编号为 1—3）所示。注意脑区形状与大小不同而造成的被试间变异，以及 3 个团块间不变的基本顺序。改编自 Anwander et al. (2007). Connectivity-based parcellation of Broca's area. *Cerebral Cortex, 17*(4), 816-825. 经 Oxford University Press 许可

0.3.3 语言与大脑：待讲的故事

本书的目标是提供一种关于语言与大脑之间关系的连贯观点，这基于来自不同研究领域的多种实验数据：成人语言系统的电生理和功能神经成像数据，发展中的语言系统的神经科学数据，以及人类和非人类灵长类动物的大脑结构及其成熟化的数据。

我将这些数据组织成 4 个较大的部分，并在最后会定义图 0.1 中所绘解剖模型的语言功能。在第一部分（第 1 章和第 2 章）中，我描述了从听觉输

入到句子理解的基本语言功能及其大脑基础，主要考虑到不同子过程发生的时间和位置。我将复杂的语言系统分解成若干子部分，然后再将这些子部分整合在一起，为语言理解提供一个功能性的神经解剖学模型。我在第 1 章之后进行了拓展，这部分内容超越了语言理解问题的范围（第 2 章）。我提供了实验证据来支持如下观点：语言理解和产生具有共同的知识基础。此外，我还简要讨论了不属于核心语言系统的其他交际方面的内容。在第二部分（第 3 章和第 4 章），我描绘了连接不同语言相关脑区的结构与功能的语言网络。在这里，我描述了神经语言网络的空间和时间特征。我将提出一个动态神经语言回路来描写成人大脑中语言相关区域的相互作用。在第三部分（第 5 章和第 6 章），我讨论了语言习得的大脑基础，探讨了幼儿时期的语言发展和第二语言学习的有关内容。在这里，我们将会了解语言发展的神经生物学条件，我也提出了一个基于相关数据的语言个体发育神经认知模型。在第四部分（第 7 章和第 8 章），我首先讨论的是有关语言演化和可能潜在神经限制的问题，然后将覆盖不同章节的材料汇总在一起。最后，我提出了针对核心语言系统神经基础的综合观。

随着本书内容的展开，我希望以这样一种方式来引导读者，即通过与语言和大脑相关的丰富数据，从一个纯粹的功能模型开始，随着更多数据的讨论变得越来越复杂，最后发展成一个神经认知模型。我们会发现，大脑中与语言相关的不同区域本身并不能单独解释语言，而白质纤维束支持的这些区域之间的信息交换对语言的发展和演化显得至关重要。

为了便于识别与语言相关的脑区以及图 0.1 所示模型中的不同通路，我保持相应颜色不变。此外，我还对来自不同已发表论文中的图片的颜色进行了调整，以保持连贯。

第一部分

只有当语言无法使用时（例如，在大脑受损后），或者当语言习得变得索然无味时（例如，在学习第二语言时），我们才会惊叹：语言真是一个奇迹！在日常语言中，我们从来没有考虑过语言系统的效率，这种效率使我们能够在数毫秒内产生并理解复杂的句子。我们只是单纯地使用语言，在很短的时间内，我们完成了语言的声音、单词的意义和话语句法结构的加工。

心理语言学模型认为，这些涉及不同信息类型的加工过程发生在不同的子系统中，这些子系统以部分级联和部分并行的方式在时间上协同工作。这意味着在语言理解过程中，一旦感知到声学信息，就必须执行处理音系、句法和语义信息的不同子过程。这些过程构成了所谓的核心语言系统（Berwick et al., 2013; Fedorenko & Thompson-Schill, 2014）。然而，在人际交流中，理解也可能涉及情境和情感等方面，它们并不是核心语言系统的一部分，正如我们之后会看到的，这些方面可以独立于语言而发挥作用。

第 1 章聚焦语言理解中这些不同过程的认知结构及其各自的神经基础。其后的延伸部分（第 2 章）则有两个目的：首先，它将讨论语言理解和语言产生中句法规则和词汇的共同知识基础；其次，它将简要介绍超越核心语言系统的其他交际方面的信息。

第 1 章　大脑中的语言功能：从听觉输入到句子理解

理解一段话语意味着要对这段话说了什么内容进行解读。一旦将语言语义（linguistic semantics）成功映射并整合到现有的世界知识之中，理解就达成了。为了实现这一目标，语言加工系统必须运算许多不同类型的信息，包括声学、音系、句法和语义信息，即语音信息、话语的语法结构和不同单词之间的意义关系。语言学理论通常将这些不同的信息类型划分为不同的语言子成分。语音学和音系学分别研究言语的声音和语言的声音。语音学与声音的物理方面有关，而音系学与声音的抽象方面有关，这些方面独立于声音在言语中的物理实现。此外，言语包含比单个声音单位更大的物理信息，比如单词和短语，它们在超音段层面上通过重音 / 重读或语调的形式来实现，这也被认为是音系学的一部分。句法作为一个重要的子成分，处理短语和句子的语法结构。语义作为下一个子成分，处理单词和单词组合的含义。为了保证实时理解，这些不同类型信息的运算必须在数毫秒内完成。这种速度是必要的，因为一名普通说话人的语速大约是每分钟 300 个音节，即 200ms 一个音节，这快得简直让人难以置信。

第 1 章关注成熟大脑的核心语言系统，并基于一个神经认知模型描述了从听觉输入到语言理解的程序，该模型定义了不同的子过程及其神经基础，涉及这些子过程在大脑中的位置以及它们的时间关系。

1.1 听觉语言理解的认知模型

图 1.1 中大略描绘的语言加工模型对从听觉输入到理解的不同加工阶段进行了假设 [有关该模型的不同版本请参见 Friederici（2002，2011）的研究]。第一个阶段是声学-音系加工过程，其由大脑两个半球的听觉皮层处理。然后，该初始阶段的输出由左半球和右半球根据它们自身的“专长”——左半球处理音段声音，右半球处理超音段参数——进行进一步加工。左半球内，在解释并整合句法、语义信息到现实世界知识之前，需要经过三个加工阶段来处理。在右半球内，言语韵律信息中至少有两个不同的方面须得到处理：第一个是所加工句子的韵律和语调，这可以标示句子中一个短语的起点或终点；第二个是处理与主题焦点相关的重读。在听觉言语理解过程中，一个半球（以及两个半球）中的不同子系统协同工作以实现顺畅的理解。

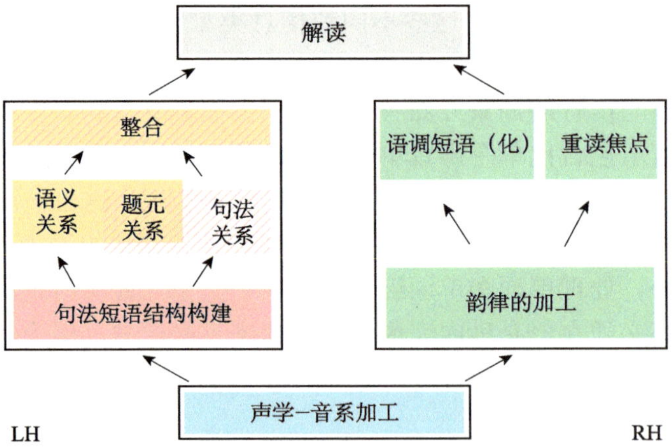

图 1.1 听觉语言理解的认知模型。该模型描绘了从听觉输入到解读的理解过程中的不同子过程。不同颜色编码的框代表假定发生在大脑左半球和右半球的子过程。有关这些子过程的详细信息，请参见正文。改编自 Friederici. (2011). The brain basis of language processing: From structure to function. *Physiological Reviews, 91*(4), 1357-1392

图 1.1 所示的认知模型描述了语言中的不同加工过程（Friederici，2011）。这些过程被假设为以部分并行但整体级联的方式运行。这意味着每个子系统都会尽快将其输出传送到下一个子系统，从而引起多个子系统并行工作①。每个子系统都对应于特定脑区的局部皮层网络（Friederici，2011），这些网络共同形成了支持语言理解的大规模动态神经网络（Friederici & Singer，2015）。

对语言的神经基础进行充分描述面临的挑战是识别大脑中不同的加工子系统，这不仅要看它们在大脑中的位置，而且要看这些子系统在时间上的互动方式。就像其他大脑激活一样，与语言相关的激活是基于神经元和神经元集群的激活，从而引发以毫秒为单位延展的脑电活动，该活动可以通过脑电图技术在头皮上进行测量。电流都有其磁场，因此大脑活动也可以通过脑磁图来加以测量。此外，神经元活动取决于脑血流量，因此血流变化的测量值可以作为测量脑活动的指标，通过功能磁共振成像和近红外光学成像进行测量。在这里，我将采用以下办法：对于功能性听觉语言理解模型中假定的每个子过程，我将描述它们在神经层面上的时间参数，这由具有时间敏感性的脑电图或脑磁图测量来反映；并且细化神经空间参数（一个或多个脑区），这些参数使用功能磁共振成像、近红外光学成像所反映出的血流变化测得，或者通过计算在脑电图或脑磁图数据中观察到的某一效应源的位置获得。我将简要描述这些神经科学方法，因为它们是理解语言与大脑关系的数据以及由此产生的语言理解神经认知模型的必要内容。

传统上，对语言与大脑关系的探究主要在于研究大脑损伤导致的、具有特定语言障碍的患者。19 世纪晚期，病灶是在死后被诊断出来的，但得益于 20 世纪晚期计算机 X 射线断层扫描技术的出现，病灶损伤可以在活体体内被发现。在过去的几十年里，核磁共振成像技术的出现使我们对受损和完好的大脑中语言不同方面的表征有了基本的认识。脑损伤，特别是中风引起的血管损伤并不总是界限清晰，反而涉及特定血管的整个区域，因此受损部位往往不甚具体，所以在本书中我不打算涵盖所有与患者相关的语言研究文献。不过，我仍将与其他神经科学研究一起汇报一些关于患者的研究，从而为充

① 然而，请注意还有其他的心理语言学模型。基本上，人们提出了两类主要的模型来解释语言理解的行为数据：①串行的、句法优先模型；②交互的、约束满足模型。其他模型参见 Mitchell（1994）、Marslen-Wilson 和 Tyler（1980）的研究。

分描述大脑中的语言提供必要信息。

1.1.1 神经科学方法

脑电图和脑磁图是两种具有时间敏感性的神经生理方法。脑电图可以通过无创的方式记录脑电活动，这是因为大脑产生的电活动是在大脑外部，即头皮上进行测量的。脑电图（也同时）记录反映在不同频段的神经振荡。在神经认知研究中，脑电图用以测量锁时于特定刺激（以听觉或视觉形式呈现给个体被试）的大脑活动，被称为事件相关电位（ERP）。ERP 是大脑皮层对特定类型刺激事件反应时的电活动的量化，具有以毫秒为单位的高时间分辨率。由于对一个事件的反应信号非常小，多个相似类型事件的电信号必须被平均以获得一个更大的信号，与正在进行的、与刺激无关的大脑活动形成了对照。平均皮层电活动表现为一个个波形，其中，所谓的 ERP 成分相对于基线具有正极性或负极性，在刺激开始后具有一定时间（毫秒）的潜伏期，并且在头皮上具有特征性的、但分辨率较差的空间分布。最大 ERP 成分的极性和出现时间点以及它的部分空间分布，都是对不同 ERP 成分进行命名的基础。例如，400ms 左右的负波被称为 N400，600ms 左右的正波被称为 P600。

对于言语和语言领域，必须考虑至少 5 个 ERP 成分，下文中神经认知模型的时间信息皆摘自 ERP 研究。这些研究通常包含句子中不同信息类型的违反，因为大脑对输入中意外事件和违反的反应最为强烈。与语言相关的 ERP 成分按时间顺序排列，并反映图 1.1 中功能模型描述的不同过程。第一个是 N100（100ms 左右的负波），它与声学加工过程有关；第二个是 ELAN（早期左前负波，为 120—200ms），反映了短语结构构建过程；第三个是 LAN（左前负波，300—500ms），反映了形态句法加工过程；第四个是 N400（400ms 左右的负波），反映了词汇-语义加工过程；第五个是 P600（600ms 后的正波），与晚期句法整合过程有关。后面将详细讨论这些 ERP 成分（图 1.4、图 1.14 和图 1.17 给出了 ERP 的示例）。

脑磁图是一种记录皮层电活动产生的磁场的神经生理学方法。脑磁图提供了与语言相关磁成分的波幅、潜伏期和地形图等信息，时间分辨率与 ERP 相当，且由于大量的脑信号记录通道（registration channels），其空间分辨率得到了提升。

功能磁共振成像是一种将与特定功能相关的大脑活动进行定位的技术，广泛应用于神经语言学实验。它已经取代了部分侵入性正电子发射断层扫描，以一种非侵入性、最先进的方法在亚毫米级上对语言网络进行功能-解剖上的重构。然而，磁共振成像的时间分辨率有限，因为它测量的大脑活动的血液动力变化以秒为单位[①]。功能磁共振成像可以精确地揭示响应外部刺激的神经活动变化的位置和幅度信息，同时也可以揭示静息时（即在没有外界刺激的情况下）的内在神经信号波动。这些神经活动的变化反映在基于神经-血管耦合效应的血氧水平依赖（BOLD）信号变化之中。

近红外光谱技术可以更灵活地记录 BOLD 响应，因为监测系统直接安装在参与者的头部，这意味着参与者无须像功能磁共振成像过程中那样躺着不动。这一优势使其成为研究婴儿和年幼儿童语言习得的一种重要方法。然而，近红外光谱技术的空间分辨率远低于磁共振成像，且时间分辨率与磁共振一样差。由于这一原因，该技术主要被用于非常年轻的参与者。

除了这些测量大脑功能的方法外，还有一种方法可以让我们记录大脑结构方面的信息。结构磁共振成像提供了大脑灰质和白质的详细形态和几何特征信息，如体积、密度、厚度和表面积。弥散加权磁共振成像技术，特别是弥散张量成像技术，可以根据水分子的运动轨迹对脑白质纤维束进行重构，并能对连接不同脑区的白质纤维束的组织概率（tissue probabilities）进行量化。

上述每一种非侵入性方法都提供了或者精确的时间信息，或者精细的空间信息，但无法同时提供这两种信息。目前，获得可靠的大脑-功能关系知识的最佳途径是将高时间、高空间分辨率结合起来。侵入性技术，特别是颅内电生理学技术满足了技术组合的需要，但只有在临床环境中才可行。不过，基于现有的非侵入性技术，如脑电图、脑磁图、近红外光谱和功能磁共振成像等方法，我们已经能够细化出支持神经认知模型中从听觉输入到达成理解等不同子过程的神经基础。

1.1.2　小结与本章规划

在 1.1 节中，我展示了语言理解的认知模型，包括从听觉输入到理解的

① 即大脑血液动力变化往往需要数秒，以秒为单位的磁共振技术的时间分辨率远低于以毫秒为单位的 EEG 或 MEG 等技术。——译者注

加工成分和加工步骤①。我还呈现了用于测量大脑功能激活及其结构的神经科学方法。下面的章节将对认知模型方框中所示的不同功能成分，包括它们的脑区位置及其随着时间推移而发生的激活进行更详细的描述。声学–音系加工过程将在 1.2 节进行讨论，对编码在单词中的句法和语义信息的通达将在 1.3 节讨论，早期短语结构构建在 1.4 节讨论，句法、语义和题元关系的加工及其整合将分别在 1.5 节、1.6 节和 1.7 节进行论述，韵律信息的加工将在 1.8 节进行综述。在 1.9 节中，我将呈现一个基于大脑的模型，其中，听觉语言理解的认知模型中不同的功能成分都获得了基于神经解剖的大脑定位。

1.2 声学–音系加工过程

口语的理解始于对言语输入的声学–音系分析。这一步早于其他任何进一步的语言加工过程，发生在言语开始后的最初若干毫秒内。该过程反映在特定的 ERP 成分中，使得描述声学–音系加工的时间过程，以及这些过程在大脑中的定位成为可能。

1.2.1 时间过程：脑电图 / 脑磁图研究

每种语言都包含与词汇识别相关的不同言语声音。在语言学理论中，对一种语言内词汇区别起关键作用的语音被称为音位。例如，在英语中，两个语音 /l/ 和 /r/ 能够区分单词 low（“低”）和 row（“排”），因此它们是英语中的音位。在日语中，/l/ 和 /r/ 之间的区别并不能区分任何单词的意义，它们的差异与日语无关，因此在日语中不属于两个不同的音位。对于每一种语言来说，音位的识别都是言语感知过程中至关重要的第一步。

神经科学家已经认识到，在言语开始后约 100ms 内会出现一种 ERP 效应，它反映了对音位的识别。这种效应的 ERP 波形呈负偏向，被称为 N100（Obleser et al.，2003）。声学–音系加工背景下所讨论的第二个 ERP 成分在 100ms 后不久出现，即所谓的“失匹配负波”（mismatch negativity），它已被证明可以反映声学类别和音位类别的区分（Näätänen

① 1.1 节的部分内容基于 Friederici（2011），该模型将作为 1.1 节至 1.9 节讨论的实证数据的基础。

et al.，1997）。请注意，这个 ERP 成分并非为语言所特有，而是反映了听觉类别的区分。然而，它可以用于研究诸如使用音位或音节作为刺激材料的音位辨别等语言方面的问题（Näätänen & Alho，1997；Phillips，2001；Näätänen et al.，2007；Winkler et al.，2009）。

已有研究表明，在语言被感知后不久，特定于（某种）语言的表征就在音位和音节水平上建立起来（Dehaene-Lambertz et al.，2000；Phillips et al.，2000）。一项研究通过比较法语和日语听话者对类似于词的单位（word-like unit）进行的音位加工发现，在言语加工中，听觉输入信号被直接解析为听话者母语中特有的音系模式。这允许对语音输入中的音系表征进行快速运算，从而有助于通达存储在词典（lexicon）中的音系词形。词典通常被认为是所有单词的清单，每个单词上都附有其音系形式、句法类别（名词、动词等）和意义等信息。然而，在听觉输入中，人们只有通过词的音系形式才能通达词库（Dehaene-Lambertz et al.，2000）。

虽然出现于早期、与言语相关的 ERP 效应一直以来被报道发生在语音开始后 100ms 左右，用来反映口头语言的语音和音位等信息，但近期的研究甚至表明，更为早期的效应可以发生在 100ms 之前。在言语加工中，这已经被报道可用于识别单词的词汇身份，例如，“这个单词是不是我的语言中的一个词？”（MacGregor et al.，2012）；对一个词的句法类别的识别，例如，“这个词的句法类别在这个短语语境中是否正确？”（Herrmann et al.，2011）。这些早期的 ERP 效应挑战了严格递增言语加工系统（strictly incremental speech processing system）的观点，在这种系统中，下一个子过程只能在前一个过程完成后才可以启动。这些早期效应反而更倾向于提出一个部分平行工作的理解系统（partly parallel working comprehension system）。其中，即使是来自声学-音系处理器的部分信息也会向前传送到下一个加工层，以允许早期与词汇相关的加工过程。

1.2.2 定位：功能磁共振成像研究

支持声学-音系分析的明显的神经候选区域是听觉皮层及其邻近区域。事实上，对音位做出反应的 N100 和失匹配负波均位于听觉皮层或其附近区域（Diesch et al.，1996；Poeppel et al.，1997），从而表明在这些区域发生的是言语感知早期阶段的加工过程，这与音位加工的神经影像学研究结果相一致。这些结果把反映元音和辅音加工的 N100 成分定位于所谓的 Heschl 回和颞平面中，这些脑区均属于听觉皮层，并位于颞叶上部（解剖学细节见图 0.1）（Obleser et al.，2003；Obleser，Scott & Eulitz，2006；Shestakova et al.，2004）。但是，这样的听觉皮层本身必然是一个通用的加工系统，因为它必须处理各种类型的听觉输入。

为了描述音位感知在多大程度上具有脑区特异性，即音位感知发生于具有领域普遍性的听觉区域，还是位于言语加工的特定区域，必须从神经解剖和功能上对颞叶上部的亚区进行实证评估，这些数据可以为功能模型是否应该假设一个负责音位加工的语言特异部门提供信息。在一项首次试图细化人脑中听觉皮层及其邻近区域亚区的研究中，研究者首先对无语言的动物进行了探究。对于非人类灵长类动物而言，神经解剖学数据发现了 Heschl 回中的一个核心区域，以及周围的带状和副带状区域（Scott & Johnsrude，2003；Rauschecker & Scott，2009）。对于人类来说，初级听觉皮层位于双侧 Heschl 回中的颞叶表面，其中，Heschl 回是初级听觉皮层的一部分（BA 41 区）（图 0.1）。此外，在 Heschl 回附近有 3 个区域：后部的区域，称为颞平面；前外侧的区域，称为极平面；一个 Heschl 回外侧的区域，它在颞上回，向下延伸至颞上沟，颞上沟是颞上回与颞中回之间的脑沟。这些区域都参与了言语的声学分析①。

从功能上来说，Heschl 回、极平面和颞平面 3 个区域都参与了言语分析，但 Heschl 回具有更一般的听觉功能。在加工言语时，第一步是将言语与非言语声学信号区分开来。为了描述言语理解的神经解剖基础，识别听觉加工流中不同子过程的加工脑区是非常重要的。我们知道，任何初级听觉分析都是在 Heschl 回中进行的，因为功能神经成像研究表明，各类声音都会激活 Heschl 回（Mummer et al.，1999；Johnsrude et al.，2002）。有研究发现，Heschl 回外侧的一个区域延伸至颞上沟，对非言语声音中频率和频谱信息的变化（Hall et al.，2002）以及声学言语参数（Binder et al.，2000）都有响应，因此该区域并不专门参与言语加工。此外，功能成像研究表明，颞平面与 Heschl 回一样，至少在与同样复杂的非言语声音相比的情形下，它并

① 细胞构筑的研究已经表明，初级听觉皮层通常涵盖了 Heschl 回前部内侧 2/3 的区域（Morosan et al.，2001）；受体构筑分析已证实，可以识别到颞上回外侧凸出部分的一个亚区（Morosan et al.，2005）。

不对言语声音存在特异性反应（Démonet et al.，1992；Zatorre et al.，1992；Wise et al.，2001）。然而，一项时间敏感的功能磁共振成像范式的研究考察了从 Heschl 回到颞平面的信息流，证实 Heschl 回先于颞平面变得活跃（Zaehle et al.，2004）。从这些数据可以得出以下结论：Heschl 回支持声音信号本身的加工，而颞平面可能参与了后续声音信号分类的过程。因此，颞平面被认为是分离和匹配时频模式的区域，它作为一个"运算中心"，将信息分类并选择信息进入更高阶的皮层区域以进行后续加工（Griffiths & Warren，2002）。

言语加工时，对音位的感知过程——如在这个例子里的辅音[①]，有研究观察到了两个活跃的颞叶脑区（Obleser et al.，2007）。研究发现，一个区域加工信号的基本声学特征与言语无关，另一个区域则区分言语和非言语声音。鉴于它们各自的职责，这些发现表明声学信息加工中的阶段具有层级性（Kumar et al.，2007）。采用功能磁共振成像技术的发现与脑磁图证据相一致，后者在 Heschl 回和颞平面内发现了响应辅音的相对早期的 N100（Obleser et al.，2006）。此外，它与来自患者的证据相一致：颞上回后部的损伤会导致"词聋"（word deafness），即不能加工和理解词汇，并且对非言语声音的感知存在障碍（Pinard et al.，2002）。这些数据表明，听觉语言加工涉及两个脑区：第一个区域处理听觉信号，无论该信号是否属于言语；第二个区域将声学信息分别归入非言语和言语声音之中[②]。

1.2.3　大脑左右半球

听觉加工由大脑两个半球的听觉皮层负责。在功能上，左右半球的初级听觉皮层对言语和声调、音高做出反应，但它们似乎有不同的运算偏好。左侧初级听觉皮层专门对言语声音特征做出反应，而右侧初级听觉皮层则响应音调特征（Zatorre et al.，2002）。左右半球两个听觉皮层对这些刺激类型的相对专门化的加工被解释为基于这些区域对听觉输入中时间和频谱特征的敏感性不同。左半球被描述为专门加工频率分辨率有限但快速变

① 即 /l/ 与 /r/。——译者注

② 然而，值得注意的是，其他神经成像研究报告了与非言语声音相比，颞平面或缘上回如何对言语进行反应（Dehaene-Lambertz et al.，2005；Jacquemot et al.，2003；Meyer et al.，2005）。不过，这些研究使用了具有注意需要的任务，与他人使用的"被动聆听"（passive listening）范式形成了对比（Obleser et al.，2007）。从这些数据可知，在特定的任务需求和自上而下过程的影响下，言语和非言语声音的区分可能发生在更早的处理水平，在这种情况下则是发生在颞平面。

化的信息[①]，而右半球则被描述为专门加工具有相反特征的刺激[②]。前一种系统对于言语声音的感知和识别是很理想的，因为确定这些语音（如一个序列中的音位）需要一个时间分辨率为20—50ms的系统。后一个系统能够处理超音段信息（如韵律），这些信息要求系统的时间分辨率为150—300ms。Hickok和Poeppel（2007）提出，左半球和右半球通常在不同的时间尺度（time scale）上工作，这些不同的时间尺度可以反映在不同的频带——脑电图信号中相关的脑电波上，从而导致功能的相对偏侧化，即左半球主要在γ频带范围中工作，而右半球主要在θ频带范围内工作（Giraud et al., 2007）。

在线言语感知过程中，如何加工和整合与这些不同时间尺度相关的信息仍是一个悬而未决的问题。心理物理学的行为证据表明，音素大小（10—40Hz）和音节大小（2—10Hz）的信息被绑定在不同的时间尺度上（Chait et al., 2015）。一个有趣的问题是，这些与言语加工相关的、平行出现的不同时间尺度是如何在大脑活动中反映出来的？Giraud和Poeppel（2012）提出了言语时间尺度和皮层振荡激活频率之间的原则性关系，为这个问题提供了答案。皮层激活的振荡出现在不同的频段中：δ（1—4Hz）、θ（4—8Hz）、β（13—30Hz）和γ（30—70Hz）。Giraud和Poeppel（2012）在他们的研究中提出，音位、音节和短语的加工是平行进行的，它们反映在听觉皮层嵌套的θ-γ频带振荡模式之中。因此，大脑对并行加工的解决方案可能是将反映加工不同方面（例如，音位加工和音节加工）的不同频带互相嵌套（有关振荡激活的更多详细信息请参阅第4.2节）。

当考虑到言语感知的功能层次时，心理学家提出了最一般意义上的"可懂度"（即识别所说的话）作为下一个相关的（加工）层次。研究该层次的方法是通过在频谱上旋转正常言语来操纵声音信号，使言语信号变得不那么可懂（Blesser, 1972）。使用这种操纵方法的研究一致表明，颞上沟前部随可懂度的变化而被系统地激活（Scott et al., 2000; Crinion et al., 2003; Narain et al., 2003; Obleser et al., 2007; Obleser & Kotz, 2010）。相反，颞上沟后部在正常言语和可懂度较低的言语中的激活程度相当（Shannon et al., 1995）。这引出了一种观点，即颞上沟后部参与了声音序列的短期表征，这些序列包含一些语音信息（未必是可懂的）（Scott et al., 2000），而颞上沟前部则参与了言语识别必需的那些过程。

① 这里主要是指音段信息。——译者注
② 如语调这样的超音段信息。——译者注

Giraud 和 Price（2001）已经证明了左半球颞上回 / 颞上沟内不同亚区的明显功能分化，分为后、中、前 3 个部分。颞上沟 / 颞上回的中部对一般声音和语音都有反应，而颞上回的前部和后部仅对言语有反应（图 1.2）。正如上文所述，后两个区域可能有不同的功能。

根据一项基于连接的（大脑）分区研究的数据，这种功能上的分化很有趣。该研究根据颞上回的结构连接，也就是它们与大脑中其他区域的结构连接，将颞上回分成 3 个子部分。通过这种根据纤维束成像的划分方法，颞上回和颞上沟可分为 3 个部分：位于 Heschl 回后面的一部分、中间部分和位于 Heschl 回前面的一部分（Raettig et al.，已投稿；图 1.3）。这 3 个部分通过白质纤维束连接到额叶皮层中的不同区域，具体是 BA44 区、BA45 区和 BA47 区，我们将在后文看到它们各自分别负责不同的语言功能。这种基于纤维束成像的划分对应于依据功能相关性对颞上皮层的三分法，即只有后部和前部支持言语加工，而中部则支持一般的听觉加工（Giraud & Price，2001）。

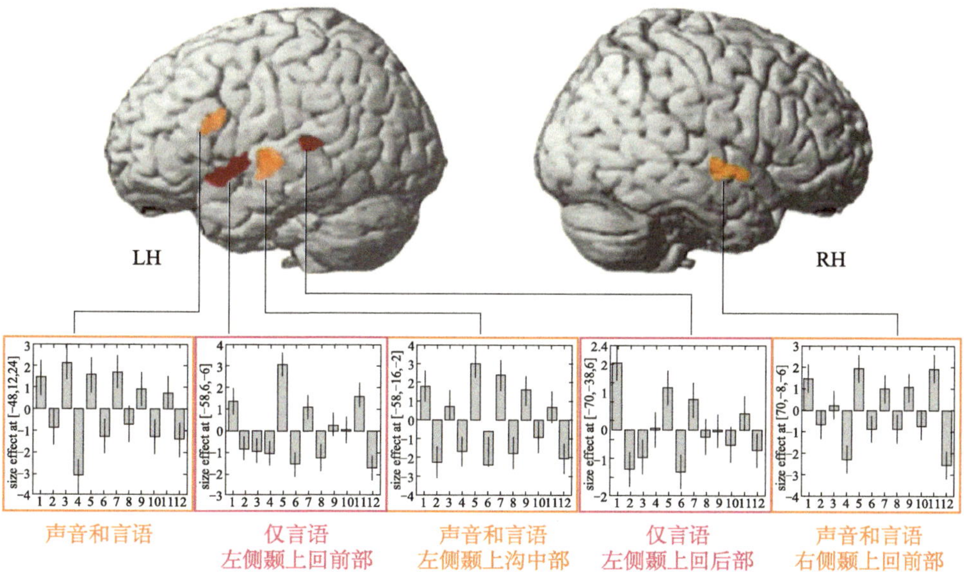

图 1.2　大脑响应于声音和言语时的激活。在标准大脑的左右半球上呈现了相对于噪声、声音和言语共同的激活区（橙色），以及言语特异的激活（红色）。直方图显示了 12 种条件下每个激活区域的相对血流反应，包括单词、音节和非语言声音。改编自 Giraud & Price. (2001). The constraints functional neuroimaging places on classical models of auditory word processing. *Journal of Cognitive Neuroscience*, *13*(6), 754-765. 经麻省理工学院许可

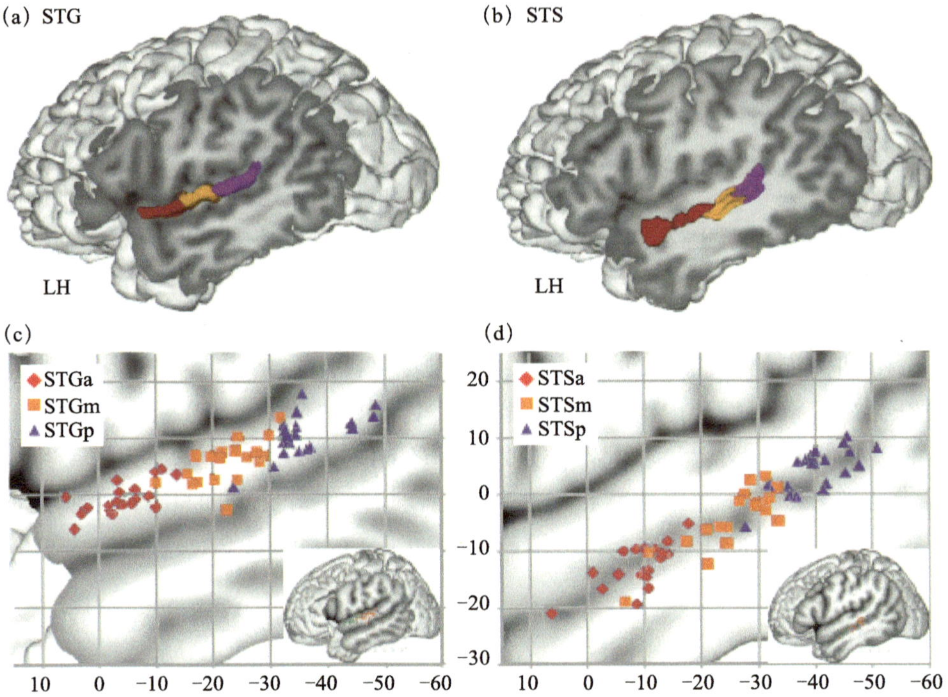

图 1.3 左侧颞上回 / 颞上沟基于连接的划分。将一个典型被试的（a）大脑左半球（LH）、颞上回（STG）和（b）颞上沟（STS）分为 3 个不同的区域，即前区（红色）、中区（橙色）、后区（紫色），叠加在一个个体的大脑上。STS 区域标绘在解剖切片的顶部，以便更好地进行可视化。（c）为左侧 STG，（d）为左侧 STS 划分结果的个体间变异性。在这 3 个区域中，每个参与者都由各自的符号（菱形、正方形、三角形）表示。在 MNI 152 标准大脑上显示了单个参与者在 STG/STS（在蒙特利尔神经研究所提出的 MNI 坐标中）前（红色）、中（橙色）和后（紫色）3 个亚区的中心，但请注意，这些区域总体分为 3 个团块。改编自 Raettig et al. (submitted). The language connection: A structural connectivity-based parcellation of the left superior temporal cortex

基于一项对词汇、短语和句子加工等不同研究的元分析可知，颞上回被解释为反映了从后到前的言语加工功能梯度：当语音刺激变得越复杂时，更多颞上回的前部区域会参与进来（DeWitt & Rauschecker，2012）。

1.2.4 小结

在有声言语输入过程中，与语言相关的声音的加工涉及几个加工步骤。

作为听觉语言理解过程的第一步，大脑从初级听觉皮层开始，在听觉皮层网络中进行声学分析，然后将信息分派到两个方向：向后到颞平面和颞上回后部，向前到颞极平面和颞上回前部。颞上回后部的颞平面被认为是一般的听觉“运算中心”，信息从这里被选择进入高阶皮层区域（Griffiths & Warren，2002）。因此，在本节中我们了解到，在言语识别的初始加工步骤中，物理声学和音系分类过程呈现于大脑不同区域。这些观察结果可以映射到与任何心理语言学建模相关的声学（非言语和言语共同的部分）和言语加工过程的功能分异上。

1.3　从词形到句法和词汇–语义信息

一旦声学–音系加工过程识别出最初的语音（即音位），对词库（即单词清单）中某个特定单词的通达就开始了。词库中一个给定的单词词条存储了不同类型的相关信息，以便进一步加工：除了词形外，它还存储了有关其句法词类（如名词、动词）和意义的信息。在词汇通达的过程中，各种加工步骤都需要被执行。第一步必须识别词形。加工系统必须核查某一既定序列中识别出的音位组合在目标语言中是否合法。如果音位序列和词条之间不匹配，系统会发出一个错误信号，表示“找不到词条”。如果二者之间是匹配的，就可以开始通达词库中的单词，并可以提取其句法和语义信息。

这两个步骤是由一项对大脑成像研究的元分析提出的，该研究对比了一种语言中的真词和语音上可能的、但在该语言词库中并不存在的假词（Davis & Gaskell，2009）。元分析揭示了两种效应，研究者们将它们与不同大脑激活模式所反映的两个子过程相关联。假词——符合给定语言发音形式但并不实际存在的词，激活了靠近听觉皮层的颞上回区域，表明了对可能词形进行初步的第一次搜索和核查过程。相比之下，真词在颞叶皮层的前、后、下 3 个区域引起了更多的激活，这体现了第二步，其中，编码在词条中的词汇–语义和词类信息得以加工。

1.3.1　词汇通达

词汇通达的时间进程可以如此建模，即一旦在声学–音系加工过程中，首个可以触发词汇通达的、语音上合法的音节被识别时，词汇通达就开始了。一些行为研究表明，一个单词的首音节就可以构建起词汇通达的“词群”（cohort）[①]（Marslen-Wilson，1987），并且一旦接触到该单词前面句子部分的语境信息，词群的规模就会缩小（Zwitserlood，1989）。在神经生理学上，这一过程在大脑中可以通过许多ERP效应反映出来，特别是当考虑到刺激材料时，这些效应可以得到最佳描述。例如，考虑这样一句话：“To light up the dark she needed her can_”（“为了照亮黑暗，她需要她的can_”），这句话可以通过单词“candle”（“蜡烛”）补全。在一个ERP实验中，这些句子片段以听觉形式呈现，然后显示一个视觉词，要么它能正确补全单词片段can_（“candle”），要么不能（“candy”，“糖”）（Friedrich & Kotz，2007）。结果显示，不符合语境意义的不正确补全（“candy”）会导致左右双侧但向右偏侧化的正波效应，这可能被解释为一种普遍的惊讶反应。与不匹配的单词相比，完全匹配的单词在大约400ms诱发了负波（N400），该成分已知可以反映词汇-语义加工过程。这两个ERP效应表明，有两个过程在起作用：正波反映的是早期自下而上的加工过程，负波反映的是词汇-语义整合过程。甚至在脱离句子语境的单词水平上，比如，当目标词呈现之前出现的首音节（nün_）与感知到的目标词首音节（mün_ 在“Münze”中；英语为“coin”，“硬币”）不匹配时，同样可以观察到一个类似的负波并伴有一个出现在前的正波（Friedrich et al.，2009）。因此，言语加工系统在加工早期就已经能十分敏感地利用有关语境信息了。另一项研究表明，在单词层面上，甚至韵律因素也可以促进或阻碍词汇通达。请考虑，以复合词“wheelchair”（“轮椅”）为例，在这个复合词中，第一部分“wheel”的发音与作为一个独立单词wheel的发音不同。如果把“wheel”作为一个独立于复合词第二部分“chair”的词来进行表达，与它在作为整体的“wheelchair”中进行表达时相比，复合词“wheelchair”的词汇通达会受到阻碍（Isel et al.，2003）。这种韵律上的差异是由于作为复合词“wheelchair”一部分的“wheel”的声音包络（acoustic envelope）在发声上不同于作为独立单词的“wheel”。因此，加工系统在通达词库时就已经考虑了复合词起始时的韵律信息。这些发现深刻地证明了词汇通达与单词识别过程中的语音和韵律信息得到了有效使用。正是这种不同过程之间精细的相互作用使得单词识别十分迅速。

除了单词的音系形式信息之外，词条中还包含其他重要信息，即词的句法词类信息（名词、动词、形容词、限定词等）和有关单词意义的信息，即

---

① “词群”指以该音节为首的单词的集合。——译者注

词汇-语义信息。此外，动词词条还包含有关动词论元结构的句法信息，即关于特定动词可带论元数量的信息：一个论元（“he cries”，“他哭”）、两个论元（“he sees Peter”，“他看见 Peter”）或三个论元（“he sends the letter to Peter”，“他寄信给 Peter”）。一旦这些信息类型被通达，它们就会被应用于后续考虑句法、语义和题元关系的处理层次之中（图 1.1）。

当在语言理解过程中考虑单词加工时，一个单词的句法类别可能并不会最先出现在我们的脑海之中。然而，这一信息在语言加工过程中具有高度相关性，因为确定一个给定的词是名词还是动词至关重要。这是由于词类信息在理解过程中可以引导句法结构（名词短语或动词短语）的构建。另外，动词中的动词-论元信息决定了句子结构，特别是动词能够携带多少个论元名词短语。我将在下一节中讨论这些问题，现在讨论单个词汇水平上的词汇-语义信息加工。

1.3.2　单词水平上的词汇-语义信息

单个词汇及其意义理解的神经基础主要涉及左侧颞极和相邻的颞叶皮层前部（Mesulam et al.，2015）。然而，神经成像研究表明，颞叶皮层前部不仅在单词加工过程中而且在句子加工时也会被系统地激活，因此颞叶前部在语言网络中的功能仍有争议（Rogalsky，2015）。左侧颞叶前部可能为单词理解所必需的，同样在语义组合（semantic combinatorics）的基础上建立意义单元时，它也为句子理解提供了条件（Vandenberghe et al.，2002；Pallier et al.，2011）。

对单词层面上语义加工的神经科学研究多种多样，包括神经生理学（电生理学、磁生理学和颅内记录）测量以及功能磁共振成像方法等。关于单个词汇加工的研究请参考 Demonet 等（2005）及 Price（2010）的研究。然而，许多单词层面的研究都是有问题的，因为它们往往没有以非常系统的、理论驱动的方式来变换刺激材料，其原因可能是多方面的。不幸的是，直到今天，实验证据还没有统一支持或接受任何语义学理论。更为复杂的是，目前还没有实证发现可以提供关于词形与词汇-语义信息之间关系的信息，也无法提供词汇-语义与概念-语义之间关系的信息。概念-语义信息就是指关联的语义记忆信息，不同的研究者对这种关系进行了反思，却得出了截然不同的结论。为什么会这样呢？

正如我在这本书的导论中提到的，一些研究者主张将一个词的语义表征作为语言学表征（linguistic representation）的一部分，并将其与概念语义

（conceptual semantics）区分开来，概念语义包括组成所有可能语义关联的记忆表征（Bierwisch，1982）。相反，其他人则没有区分词汇语义和概念语义（Jackendoff，1983）。传统上，独立于语言的概念语义知识被认为表征在语义网络之中（Collins & Loftus，1975），在该网络中，节点表示一个概念的特定语义特征（例如，鸟具备有生命的、有翅膀、有羽毛、可飞翔等特征），节点的排列方式允许对层级关系进行编码（例如，类别名为“动物”的范畴在层级中比特定的名字，如“金丝雀”大）。然而，要生成连贯的句子，并非所有的特征都需要被激活。为了在句子中正确使用单词 bird（“鸟”）（例如，“Birds fly”，“鸟儿飞”），只要激活“动物”和“能飞”的语义特征就足够了。根据一些模型，概念-语义记忆表征和相应的词汇-语义表征可以被描述为语义特征的集群，词库中的单词代表一个较小的特征集（Bierwisch，1982），而记忆中的概念-语义结构则代表了一个较丰富的特征集（Collins & Loftus，1975；Miller，1978；Jackendoff，1983）。这些特征可以被认为是词汇表征和概念表征之间的关联元素。关于语义的心理表征，研究者也有不同的观点（Lakoff，1987；Pustejovsky，1995），但其都没有在神经科学层面进行过较好的研究。

在神经科学方面，颞叶前部被认为是记忆系统中的语义“中枢”。这一“中枢”具有模态不变性（modality invariant）和领域普遍性（domain general），并将特定模态的特征，如视觉特征、声音、嗅觉和运动特征作为次要关联考虑在内（Patterson & Lambon-Ralph，2016）。该观点在关于语义性痴呆患者的研究发现中得到了证实，这些患者在不同语义范畴和模态下均表现出缺陷（Bozeat et al.，2000）。不过，这些数据提出了一个尚未解决的问题，即信息是如何从领域特异的系统传输到位于颞叶前部的、领域普遍且模态不变的记忆系统中的？另一个悬而未决的问题涉及领域普遍的记忆系统和词库（如词汇清单）之间的关系。

一个语义加工模型假设，在语言理解过程中，颞中回皮层后部支持语义加工（Lau et al.，2008）。此外，内侧颞叶和相邻的海马体在语义加工中，特别是在学习新词汇和随后的单词识别方面都起着重要作用（Breitenstein et al.，2005；Davis & Gaskell，2009；Takashima et al.，2014）。

有证据表明，在单细胞记录水平上，内侧颞叶和海马体参与了语义加工过程。这种方法可以测量单个细胞对给定刺激（即图片或文字）的反应。由于该方法只能应用于临床，相关的研究十分稀少。这些研究结果表明，语义是在内侧颞叶中被加工的。当视觉呈现一个物体或熟人的图片或一个人名时，这一区域的神经元就会被激活（Quiroga et al.，2005）。例如，研究人员发现，一个神经元会对著名女演员 Halle Berry 的不同照片和用大写印刷体字母写的她的名字做出反应，同一神经元对其他著名女性的照片或名字则毫无反应。这一令人惊讶的发现表明，在神经元层面已经存在对概念信息的高度抽象。这些结果被解释为稀疏编码理论的一个重要证据，即特定内容由少量高度特异化的神经元表征（Olshausen & Field，2004）。然而，人们不得不承认，从统计上考虑，偶然遇到这种神经元的概率极低，即使是高度抽象的、不因模态而变的概念表征仍会涉及大量的神经元，它们的激活会被暂时绑定到功能一致的集群之中。如果这个假设是有效的，编码的稀疏性可以通过特定特征的神经元的迭代重组逐步实现，这些神经元可以在不同的时间点作为不同概念的一部分。对右侧海马体前部的颅内记录也提示了这一点，表明某些神经元会对语义类别做出反应，而不是该类别内的特定成员。Quiroga 等（2005）报告，单个神经元不仅对比萨斜塔有反应，而且对埃菲尔铁塔也有反应，这表明它可以响应塔的语义特征[①]。

这些发现可以直接与基于认知特征的语义理论关联起来，该语义理论对语义记忆和单词表征之间的关系进行了建模，这样做的假设是语义记忆痕迹和词汇表征共享一些共同的特征。行为和电生理方面的研究为一个单词由一组特征的集群进行表征的观点提供了实证支持。在行为层面上，识别一个单词所需的时间取决于一个单词携带的语义特征的数量（语义丰富度）（Sajin & Connine，2014）。在神经认知水平上，Li 等（2006）的研究表明，电生理上的大脑反应随着不匹配语义特征数量的增加（即给定单词与之前句子语境的最佳匹配程度的下降）而增强（见 1.6 节）。

在神经元水平上，这从理论上意味着表征一个基本语义特征的单个神经元可能会参与各种不同单词表征的集群，语义相关的单词具有重叠的语义特征，从而导致集群的部分重叠。长期以来这种观点在原则上与心理学文献中被称为“启动效应”（priming effect）的行为现象是一致的，它指的是在短时延迟的情况下，语义相关的词（“tiger” 和 “lion”，“老虎” 和 “狮子”）更容易加工。这使得集群中表征各自重叠语义特征的若干神经元得到提前激活。然而，当无延迟地呈现两个语义相关的词时，第二个词的感知会受到抑制。在这种情况下，加工第一个单词所需的神经元仍在起作用，因此无法用于第二个单词的加工，从而导致出现干扰效应（Levelt et al.，1991）。这些

① 下面段落部分引自 Friederici 和 Singer（2015）的研究。

效应可能是由于编码重叠语义特征的神经元的滞后性造成的。脑磁图研究显示，这种词汇-语义加工中对时间敏感的干扰效应位于左侧颞叶皮层（Maess et al.，2002），而该区域通常参与加工不同语义层级上的语义信息（Tyler et al.，2004）。

另一个显而易见的问题是，如何在单词级别上对处理语义方面的不同大脑系统之间的关系进行建模？例如，海马体 / 内侧颞叶与颞叶皮层前部、后部之间的关系。这些模型仍有待开发。

目前，我们只能推测海马体和内侧颞叶中的邻近结构似乎起着关键作用。众所周知，海马体支持记忆（Milner et al.，1998；Xu & Sudhof，2013），甚至在人类内侧颞叶也发现了能够对特定物体或人进行响应的神经元（Quian-Quiroga et al.，2005）。后一项发现被解释为稀疏编码的一个关键证据，也就是说特定内容由少数高度特异化的神经元表征（Olshausen & Field，2004）。另一种可能的但绝不冲突的解释是，在神经元集群中，一个特定的神经元只表征许多特征中的一个，而神经元集群则构成了一个更复杂的概念。

1.3.3 小结

在听觉语言理解的认知模型中，理解的第一步是对词库及其词条编码的信息进行通达。从神经科学的角度来看，颞叶皮层，特别是颞叶脑回、内侧颞叶和海马体在这个过程中起着主要作用。

1.4 初始短语结构构建

图 1.1 所示的认知模型假定，不同类型信息的加工遵循严格的时间进程，词类信息加工先于句法、语义和题元关系的加工。对这些加工过程的研究，原则上需要在短语或句子的层面上进行，因为句法、题元方面的加工只出现在这些层面上。这些研究表明，词类信息对于建立初始短语结构十分必要。

在心理语言学研究中，句法加工优先的假设是否合理一直是一个争论的焦点（Marslen-Wilson，Tyler，1980，1987；MacDonald et al.，1994）。这一假设认为，在该阶段，初始短语结构以词类信息为基础进行构建，例如，名词、动词、介词、限定词（Frazier & Fodor，1978）。句法优先模型（Frazier & Fodor，1978；Friederici，2002；Bornkessel & Schlesewsky，2006）的思想是，在这个初始阶段，局部短语结构可以被快速地构建起来，并独立于语义信息，从而高效地将输入信息进行组块化[①]，并加以结构化。

然而，非专家读者在考虑语言理解时，可能不会把句法作为句子加工的第一个相关信息，而是会考虑词汇-语义和（整体）意义信息。此外，尽管句法提供了句子语境中单词如何组合在一起的规则，似乎非专家读者认为单词是语言的构建模块，而不是句法。但我们必须考虑到，至少在听觉语言理解过程中，加工系统必须以异常快速的方式处理输入的言语。为了做到这一点，该系统似乎首先将输入的信息组织成更大的组块，然后才进行进一步的加工。词类信息有助于对输入信息进行组块化，例如，一旦听者识别出一个限定词（如“the”），系统就知道这个限定词是一个限定词短语的开头，该短语具有特定的语法结构，以名词结尾［如“the ship”（“这艘船”）、“the old ship”（“这艘旧船”）］。这可以用来辨认一个句法短语的开头和结尾。

什么是句法短语？在语言学分析中，一个短语是一组词（甚至是一个词），它充当句子中的一个成分。不同的语言学理论在句法细节上存在差异，在这里我们假设一个短语是句法层级中的一个单位，并且至少有以下几种短语类型：名词短语（NP），也称为限定词短语（DP）；动词短语（VP）；介词短语（PP）；形容词短语（AP）；副词短语（AdvP）[②]。这些短语类型可以被看作语言的构建模块。

语言加工要解决的一个关键问题是，在何时以及在何种条件下可以通达有关词类的信息。在词汇通达过程中，由于词类信息加工得特别快，它在词条（lexical entry）中应该被列在级别较高的位置。从大量的研究结果来看，这一假设似乎是合理的。词类信息的早期可及性可能是它们的数量有限所致。自然语言中只有少数几个不同的句法词类（如名词、动词、介词、形容词、副词、连词），而词汇-语义信息则要丰富得多（个体所学的所有词汇）。句法词类信息的早期可及性颇具意义，因为它是句法短语结构构建的有关信息，而句法短语结构构建被认为是句子理解的初始步骤。

然而，词类信息的通达时间可能会因语言的不同而不同，因为动词和名词的词类信息可以通过词形变化来标记，例如，在英语或德语中（refine vs. refinement；veredeln vs. Veredelung），或者仅通过词条本身（eat vs. meal）来

---

① 是指把信息切分并归并为一个一个的组块以供理解。——译者注

② 短语类型的例子。DP 或 NP：the car（“这辆车”），car（“车”）；VP：drive（“开”），drive the car（“开这辆车”）；PP：in the car（“在车里”）；AP：big car（“大车”）；AdvP：drive slowly（“慢慢地开”）。

体现。在建立听觉语言理解模型时，确定实时加工词类信息的时间点就显得至关重要。

1.4.1 时间进程：脑电图和脑磁图研究

第 1.1 节提出的听觉语言理解认知模型假定首先存在一个句法阶段，其中，词类信息会率先得到加工。在该阶段，语言加工系统必须检查输入单词的词类是否允许短语的构建。一旦建立了一个短语结构，后续阶段的进一步加工过程才能开展。这里我将描述短语结构构建的时间参数及其神经基础。时间方面的内容来自 ERP 研究。ERP 研究的证据表明，词类违反会导致大脑产生一个早期的句法效应。该 ERP 成分是早期左侧前部负波（ELAN），它发生在单词或提供词类信息的单词内的某部分出现后 120—200ms（图 1.4）（Neville et al.，1991；Friederici et al.，1993；Hahne & Friederici，2002；Kubota et al.，2003；Isel et al.，2007；Friederici & Weissenborn，

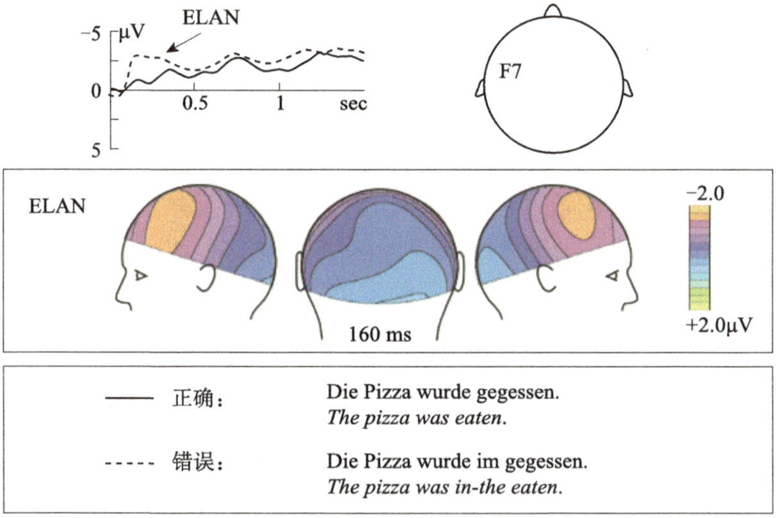

图 1.4 句法违反效应：ELAN。ELAN 代表早期左侧前部负波。这是一个反映句法违反效应的事件相关电位（这里是将一个不正确的句子的词类违反与正确的句子在左前电极 F7 上所记录的效应进行对比）。句子示例参见图底部的方框（与正确的句子相比，不正确的句子出现了更负的波）。顶部：正确和错误条件下句子末尾单词上的波形。中间：电压地形图显示句子末尾单词在正确和错误条件下大约 160ms 时的激活差异。底部：例句。改编自 Hahne & Friederici.(2002). Differential task effects on semantic and syntactic processes as revealed by ERPs. *Cognitive Brain Research, 13*(3), 339-356. 经 Elsevier 许可

2007）[①]。

初始短语结构通常是基于词类信息（如限定词短语、动词短语）构建的。这些短语是更大的句子结构的构建模块。在语言理解的神经认知模型中（Friederici，2002），这一过程发生在初始加工阶段。在成人听者中，局部短语结构的建立被证明是高度自动的，因为它独立于注意过程（Hahne & Friederici，1999）。而且，它独立于给听者的指令，因为即使指示听者忽略句子中的句法错误，ELAN 成分仍会出现（Hahne & Friederici，2002）。这表明 ELAN 所反映的加工过程是相当自动的。

该 ERP 效应的早期性（earliness）归因于从刺激中提取词类信息的容易程度，无论是与单词长短（shortness）[（如功能词，参见 Neville 等（1991）的研究］还是其形态上的标记性［如屈折，参见 Dikker 等（2009）的研究］有关。据报道，ELAN 成分主要存在于具有连续语流的听觉域（Dikker et al.，2009）和快速视觉呈现的句子之中（Neville et al.，1991）。在句子阅读过程中改变单词的视觉对比度表明，视觉输入必须处于最佳的感知范围内，以保证反映快速初始句法加工的 ELAN 效应（Gunter et al.，1999）。然而，ELAN 效应主要发生在听觉域这一发现引出了一个重要的问题：在多大程度上，这个成分可能是由韵律异常导致的？因为在连续语流中诱导词类违反时，韵律异常也出现在其中。一项针对这个棘手问题的研究诱发了独立的句法违反和韵律违反效应，并证明韵律不能解释早期的句法效应（Herrmann et al.，2011）。在另一项包含操纵句法和韵律违反的复杂设计的 ERP 研究中，我们发现单独的韵律违反会诱发一个不同的 ERP 成分，即右半球前部负波（Eckstein & Friederici，2006）。由于后面这些发现，以及在具有快速、最佳视觉输入的视觉研究中句法违反的 ELAN 效应，这种早期的 ERP 效应[②]似乎反映了对不能够建立句法短语的句法违反的识别（Friederici & Weissenborn，2007）。

初始短语结构-构建加工的速度可能令人惊讶。然而，人们一旦学习一个特定语言中可能的最小局部结构，并将它们存储为固定模板时，就可以根据词类信息快速地建立局部结构，例如，限定词短语［限定词加名词，the car（"这辆车"）］或介词短语［介词加限定词短语，"in the car"（"在这辆

① 研究者的一篇综述讨论了词类违反诱发的 ELAN 效应的功能意义（Steinhauer & Drury，2012）。他们认为，上下文驱动的自上而下的加工可能比句法优先模型，如 Friederici（2002）提出的模型所假设的 ELAN 效应作用更大。

② 即 ELAN。——译者注

车里”)]。如果建立了这些模板，短语结构-构建过程这一初始步骤就可以被视为一个快速的、发生于理解中很早阶段的模板匹配过程（Bornkessel & Schlesewsky，2006）。在这个过程中，局部短语结构的模板会被激活（例如，一个介词会激活一个介词短语的模板），并以此为依据来核查输入的信息。如果输入信息与模板不匹配，短语结构违反就会被侦测到，并且句法违反将不再允许后续的加工进程。

这一观点预测，含有短语结构违反的句子会阻碍下一个阶段的进一步加工，包括语义加工过程。ERP 研究可以证明这个问题，因为除了初始短语结构构建过程（由 ELAN 反映），词汇-语义加工和语义整合加工过程也与特定的 ERP 成分相关，这是一个大约 400ms 的负波，叫作 N400。在句子层面上，每当发生语义违反时，N400 效应就会出现（在第 1.6 节中讨论）。如果句法优先（syntax-first）的预测成立，并且句法违反阻碍了随后的词汇-语义加工，那么在同时具有句法和语义违反的句子中，同一单词上将观察不到 N400 效应，而只能观察到句法效应，句法违反应该会阻碍任何进一步的词汇-语义加工。我们证明，当一个句子中词类违反和语义违反组合在一起时，确实会出现这种情况，因为句法违反（ELAN）不再允许语义加工进程继续（没有 N400）（Hahne & Friederici，2002；Friederici et al.，2004）。甚至当词类违反与动词-论元信息违反（动词-论元信息也在之后的阶段进行加工）相结合时，这种情况也成立（Frisch et al.，2004）。这些数据共同表明，句法短语结构违反是在语义和题元信息之前加工的，因此能够锁闭更高层次的加工，从而为假设初始句法加工阶段的模型提供了强有力的证据（Bornkessel & Schlesewsky，2006；Friederici，2002）。尽管这一结论在使用荷兰语材料的实验中受到质疑（Van den Brink & Hagoort，2004），但我们认为这项研究的数据并未违背模型的假设（Friederici & Weissenborn，2007）。这是因为在荷兰语研究中，关键词的句法词类信息（名词或动词）是由屈折词尾提供的，所以只有在位于词尾前的词干提供的语义信息被加工之后才可以通达。对关于不同语言句法信息和语义信息加工时间的一项文献综述表明，句法-初始加工和其他加工过程的绝对时间可能会因语言不同而变化，但是不同语言中，这些进程在时间上的顺序是固定且相同的，句法词类信息将首先得到加工（Friederici & Weissenborn，2007）。

ELAN 并不是在每项不同语言的研究中都会被发现，所以讨论这个 ERP 成分可能反映了哪一个加工过程就显得很重要。综合前人的研究结果，我们发现，它反映了对“完全”（outright）的短语结构违反的侦测，即不可能从输入中建立短语结构。当构建短语结构的词类信息可以十分清晰地从输入中获得时，我们就能看到这一快速的（侦测）过程。这种说法的证据是什么呢？一项研究（Friederici et al.，1996）清楚地表明，加工系统只对完全的短语结构违反做出反应，而对出现频率低或模棱两可的结构没有反应。这项研究使用德语作为测试语言，其中“wurde”是一个歧义词，它可以是一个助动词（“was”），也可以是一个动词（became）。“wurde”这个词作为助词“was”要比作为动词“became”的出现频率高。现在，像“The metal wurde（意为“was”）refined”这样的句子应该很容易加工，但如果在一个句子中“wurde”这个词有歧义会怎么样呢？比如，“The metal wurde refinement”。如果按原来的意思解读“wurde”，应该会引起 ELAN 反应，因为助动词“was”后需要跟动词的过去分词形式（“refined”），而不是名词形式（“refinement”）。但是，如果加工系统也考虑到动词“wurde”的“became”意义，那么名词（“refinement”）作为后接词也是可以的，并且不会导致短语结构的违反，因为此时后接名词在句法上也是合理的（“The metal became refinement standard”）。在句法上，后一句是正确的，尽管它的语义很奇怪。这个德语实验的数据表明，如果短语的关键词（如“wurde”）有歧义，即使在正确阅读概率很低的情况下，解析系统也不会产生 ELAN 信号（Friederici et al.，1996）。这些发现说明，ELAN 成分反映的是规则违反，而非预期违反。不过目前尚不清楚 ELAN 效应是反映了一般的初始短语结构构建，还是反映了短语结构模板的错误-侦测过程。

1.4.2　短语结构构建的大脑定位：多元方法

最初的短语结构构建过程发生在大脑的哪个部位？有一些方法可以解决这个问题，但并不是所有的方法都是最优的，因为该效应只在特定的时间窗口内可见。在线定位语言加工过程的一种方法是在大脑局部损伤的患者身上应用脑电图测量，并使用已知能诱发特定语言相关成分的 ERP 设计。采用这种方法，我们发现左侧额叶皮层损伤（同时伴有左侧基底神经节损伤）的患者并不会出现ELAN成分，但出现于仅患有左侧基底神经节损伤的患者之中。这表明，左侧额叶皮层在 ELAN 的产生中起着关键作用（Friederici et al.，1999）。有趣的是，左侧颞叶前部损伤患者的 ELAN 似乎也受到影响，而右侧颞叶损伤患者的 ELAN 则没有受到影响。这表明除了左侧额叶皮层，左侧颞叶皮层前部可能也参与了由 ELAN 反映的早期结构构建过程（Friederici & Kotz，2003）。

定位 ELAN 效应的第二种方法是使用脑磁图，因为它提供了良好的脑磁场地形分辨率（取决于通道的数量），尽管该方法本身必须处理所谓的逆问题，因为它需要根据头皮上记录的数据计算加工过程中的“神经生成器”（neural generator）。随着脑磁图的应用，研究发现，ELAN 效应的确位于颞叶皮层前部和额下皮层（Knösche et al.，1999；Friederici et al.，2000），或者该效应在听觉语言实验中仅位于颞叶皮层（Herrmann et al.，2009；Gross et al.，1998）。然而，在一项视觉实验中，至少在对词类信息进行形态标记的句子中，形态句法违反效应被定位在视觉皮层上（Dikker et al.，2009）。这些数据提出了一个问题，即无论在视觉还是听觉上，具有明确标记的句法词类违反效应是否由感觉皮层侦测？（Dikker et al.，2009；Herrmann et al.，2009）不过，一项听觉脑磁图实验的证据显示，句法效应位于听觉皮层前的颞上回前部，而不在初级听觉皮层本身之中（Herrmann et al.，2011）（图 1.5）。这些数据证实，至少在听觉领域，ELAN 效应并不位于听觉感觉皮层。

用脑磁图对 ELAN 效应进行定位表明，该效应涉及颞上回前部，也可能涉及腹侧额下皮层。由于功能磁共振成像的时间分辨率较低，它对 ELAN 效应的定位存在较大的缺陷。句法优先模型（Friederici，2002，2011；Bornkessel & Schlesewsky，2006）假设初始句法加工阶段之后紧接着就是句法和语义关系联合加工的阶段，以实现题元角色指派，因此将这两个发生在数毫秒以内的句法加工阶段分开并不容易。原则上，有几种方法可以解决这个问题，但每种方法都有其局限性。

第三种方法是使用功能磁共振成像，比较只包含句法违反的自然句子和包含语义违反句子的大脑激活模式。在一项研究中，我们发现颞上回中部和后部在语义和句法违反条件下都出现了激活，而颞上回前部和额叶岛盖仅在句法违反的句子中出现选择性激活（Friederici et al.，2003）。因此，后两个区域可能是加工句法违反的关键区域，但并不一定是特异于结构构建加工过程。

第四种研究短语结构构建定位的方法是比较完整句子和无结构词串的大脑激活模式。这一方法的前提假设是：在句子加工过程中，初始的短语结构构建阶段是强制性的，是可观察的，而在词串加工过程中却不涉及此阶段。一项比较句子和不含功能词的词串的研究观察到了额叶岛盖的激活（Friederici et al.，2000）。然而，那些将正常句子与包含实词和功能词的混合词串进行比较的功能磁共振成像研究并没有报道这种模式。这些研究使用了混合词串，从而导致局部结构构建在一定程度上成为可能。因为词串中两个或三个单词可以进行合法的组合，例如，限定词和名词的组合或者形容词和名词的组合（Stowe et

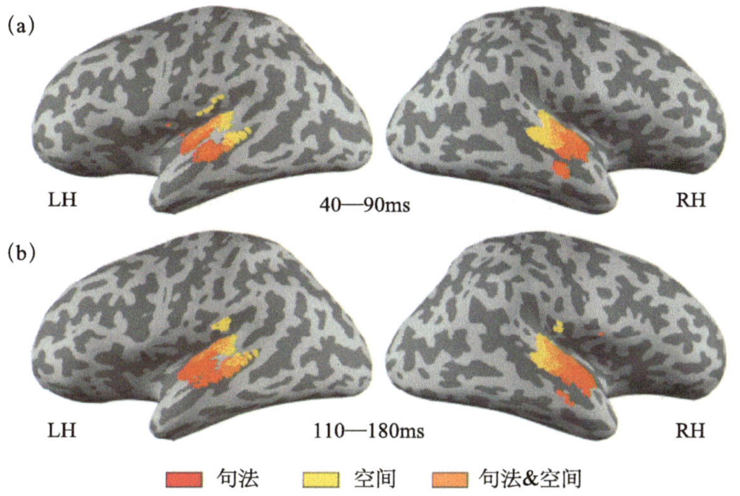

句法条件	—— 正确：	Das Obst wurde geerntet. *The fruit was harvested.*
	---- 错误：	Die Gerste wurde im geerntet. *The barly was in-the harvested.*

图 1.5　句法和听觉空间违反效应。不同违反类型的总平均激活位置展示：仅含有句法违反的条件（红色），如底部方框中显示的句子；仅含有非语言的、听觉空间［（听觉信息来自）左侧/右侧］违反的条件（黄色）；以及句法 + 听觉空间双重违反条件（橙色）。大脑活动呈现于膨胀处理的大脑表面，深灰色代表脑沟，浅灰色代表脑回。图中呈现了刺激开始后两个时间窗（40—90ms 和 110—180ms）中颞叶皮层局部最大值分析的结果。句法违反条件（红色）的激活位于听觉空间条件（黄色）的前面。底部：例句。改编自 Herrmann, Maess, Hahne, et al. (2011). Syntactic and auditory spatial processing in the human temporal cortex: An MEG study. *NeuroImage, 57*(2), 624-633. 经 Elsevier 许可

al.，1998；Vandenberghe et al.，2002；Humphries et al.，2006；Humphries et al.，2005；Snijders et al.，2009）。有趣的是，Vandenberghe 等（2002）报告，当含有词类信息的句子条件与无法发音的字母序列串的控制条件（不提供词类信息）进行比较时，额叶岛盖出现了激活。因此，这些研究表明，与无关词串或字母串相比，在加工允许单词进行组合的序列时，额叶岛盖会参与其中。不过，额叶岛盖在更一般的组合过程中起到什么特殊作用仍有待研究。本节最后将回到这一点上来。

然而，研究结构构建的另一种方法是使用缺乏语义信息的人工语法（Petersson et al.，2004；Friederici et al.，2006）。在人工语法学习中，人们经常讨论人工语法研究能在多大程度上告诉我们关于自然语言加工的知识

（Petersson et al.，2012）。讨论的焦点是那些使用无意义音节的人工语法序列是根据音系原则加工的，还是的确按照句法原则进行加工的。对于后一种观点而言，在功能磁共振成像研究中只有实验条件迫使建立句法层级时，句法原则才起作用。只有采用诸如名词和动词，以及功能词（如限定词和介词）等句法词类的人工语法才能超越那些使用音节序列的人工语法。

两种类型的人工语法都被用来确定语法加工的神经基础。在这些类型中，一种人工语法研究采用音节序列，其中 A 类元素（某一音节类型）总是跟随着 B 类元素（另一音节类型）：例如，ABABAB（图 1.6）。在序列内，

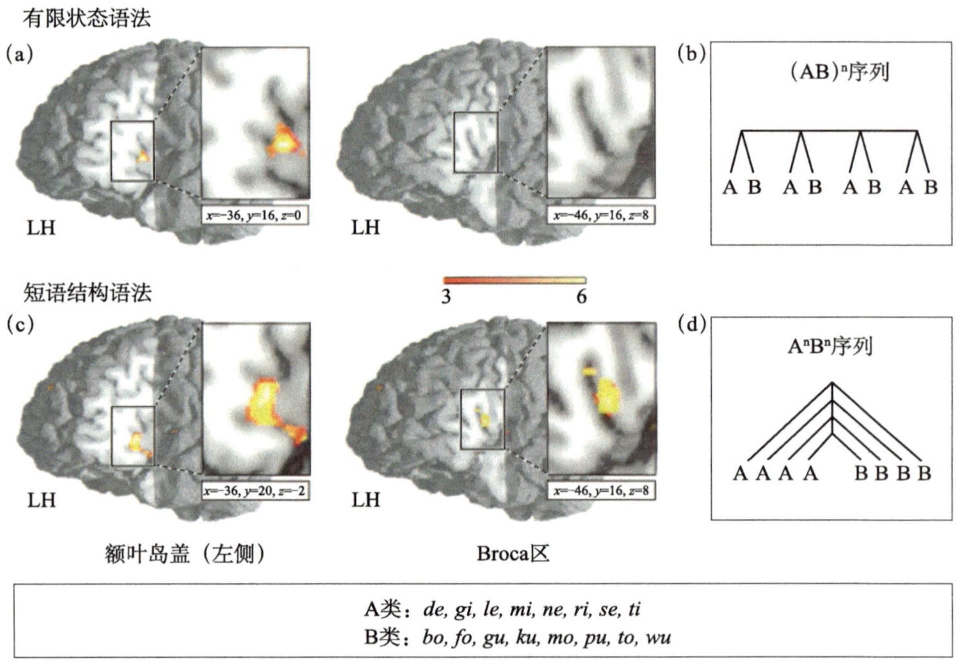

图 1.6 语法类型的大脑激活。两种不同类型人工语法违反加工过程中组平均激活的统计参数图（$p<0.001$，在团块水平上校正）。(a) 有限状态语法（finite state grammar，FSG）中错误和正确序列的对比在额叶岛盖（左）和 Broca 区（右）上的显示。(b) FSG 序列结构。(c) 短语结构语法（phrase structure grammar，PSG）中错误和正确序列的对比显示在额叶岛盖（左）和 Broca 区（右）。(d) PSG 序列结构。底部：两个类别（A 和 B）的成员在音系上的编码，A 类音节包含元音 i 或 e（de、gi、le、ri、se、ne、ti 和 mi），B 类音节包含元音 o 或 u（bo、fo、ku、mo、pu、wo、tu 和 gu）。改编自 Friederici, Bahlmann, et al. (2006). The brain differentiates human and non-human grammars: Functional localization and structural connectivity. *Proceedings of the National Academy of Sciences of the USA, 103*(7), 2458-2463

一个 A 类音节后面又跟着一个 A 类音节，这就造成了违反。对人工语法序列中这种句法错误的加工会导致额叶岛盖的激活（Friederici et al.，2006）。在第二个条件下，音节序列遵循 A^nB^n 规则，该规则可以在 A 元素和 B 元素之间创造长距离的嵌套依存关系。违反这些序列除了会激活额叶岛盖以外，还会导致 BA44 区的激活（Friederici et al.，2006）。基于这些发现，我们认为额叶岛盖和颞上回前部共同支持局部结构构建的某些方面，而 BA44 区参与了更复杂的依存关系的加工。然而，关于额叶岛盖的解释必须谨慎对待，因为有人认为加工 ABABAB 类型的人工语法序列不一定需要在元素 A 和元素 B 之间建立句法层级，而是可以简单地根据每个 A 元素后面跟着一个 B 元素的知识进行加工。

不过，最近一项使用自然语言的研究表明，额叶岛盖支持两个元素的组合，而不是层级结构构建（Zaccarella & Friederici，2015a，见下文）。在一项功能磁共振成像研究中，我们考察了最基本的结构构建过程，即把两个单词绑定为一个具有层级性的短语。这一过程在语言学中称为合并，是每种语言中最基本的句法运算（Chomsky，2013）。例如，这个基本的运算将两个单词绑定在一起，如“this”（“这”）和“ship”（“船”），形成一个最小层级短语，即一个限定词短语“this ship”（“这艘船”）。合并的多次应用可以产生非常复杂的句子结构。然而，这里研究的焦点在于单个合并过程，这是构建像“this ship”这样的限定词短语必需的。将允许限定词短语构建的条件与仅呈现两个单词的词串条件［例如，“*cloud ship*”（“云 船”）］进行比较时，BA44 区最腹侧的前部区域有明显的激活（Zaccarella & Friederici，2015a，见图 1.7）。这种激活明显限定于 BA44 区中五个预先定义亚区中的一个之内（Clos et al.，2013），并且在个体间具有高度一致性。该结果为解决成人大脑初始阶段结构构建过程位于何处这一问题提供了一则关键信息。从这些数据中，我们可以得出结论：额叶岛盖负责将两个元素进行组合，但与句法短语方面无关，而句法短语结构的构建则由 Broca 区内的 BA44 区支持。

对 BA44 区在加工句法结构时发挥作用的解释已经得到了许多研究的支持，这些研究涉及复杂的人工语法（Bahlmann et al.，2008；Uddén et al.，2008；Bahlmann et al.，2009），具有句法词类的人工语法（Opitz & Friederici，2003，2007），以及自然语言中的层级结构构建（见第 1.5 节）。

额叶岛盖和 BA44 区的功能差异十分有趣，因为额叶岛盖和 BA44 区也可以在大脑演化的水平和大脑的受体结构水平上进行区分。在种系发生上，额叶岛盖是一个比 Broca 区（包括 BA44 区和 BA45 区）更古老的脑区

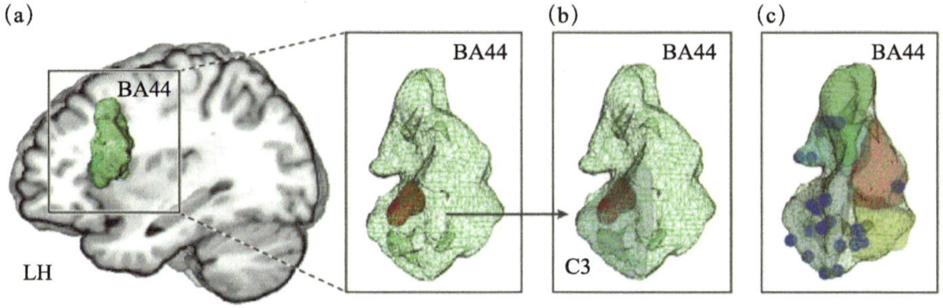

图 1.7　短语结构构建的大脑激活。合并运算中短语结构构建的脑激活。对 BA44 区的"感兴趣体积"（volume of interest）分析。(a) 限定词短语构建条件（*the pish*）与双词词串条件（*pish*，*the*）的激活在 BA44 区（绿色部分）内的对比。(b) BA44 区中的定位（根据 Clos et al.，2003，C3 神经簇）。(c) BA44 区内的个体峰值活动分布。不同的神经簇用颜色进行编码。个体激活峰值点（蓝点）显著累积于 C3 神经簇（$p<0.01$）。改编自 Zaccarella & Friederici. (2015a). Merge in the human brain: A sub-region based functional investigation in the left pars opercularis. *Frontiers in Psychology, 6*, 1818

（Sanides，1962）。此外，根据受体结构分析，额叶岛盖和 BA44 区之间的功能分异也反映在受体构筑分化中。正如我在导论中已指出的那样，皮层的受体构筑指的是一定区域内存在的神经递质的密度（Zilles & Amunts，2009；Amunts et al.，2010）。通过这一分析，研究发现外侧 BA44 区和腹-内侧额叶岛盖之间存在受体构筑上的差异（Amunts et al.，2010）。Broca 区中 BA44 区和邻近的额叶岛盖在受体结构上的差异已被证明在功能上相关，因为这两个区域在语言加工过程中支持着不同的子功能（Friederici et al.，2006；Zaccarella & Friederici，2015a）。

1.4.3　小结

颞上回前部和额叶岛盖似乎支持两个元素的组合，且独立于组合内部的句法结构，而额下回的腹侧部分，特别是 BA44 区最腹侧的部分支持初始短语结构的构建。这些区域似乎构成了一个支持初始阶段结构构建的功能性神经网络。总之，本节讨论了与句法优先模型假设的初始短语结构构建相关的神经科学研究。现有的数据表明，这种与句法相关的初始加工过程可以在神经生物学水平上得到证明。

1.5　句子加工过程中的句法关系

句子理解的关键依赖于句法、语义和题元关系的识别，以确立"谁对谁在做什么"（who is doing what to whom）。1.1 节概述的认知模型假定这些加工过程是并行的，但发生于不同的子系统之中（图 1.1）。

事实上，即使在毫无意义的句子中，我们也能够理解其句法关系，例如 Chomsky 于 1957 年所举的著名例子"Colorless green ideas sleep furiously"，这表明句法关系可以独立于有意义的语义关系而被识别并加工。总体而言，检测这些过程的独立性以识别它们各自的神经网络，需要在既定实验中进行特别操纵。因为在正常句子中句法信息与语义信息是同时存在的。在实验上分离句法和语义加工过程的方法有两个角度：有研究操纵句子中句法结构的复杂度，而保持其他所有因素不变；也有研究系统地从句子中剥离语义信息，直到揭示出句法框架。

在本节中，我将借鉴基于语言学理论而精心设计的实验来探究句法加工过程。我将详细描述其中一些研究，然后得出结论：Broca 区和颞上回 / 颞上沟后部构成了支持句法加工过程的神经网络[①]。刺激材料通常只改变句法的一个方面，以便从大脑中得到因刺激材料而改变其激活的精确反应。句子材料中的变化越精准，从大脑中得到的答案就越精确。反过来，这将使我们能够剖析句法加工过程，并定义它们的大脑基础。在本节的部分里，我将讨论不同研究所使用的句子材料与相应的大脑激活模式之间的关系。在本节讨论的研究中所使用的句子材料总是与各自大脑激活图示一起呈现。各个方框中显示的句子编号与正文也相匹配。

---

① 值得注意的是，在这一点上，Broca 区在语言加工中的具体作用仍存争议（Grodzinsky & Santi，2008；Hagoort，2005，2008；Rogalsky & Hickok，2011）。这种讨论是在多个层面上进行的。在最一般的层面上，Broca 区支持动作观察和执行，其在语言中的部分与基于运动的言语产生和理解过程有关（Rizzolatti & Arbib，1998；Pulvermüller & Fadiga，2010）。在另一个层面上，Broca 区支持言语工作记忆（Smith & Jonides，1999），这就是在加工句法复杂句时该区域表现出激活的原因（Caplan & Waters，1999；Rogalsky et al.，2008）。在语言学层面上，Broca 区的子区域被分配到语言加工的不同方面，或者认为 BA44 区支持句法结构构建，BA44/45 区支持题元角色指派，BA45/47 区支持语义过程（Friederici，2002）。有的研究将 Broca 区（BA44/45）定义为支持句法移位运算的脑区（Grodzinsky，2000）；有的研究将 Broca 区（BA44/45/47 区）定义为统合语言不同方面的空间（Hagoort，2005）。在这里，我不打算重述这些研究，但将讨论一些最近的研究，这些研究有助于解决语言学层面和相关言语工作记忆加工过程方面尚未解决的问题。

1.5.1 改变句法复杂度[①]

“句法复杂度”一词指不同类型的语言现象，比如偏离常规主语居先词序（canonical subject-first word order）的句子，具有不同程度层级嵌套的句子以及它们与言语工作记忆在加工过程中的相互作用。

一种改变句法复杂度的常见方法是加工不遵循常规的主语-动词-宾语词序的句子。在偏离常规词序的句子结构中，“置乱”（scrambling）是一个典型的例子。在这种结构中，一个或多个论元（名词短语）被转移（shift）到句中不同的位置。例如，宾语名词短语可以移到主语名词短语前面（图 1.8；句子 a2—a3），在原来的位置上留下一个空位（gap，转移用箭头表示，空位

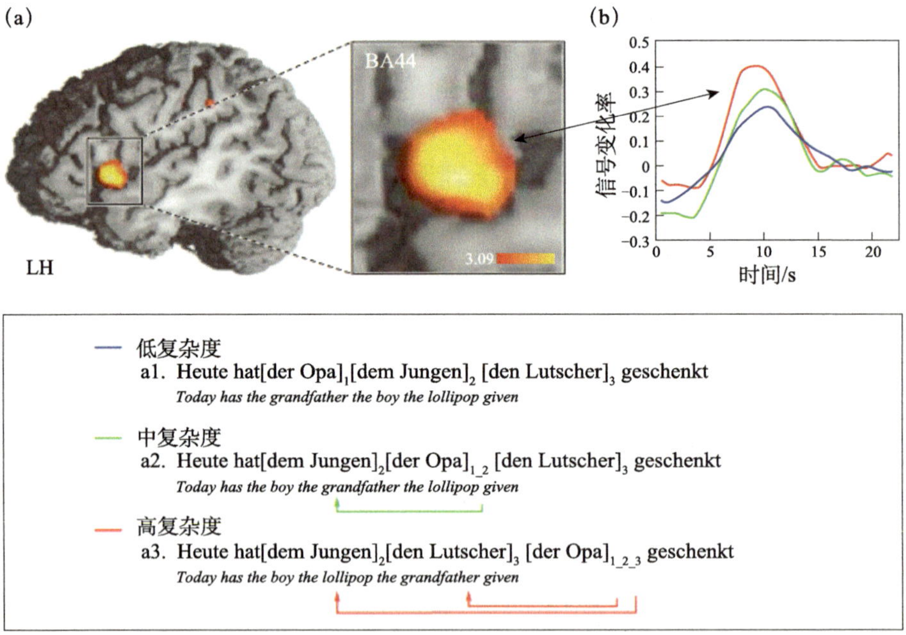

图 1.8 BA44 区的脑激活与句法复杂度的函数关系。一项参数分析显示，BA44 区中出现了不同程度的句法复杂度效应。图底部的例句显示了低复杂度、中复杂度到高复杂度的参数变化。(a) 激活脑区（BA44 区），矢状图旁边显示了该脑区放大后的图像。(b) 复杂度从低、中到高三种情况下 BA44 区平均大脑激活。$p_{未校正}<0.001$。底部：例句。改编自 Friederici et al. (2006). Processing linguistic complexity grammaticality in the left frontal cortex. *Cerebral Cortex, 16*(12), 1709-1717. 经牛津大学出版社许可

① 以下段落基于 Zaccarella 和 Friederici（2015b）的研究。

用“_”表示）。由于这种转移，新句子（a2—a3）现在有了一个非常规（non-canonical）结构。这种非常规结构的运算比常规句子更复杂，加工起来也更困难。非常规结构需要根据该语言所规定的词序规则重新排列，然后才能解释动词-论元关系（Friederici et al.，2006）。该研究基于这类句子的功能磁共振成像数据发现，论元重新排序激活了额下回，尤其是 Broca 区的 BA44 区，这一区域的激活程度相当于置换次数的函数：多重排序激活最高，不需要排序激活最低（图 1.8）。

该结果与其他考察非常规句中论元重新排序的功能磁共振成像研究一致，这些研究发现了额下回，尤其是 BA44 区的激活（额下回：Roder et al.，2002；Grewe et al.，2005；BA44：Friederici et al.，2006；Meyer et al.，2012）。因此，存在有力的证据表明，句法复杂度（要求句子中的论元重新排序）和 Broca 区的活动直接相关。

“句法移位”（syntactic movement）是一种类似的现象，也会造成在词序固定的语言中（如英语）出现非常规词序。在移位操作方面，关系从句的结构及其内部构造受到了特别关注。关系小句可以出现在主句的右边（图 1.9；句子 b1—b2）或嵌套在其中（b3—b4）。与置乱结构相似，含有关系小句的句子也需要建立移位名词短语（“the boy”，“这个男孩”）与原位置（空位用“_”表示）之间的关系以达到理解。宾语关系从句（b2—b4）比主语关系从句（b1—b3）更难，中心嵌套关系从句（b3—b4）比右分支关系从句（b1—b2）更难。通过将加工难度分为填充项-空位连接复杂度（移位：主语关系从句、宾语关系从句）和关系从句复杂度（嵌套：右分支、中心嵌套），有研究已表明移位会激活 Broca 区的 BA44 区和 BA45 区，而关系从句复杂度仅激活了 BA44 区（Santi & Grodzinsky，2010）。对希伯来语移位的研究也发现了左侧 BA45 区和左侧颞上沟后部的激活，表明语言-大脑关系具有一定的普遍性（Ben-Shachar et al.，2003；Ben-Shachar et al.，2004）。

有人提出，加工非常规句需要工作记忆，以便识别移位名词短语与其原始位置（空位）之间的关系，这种工作记忆过程（而非重新排序）可能会导致 Broca 区的激活（Rogalsky & Hickok，2011）。一项以德语为测试语言的研究对这个问题进行了考察。该研究使用功能磁共振成像在交叉设计中系统地改变了排序因素（宾语居先、主语居先的德语句子）和工作记忆中的存储因素（在关键论元和动词之间存在一个短语、四个短语的干扰）（Meyer et al.，2012）。宾语居先句相比主语居先句的排序因素激活了 Broca 区内的 BA44 区，而反映言语工作记忆的存储因素激活了左侧颞-顶区域。有趣的是，用

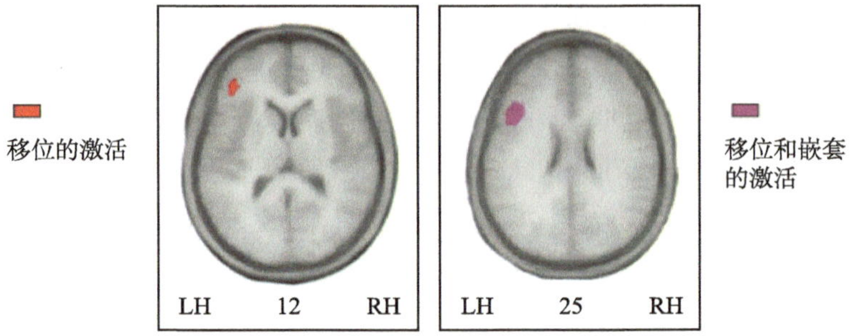

Movement, short distance
b1. Derek is [the boy]$_1$ [who _$_1$ is chasing the tall girl]

Movement, long distance
b2. Derek is [the boy]$_1$ [who the tall girl is chasing _$_1$]

Embedding, short distance
b3. [The boy]$_1$ [who _$_1$ is chasing the tall girl] is Derek

Embedding, long distance
b4. [The boy]$_1$ [who the tall girl is chasing _$_1$] is Derek

图 1.9 不同类型句法结构的大脑激活团块。移位和嵌套在左侧额下回的组平均激活团块（IFG；Broca 区）。（左上）红色对应于那些仅为移位类型激活的脑区。（右上）粉色对应的是移位和嵌套两种句法结构激活的脑区。团块阈值为体素水平 $p<0.05$，多重比较校正后 $p<0.05$。底部图片中为例句。改编自 Santi & Grodzinsky. (2010). fMRI adaptation dissociates syntactic complexity dimensions. *NeuroImage, 51*(4), 1285-1293. 经 Elsevier 许可

数字广度测试独立测得的听者言语工作记忆容量与左侧颞-顶区的激活相关，但与 BA44 区的激活无关。这些结果表明，句子加工过程中的言语工作记忆依赖于颞-顶区，而 Broca 区中的 BA44 区在句子成分重新排序时表现出不同的神经关联。这一结果与一项经颅磁刺激（transcranial magnetic stimulation）研究的结论一致。在该研究中，当加工复杂度与长度不同的句子时，健康参与者左侧额下回的 BA44 区和左侧顶叶皮层的 BA40 区分别受到抑制性刺激（Lauro et al.，2010）。对 BA44 区的刺激只会降低加工句法复杂句的正确率，而对 BA40 区的刺激不仅降低了句法复杂句的正确率，还会降低长句子的正确率，尽管长句子的句法相对简单。

另一种研究句法复杂度的方法是使用层级嵌套的句子。一项功能磁共振成像研究通过改变层级嵌套的数量发现，BA44 区的句法层级效应独立于与句子相关的工作记忆过程（图 1.10。句法层级：高 c1—c2 、低 c3—c4；工

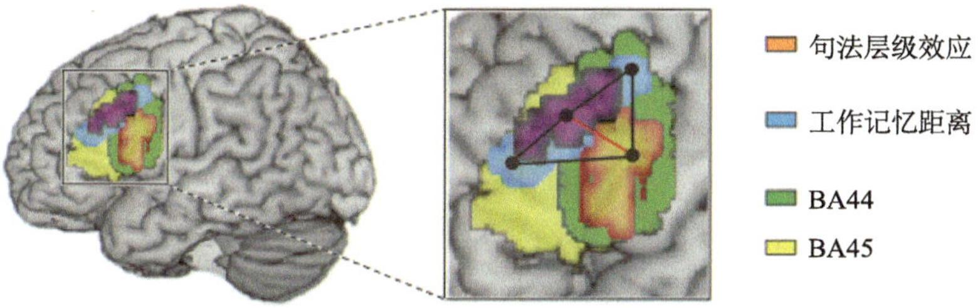

Syntactic hierarchy high, distance long
c1. Peter wusste, dass [Maria, [die Hans, [der gut aussah], liebte], Johann gekűst hatte]
Peter knew that Maria, who loved Hans, who was good looking, kissed Johann

Syntactic hierarchy high, distance short
c2. Peter wusste, dass [Maria, [die weinte], Johann gekűst hatte] und zwar gestern Abend
Peter knew that Maria, who cried kissed Johann and that was yesterday night

Syntactic hierarchy low, distance long
c3. Peter wusste, dass [Achim den groβen Mann gestern am späten Abend gesehen hatte]
Peter knew that Achim saw the tall man yesterday late at night

Syntactic hierarchy low, distance short
c4. Peter wusste, dass [Achim den groβen Mann gestern hatte] und zwar am Abend
Peter knew that Achim saw the tall man at night and that was late

图 1.10　句法和工作记忆的大脑激活。不同层级嵌套程度句子的左侧额下皮层激活。例句见图底部的方框。感兴趣区分析（region of interest analysis）揭示了以下激活：在 BA44 区（绿色）的句法层级嵌套效应（橙色）和在左侧额下沟投射到大脑左半球表面的工作记忆距离效应（蓝色）。生理心理交互（physical-psychological interaction，PPI）效应的团块（紫色）表明左侧额下沟与 BA44 区高度耦合。全脑校正后 $p<0.05$。底部图片中为例句。详细透视基于 Jülich① 的 BA45 区（黄色）和 BA44 区（绿色）的细胞构筑最大概率图。改编自 Makuuchi et al. (2009). Segregating the core computational faculty of human language from working memory. *Proceedings of the National Academy of Sciences of the United States of America*, *106*(20), 8362-8367

作记忆距离：长 c1—c3 、短 c2—c4 ）（Makuuchi et al.，2009）。请注意，句法层级结构只在母语加工过程中激活了 BA44 区，而自动化程度较低的第二语言加工则会征用更前部的脑区（Jeon & Friederici，2013）。

值得注意的是，在句法依存这一特定情况下的工作记忆效应位于额下沟，而一般的言语工作记忆位于颞-顶叶皮层（Jonides et al.，1998；Gruber &

① Jülich 研究所。——译者注

Von Cramon，2003）。因此，在句子加工过程中，似乎存在两种功能不同的工作记忆系统。有研究报告称，在加工非常规句子的过程中，移位的名词短语与其原始位置（空位）之间的距离较大时，顶叶皮层的工作记忆系统会被激活（Grossman et al.，2002；Meyer et al.，2012）。在这种情况下，移位的名词短语必须保存在言语工作记忆中，直至加工到它的原始位置为止。Fiebach 等（2001，2002）用功能磁共振成像和 ERP 相结合的方法记录了这一过程。因此，似乎有两种工作记忆系统与语言加工有关。我们假设，位于前额叶皮层的工作记忆系统是句法特异的，而位于顶叶皮层的工作记忆系统则并非句法特异的，而是更普遍地涵盖了言语工作记忆（Caplan & Waters，1999）。

1.5.2 剥离语义：句法框架

在揭示句子层面句法加工过程的方法中，许多研究改变了刺激材料中语义信息的存在，这导致了不同的发现，其既取决于刺激材料中语义信息的数量，也部分取决于不同研究中使用的任务。

在句子加工中，许多句法方面的影像研究报告称，只有在 BA44 区出现了主要的激活（Friederici et al.，2006；Newman et al.，2010），但也有一些研究报告了 BA44 区和 BA45 区的激活（Kinno et al.，2008；Tyler & Marslen-Wilson，2008；Tyler et al.，2010；Fedorenko et al.，2011；Pallier et al.，2011）。出现这种报告差异是因为这些研究在刺激材料、任务甚至实验语言上存在不同。接下来，我们将试图厘清这些因素。关于语言因素，我们认为英语和德语虽然都是印欧语系语言，但所需的句法加工过程存在很大的不同。在德语中，词序相对自由：句子成分，例如，名词论元，可以在句子中占据不同的位置。词序的灵活性得到了丰富的句法形态信息——语素的补偿，这些语素传达了成分之间的语法关系（屈折形态），允许我们确定“谁对谁在做什么”。在英语中，形态句法信息相对匮乏，因此英语使用者主要依赖词序来识别句子成分的句法角色（Thompson，1978），也可能依赖于语义信息。于是，关于德语的研究显示，在各种句法操作中有 BA44 区的清晰激活（Friederici et al.，2006；Makuuchi et al.，2009；Obleser et al.，2011），而英语研究时常显示 BA44 区和 BA45 区的激活（Caplan et al.，2008；Santi & Grodzinsky，2010；Tyler et al.，2010）就不足为奇了。在一项严格控制的英语实验中，句法加工过程中只有 BA44 区的明显激活（Newman et al.，2010），该实验中的句法参数对句子理解至关重要。这些研究之间的差异不仅取决于语言类型，还取决于句法加工是如何进行的。

在 Goucha 和 Friederici（2015）的研究中，刺激材料因素变得非常明显。我们设计了一项德语研究，类似于 Tyler 等（2010）之前所做的英语研究。该英语研究给参与者呈现了三个条件：①正常句子条件；②无意义的句子条件，称为“异常散句”（anomalous prose），它将正常句子的所有实词都替换为相同词汇类别中在语义上说不通（semantically implausible）的词；③由同样的词组成、但改变排列顺序的条件，这种顺序破坏了由内容词和功能词组成的句法结构，被称为随机词序。原先这项英语的功能磁共振成像研究报告了基于句法对比的左半球广泛激活。但是，由于（部分）内容词的存在，语义信息在所有条件下都是可及的，这种激活模式可能是由这些语义信息触发的额外语义加工过程导致的。因此，在本项德语研究中，我们逐步从句子中移除语义信息，以鉴定纯句法加工的（神经）表征。我们构建了类似于英语研究（Tyler et al.，2010）的条件，此外还包括没有任何词汇含义的假词。因此，这项德语研究在假词对应物或句子中没有包含语义信息，在句子中只出现了句法信息。

在 Goucha 和 Friederici（2015）的研究中，语义信息的删除分两步实现：第一步，将真词（词干）替换为假词，使传达意义方面的词汇形态元素保持完整：例如，在“unhappy”中前缀 un-将被保留（图 1.11 中的 d1>d2 条件）；在第二步中，甚至这些被称为派生形态的元素也被无意义音节替代（图 1.11 中的 d3>d4 条件）。在真词条件下，德语研究发现了左半球的广泛激活，包括额下回的大部分（BA44/45/47 区）、颞叶前部和颞上回 / 颞上沟后部。在德语假词句中，传达语义的派生形态，像“unhappy”中的 un-或者“brotherhood”中的-hood 仍然存在（d1>d2），结果显示出了类似的激活模式：除 BA44 区之外也涉及 BA45 区。因此，当派生形态出现时，BA45 区（被认为是支持语义方面的功能）也显示出了激活的增强。但在没有派生形态，只有屈折形态（如“paints”中的动词词尾-s）的假词句中（d3>d4），只有 BA44 区激活。这些发现证实了 BA44 区是加工纯句法信息的核心脑区，并表明任何额外的语义信息都可以导致 BA45 区的激活。这很好地证明：大脑将语言的句法方面和语义方面分别表征为不同的激活模式。

其他语言如何呢？一项关于日语句法加工的功能磁共振成像研究也考察了假词句，其中所有内容词都被假词替换，但保留所有语法助词和形态句法元素（Ohta et al.，2013）。在自然的日语句子中，这些形态句法元素可以作为名词和动词的屈折形式，允许识别句子中的语法关系乃至题元关系，甚

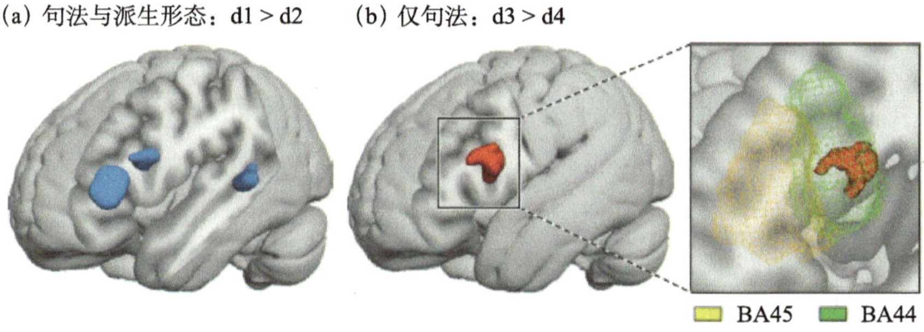

d1.	Pseudoword sentences with derivational morphology The pandex*ity* of the larisa*tions* **had zopped** the *un*heggy wog*dom*.
d2.	Pseudoword sentences with derivational morphology pandex*ity* the of **had** larisa*tions* wog*dom* the **zopped** *un*heggy the.
d3.	Pseudoword sentences without derivational morphology The pandesteek of the larisardens **had zopped** the enhegged fordem.
d4	Pseudoword sentences without derivational morphology Pandesteek the of **had** larisardens fordem the **zopped enhegged** the.

图 1.11 句法和派生形态的大脑激活。含派生形态与不含派生形态的假词句的大脑激活。语料示例见图底方框，从 d1 到 d4 分别标注了不同的条件，这里只展示显著的大脑激活。(a) d1>d2 条件对比：派生形态下的语言网络激活团块：BA45 区、BA44 区和颞上回、颞上沟后部；(b) d3>d4 条件对比：没有派生形态下激活的 Broca 区团块：BA44 区（红色），详细透视基于 Jülich 的 BA45 区（黄色）和 BA44 区（绿色）的细胞构筑最大概率图。底部图片中为例句。改编自 Goucha & Friederici. (2015). The language skeleton after dissecting meaning: A functional segregation within Broca s area. *NeuroImage*, *114*(6), 294-302. 经 Elsevier 许可

至在假词句中也能如此。通过改变句法结构，研究者认为，相较于简单句，嵌套句条件在 BA44/45 区的激活增强。与德语语料（Goucha & Friederici, 2015）不同，日语的语料允许识别题元角色，这可能导致 BA45 区的部分介入。不过，其报告的激活坐标显示主要涉及 BA44 区，从而再次表明 BA44 区是支持句法加工过程的脑区。

不同语言的研究结果显示，BA44 区系统地参与了句法方面的加工，但有时在 BA45 区边缘也出现了激活。有趣的是，在功能上，BA45 区可以细分为更后面和更前面两个部分。如果 BA45 区涉及句法加工过程，那么主要是其更后面的、与 BA44 区相邻的部分。BA45 区更前面的、与 BA47 区相邻的部分与 BA47 区一起在语义加工过程中被激活。因此，BA45 区既可能是语义和句法重叠的脑区，也可能是功能上可以进行细分的脑区。原则上，这两

种观点都是可行的。不过，有证据表明，BA45 区在受体构筑上也可以被分为两个部分：更靠前的、与 BA47 区相邻的 BA45a 区和更靠后的、与 BA44 区相邻的 BA45p 区（Amunts et al.，2010）。考虑语言加工过程时，这种细分在功能上可能格外重要。

1.5.3 建立句法结构：从成分到句子

剥离语义是揭示句法的一种方法，另一种方法是将句法分解为最基本的运算，再从中将句法结构构建起来。最基本的句法加工过程是二元的，它在句法上把两个元素按层级结构绑定在一起，形成更大的结构。这个过程被称为“合并”，在前面章节中已简单讨论过，合并被认为是所有语言中句法加工过程的基础（Chomsky，2013；Berwick et al.，2013）。正如我在导论中所述的，这个过程是将两个元素（如限定词和名词）组合成一个新结构（如限定词短语）的最基本句法运算。合并的递归应用允许构建出复杂的句法结构。例如，限定词“*the*”与名词“*ship*”合并形成一个限定词短语（“*the ship*”），这个限定词短语现在是一个新的成分，与动词“*sinks*”合并组成句子，例如：“*The ship sinks*”。多个合并过程现在可以形成如“*The ship sank late at night during the heavy storm*”（“船在深夜猛烈的暴风雨中沉没了”）这样的句子。

当构建一个限定词短语时，单个合并过程的运算已被定位在 BA44 区腹侧的最前部之中（Zaccarella & Friederici，2015a）。另一项研究（Zaccarella et al.，2015）进一步考察了涉及两种合并过程的条件：构建一个介词短语，比如，“on the ship”（“在船上”）；构建一个句子，比如，“The ship sinks”（“船沉了”）。与词列[①]相比，这两种包含相同数量单词的条件都引起了BA44 区和颞上沟后部的激活。此外，句子条件还激活了 BA45 区，BA45 区的激活与只在句子条件中出现的动词有关。两种条件下出现的 BA44 区激活反映了句法结构的构建过程，即合并。

最近的一项研究通过振荡频率测量，跟踪具有不同句法层级语言结构的加工（Ding et al.，2015）。该研究显示，从音节序列到短语再到句子的不同层级的语言输入，即使在音节数目不变的情况下，也会在脑磁图信号中产生不同的频率模式。该数据表明，神经加工反映了层级语言结构的心理建构，这取决于一个音节序列是否构成感知者母语中的短语或句子。另外，脑电图

① 即不可合并的一串单词序列。——译者注

测量表明，这些过程涉及双侧颞上回中、后部和左侧额下回。这些数据清晰地证明了语言层级的在线构建。

一项法语研究对层级结构的系统性构建进行了考察。该研究使用了由少数或逐渐增加的成分组成的单词序列（Pallier et al.，2011），发现 Broca 区的激活会随着成分数量的增加而上升，即使在假词句中也是如此。据报道，这种激活是在与 BA44 区交界的 BA45 区后部（BA45 区中有 80%，BA44 区中有 20%）。在自然语言和假词句中，该激活团块的规模随成分大小的增加而变大，这一发现可以解释为假词句中的刺激材料含有大量的真词，如人称代词（you，they）、所有格代词（your，his）和副词（very，ahead），它们都具有指称性，因此表征语言的语义方面。在这项研究中，三个脑区——BA45 区、BA47 区和颞上沟后部——的活动随组成成分规模的增大而增加。Pallier 等（2011）的研究证明，颞上沟后部和额下回参与了成分结构的加工，同时还表明成分结构与句法短语结构之间有着密切的关系。

1.5.4 加工复杂句的功能网络

因此，在加工句子时，除了 Broca 区，第二个常被报道出现激活的脑区是颞上回 / 颞上沟后部。该脑区被认为是支持语言理解的接口机制，涉及不同类型的信息——本质上可以是句法和语义信息（Friederici，2011）。这一提议主要基于以下观察：颞上回后部的活跃反映了自然语言句子结构的复杂度，这些句子中的语义信息可及，因此能够得到解读（Friederici，Makuuchi & Bahlmann，2009），但在无语义信息的层级人工语法实验中却没有发现这一区域的激活（Bahlmann et al.，2008）。

更具体地说，颞上回后部可能在句子层面动词论元层次结构的句子意义指派中起中心作用，它的主要功能是将句法结构映射到句子意义上。许多神经影像学研究支持这一观点。这些研究报告了在句子加工过程中不同条件下的颞回后部或颞上回、颞中回后部的激活，这些条件包括句法复杂度的加工（Ben-Shachar et al.，2004；Kinno et al.，2008；Friederici et al.，2009；Newman et al.，2010；Santi & Grodzinsky，2010；图 1.11）、句法异常的加工（Suzuki & Sakai，2003）、动词-论元违反的加工（Friederici et al.，2003，2010；预期：Obleser & Kotz，2010），当保持句法信息始终存在而对语义信息存在与否进行操纵时（Goucha & Friederici，2015）。

支持句法复杂句加工的功能网络涉及两个脑区，即 Broca 区——尤其是

BA44 区——和颞上回 / 颞上沟后部。当前对语言网络的描述与本领域的其他模型是兼容的，尽管在某些相关细节上有所差异。其他模型对特定区域功能的描述略有不同：他们或者认为较大的 Broca 区支持句法加工过程和句法-语义整合（“统合”，unification）（Hagoort，2005），或者认为 Broca 区支持句法加工中的“复述”（rehearsal）而非句法加工本身（Rogalsky & Hickok，2011）。然而，一项对 50 多项研究的元分析显示，左侧额下回的句法和语义加工过程在功能上相分离，句法需求高的研究显示出 BA44 区的激活更强，而语义需求高的研究则显示出 BA45 /47 区的激活更强（Hagoort & Indefrey，2014）。因此，这项元分析验证了早前提出的 BA44 区和 BA45/47 区之间的功能分异（Bookheimer，2002；Friederici，2002），也可以被这里讨论的研究结果证实。

以上我讨论了许多使用不同方法的句法加工研究。只要涉及句法层级构建，即使是在最低水平的双词组合中，BA44 区就会活跃起来。近期一项针对 18 个句法加工研究的元分析发现了两大激活团块，分别位于额叶下部皮层（BA44 区和 BA45 区）和颞叶皮层（BA22 区，BA 39 区和颞极）（Zaccarella & Friederici，2016）。这些研究可分为两类：①使用由内容词和功能词构成的词串作为控制条件，这个控制条件允许建立最小句法结构；②使用仅由内容词或功能词组成的词串，这个控制条件不允许进行任何结构构建。这种划分发现了一个有趣的差异：使用混合词串①作为控制条件的研究激活了 BA45 区和颞叶区。使用一种词类②作为控制条件的研究显示出一种更受限的激活模式：只有 BA44 区和颞上沟后部得到了激活（图 1.12）。这些数据清晰地表明，BA44 区和颞上皮层后部是构成句法网络的主要脑区。

1.5.5　小结

本节讨论了许多关于句法加工的神经科学研究。这些数据表明，语言学理论假定的将两个元素绑定为一个短语（称为合并）的基本句法运算可以在神经生物学层面上的 BA44 区得到证明。此外，这些研究表明，句法复杂句的加工涉及 BA44 区的上部和颞上回 / 颞上沟后部。在句子加工过程中，只要需要工作记忆，左侧颞-顶叶皮层就会发挥作用。这些脑区共同协作，以达成对复杂句子的理解。

---

① 即一个词串中同时包含内容词和功能词。——译者注

② 这里指内容词或功能词。——译者注

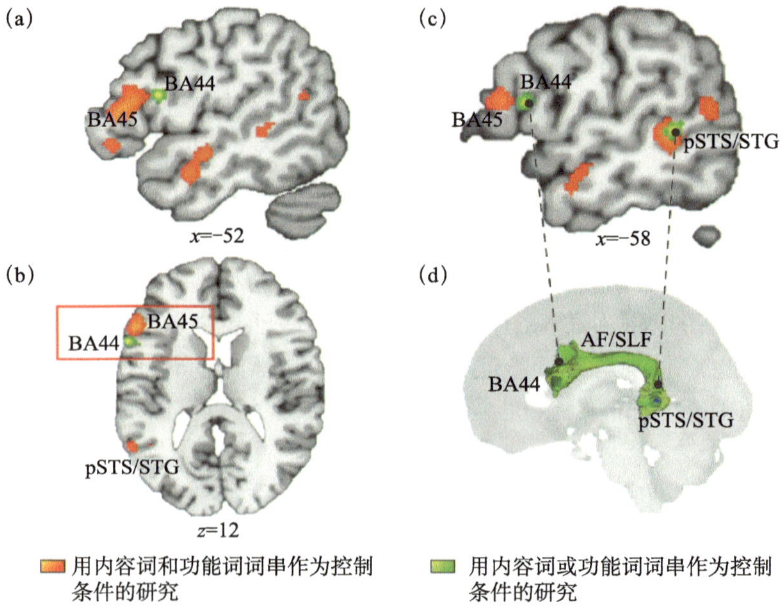

图 1.12 句法研究中脑激活的元分析。功能团块及其规模由控制条件决定。基于相应实验中使用的词串控制条件的研究子集：使用内容词和功能词（红色到黄色）的研究，使用内容词或功能词（绿色到黄色）的研究①。(a) 矢状面 x=−52，(b) z=12 处的横向平面。红色矩形表示 Broca 区，以显示两个研究子集在 BA44 区（内容词或功能词）和 BA45 区（内容词和功能词）出现的激活分异。(c) 矢状面 x=−58，显示两个子集在 pSTS/STG 中激活重叠。Brodmann 区（BA）44/45 区，颞上沟 / 回后部（pSTS/STG；BA 22）。(d) 连接 BA44 区和颞皮层后部的白质纤维束。改编自 Zaccarella & Friederici.（2016）. The neuroanatomical network of syntactic Merge for language. MPI CBS Research Report 2014-2016（见 http://www.cbs.mpg.de/institute/research-reports）②

1.6 加工语义关系

对句子的理解关键取决于对句子意义的提取，而句子的意义由不同单词的意义以及它们之间的关系提供。尽管受到句法规则的指导，但数量几乎无

① 原文在颜色指称上有误，这里已修正。——译者注

② 这项研究目前已经发表，可参见 Zaccarella, Schell & Friederici. (2017). Reviewing the functional basis of the syntactic Merge mechanism for language: A coordinate-based activation likelihood estimation meta-analysis. *Neuroscience and Biobehavioral Reviews*, *80*, 646-656.——译者注

限的单词组合（依然）允许我们超越单个词汇表征的概念来建构复杂概念。这一加工领域已经在组合语义学（Jackendoff，2002）的主题下进行了部分讨论。在这里，我不会再特别描述 Jackendoff 的方法，而是会更详细地描述脑电图、脑磁图和功能磁共振成像研究，这些研究超越了单词汇义的层面，而是在短语或句子层面上研究语义加工过程。

这种语义网络在人脑中很难定位，就像研究报告的，语义加工激活了左半球的多个脑区。Binder 等（2009）的文章“Where is the semantic system?”（《语义系统在哪里？》）对 120 多项涉及句子和单词层面的语义加工神经影像学研究进行了元分析，结果显示语义加工激活的脑区覆盖了左半球的大部分区域。这可能是因为即使是在单词层面上的语义加工，也会立即触发语义记忆不同领域的联想，这些领域还包括了感觉与运动等方面（Davis，2015）。这些联想因人而异，因为每个人可能是在不同的情境中学会了特定的单词，从而触发他们个体记忆的不同方面。我已在第 1.3 节简要地讨论了这一点。

研究表明，一般语义网络通常包括额下、颞叶和顶叶脑区，如左侧额下回（Hagoort et al.，2009）、左侧颞叶（Humphries et al.，2007；Bemis & Pylkkänen，2013），以及角回（Humphries et al.，2007；Obleser et al.，2007）。在现有神经科学数据的基础上，Lau 等（2008）提出了一个语境中词汇语义加工的神经解剖学模型（图 1.13）。该模型包括颞叶皮层、额下回和角回等不同区域。

不同研究发现了这些脑区的激活，但它们并不是在每项研究中都会同时激活。早期的功能磁共振成像研究表明，额下回的 BA45 区和 BA47 区是支持语义方面语言相关加工过程的脑区。当参与者被要求判断两个句子是否具有相同含义（Dapretto & Bookheimer，1999），或者进行需要语义加工的策略方面和执行方面的任务，如单词检索和分类（Fiez，1997；Thompson-Schill et al.，1997）时，BA45/47 区会激活。基于这些和之后主要报告语义加工过程激活颞叶的研究，我们得出结论：在语义范畴下，额下回主要支持策略性和控制性的加工过程；颞叶皮层的语义相关激活主要见于句子加工研究报告的颞叶前部（Mazoyer et al.，1993；Vandenberghe et al.，2002；Humphries et al.，2006）和颞上回后部（Obleser & Kotz，2010）以及角回（Humphries et al.，2007；Obleser et al.，2007）。然而，最近一项句子加工研究的元分析表明，语义方面的加工涉及 BA45/47 区的参与（Hagoort & Indefrey，2014）。在这里，我将讨论那些在短语或句子层面加工上发现语义脑区功能激活的研究。

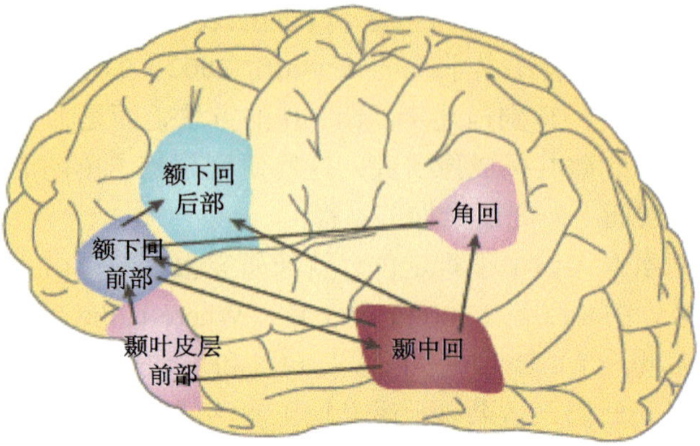

图 1.13 语境中词汇语义加工的神经功能模型。根据该模型，词汇表征在颞中回（MTG）和邻近的颞上沟和颞下皮层中储存与激活，语义网络的其他部分则通达这些表征。颞叶皮层前部（ATC）和角回（AG）负责将输入的信息整合进当前语境和句法表征中。额下回前部（aIFG）基于自上而下的信息来调节对词汇表征的控制性检索，而额下回后部（pIFG）则调节在高度激活的候选表征之间的选取。经自然出版集团（Nature Publishing Group）许可改编自 Lau, Colin & Poeppel. (2008). A cortical network for semantics:（De）Constructing the N400. *Nature Reviews Neuroscience, 9*(12), 920-933

由于历史原因，大量探究句子层面语义加工过程的研究最初是使用脑电图技术进行的，而后使用脑磁图。脑电图作为一种研究可利用的技术比功能磁共振成像技术早了十多年。最早关于语言加工的 ERP 论文之一（Kutas & Hillyard，1980）确定了一个与语义信息加工相关的特定 ERP 成分。这个 ERP 成分是一个在大约 400ms 出现的央-顶负波，被称为 N400。图 1.14 中的示例呈现了 N400 对句子语境中语义违反的响应。

自第一次被发现开始，N400 一直被认为与词汇-语义加工相关（Kutas & Hillyard，1980），后来被解释为反映了词汇-语义整合的困难（Hagoort & Van Berkum，2007；Hagoort，2008），或者反映了词汇的预激活（Kutas & Federmeier，2000；Lau et al.，2008；Stroud & Phillips，2012）。N400 效应是在单词层面和句子层面五种不同情况下观察到的，N400 的波幅在以下 4 种情况会增加：①当一个单词没有词汇地位时（即非词或假词）；②当一对词中的第二个单词在语义上与第一个单词不搭配时；③当句子中动词-论元关系的选择限制发生违反时；④当一个词不符合前述句子语境的世界知识或只是纯粹出乎意料时；⑤随着句子的展开，由于对下一个词的可预测性增加，词的 N400 波幅会缩小。因此，N400 被视为词汇加工过程、词汇-语义加工过程、语义语境可预测性和世界知识可预测性的指标（Hagoort et al.，2004）。此外，当语义推理过程超出了词汇含义本身的要求时，N400 效应在句子加工过程中会发生变化。例如，与句子“The journalist wrote the article”（“记者写了文章”）相比，句子“The journalist began the article”（“记者开始了文章”）句末词的加工引起了持续的负偏转，比经典 N400 效应的持续时间更长（Baggio et al.，2009）。因此，它反映了与语言理解有关的不同层面的加工过程，也反映了涉及世界知识的加工过程。

经典的 N400 效应通常在整个头皮广泛分布（图 1.14）。在相应的脑磁图研究中，其主要发生源被定位在听觉皮层附近的一些区域（Halgren et al.，2002）。关于 N400 相关加工过程的定位信息还来自脑成像研究。有许多功能磁共振成像研究使用了与先前报告 N400 效应的 ERP 研究相同的句子材料，发现语义违反激活了颞上回的中部和后部，与前文报告的语义加工激活位置相似（Friederici et al.，2003；Brauer & Friederici，2007）。

使用正确句子的功能磁共振成像研究中，句末词可从先前的语境中高

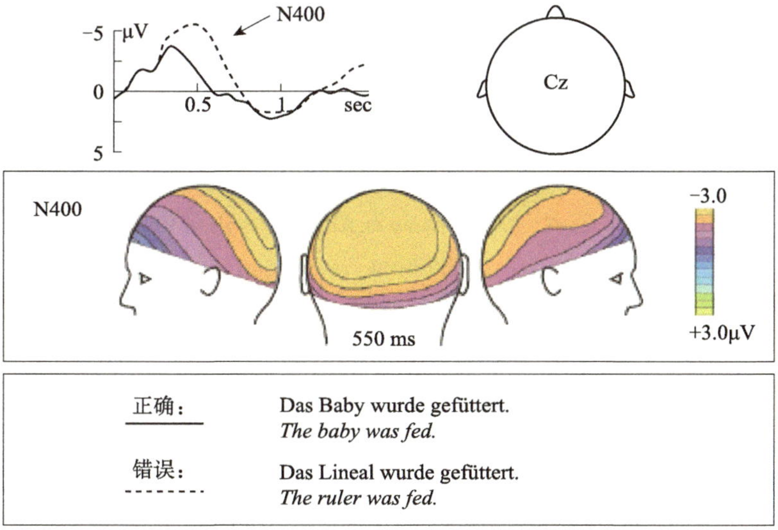

图 1.14 语义违反效应：N400。与正确句子相比，事件相关脑电位对错误句子中语义违反的反应。例句请参见图底部的方框。N400 代表 400ms 左右的一个中央负波（与正确句子相比，错误句子的波形更负）。上图：中央电极点 Cz 记录的正确和错误条件下句末词的波形。中图：错误和正确条件下句末词在 550ms 激活差异的电压地形图。下图：例句。经 Elsevier 允许，改编自 Hahne & Friederici.(2002). Differential task effects on semantic and syntactic processes as revealed by ERPs. *Cognitive Brain Research*, *13*(3), 339-356

度预测，与高预测性的单词相比，低预测性单词在左侧颞上回 / 颞上沟后部（Obleser & Kotz，2010；Suzuki & Sakai，2003）或左侧角回（Obleser et al.，2007）的激活增加。一项经颅磁刺激研究通过中断特定脑区的正常功能，对可预测性和左侧角回之间的假设关系进行了探究（Hartwigsen et al.，2015）。在理解“信号质量下降的言语”（degraded speech）时，对左侧角回进行经颅磁刺激，发现该脑区对句子层面的预测至关重要。可预测性效应主要依赖于句子中动词和名词之间的关系，且反映了题元角色指派方面的内容，因此相应的研究将在第 1.7 节进行讨论。

大多数词汇层面以外的语义研究使用的是根据经验编写的句子材料，但这并不一定以语言学的语义理论为依据。通常情况下，这些研究使用的是既定单词在世界知识或共现频率上不符合先前语境的句子。这种句子材料的编写基础是用于一组独立被试的、被称为完形填空（cloze）的程序，这个过程要求每个人用脑海中出现的第一个单词来完成句子片段。频繁作为答案出现的词被定义为“高完形”（high cloze）词，出现频率极低的词被定义为“低完形”（low cloze）词。实验句子根据这些经验数据编写，因而缺乏理论上的严谨性，而这一点可能是观察到的脑激活定位产生变化的原因之一。另一个原因可能仅仅是不同研究中使用的句子长度不同，包含不同的语境限制，或者是在其他难以控制的参数方面存在差异，例如，在听到较长句子时不同个体可能产生各种不同的联想。

为了解决这个问题，Bemis 和 Pylkkänen（2011，2013）采用了一种新的方法，就是将语义组合分解到双词短语层面。在这种范式中，相同的名词或是呈现在一个双词短语（“red boat”，“红色的船”）中，或是在不可发音的辅音字符串（“xkq boat”，“xkq 船”）或单词列表［“cup，boat”（“杯子，船”）］的语境之中。当第一个和第二个成分（单词）的组合成立时，无论在阅读还是听力过程中，脑磁图测量到的左侧颞叶前部的激活都会增加（Bemi & Pylkkänen，2013）。考虑到诸如“red boat”（“红色的船”）这样的组合可能不仅会触发语义组合，还会触发句法短语的构建，因此必须进行额外的实验来厘清这两个方面的关系。另一项脑磁图研究显示，在句法保持不变的条件下，左侧颞叶前部的激活随形容词-名词组合的概念特异性而变化（Westerlund & Pylkkänen，2014）。此外，在不同类型的组合（Del Prato & Pylkkänen，2014）以及英语和阿拉伯语等不同语言中（Westerlund et al.，2015），都发现了左侧颞叶前部的激活。从这些发现中，研究者得出结论：颞叶前部主要负责基本的语义构成。

另一个似乎参与语义加工过程的脑区是颞叶皮层后部的角回（Bemis & Pylkkänen，2013），利用功能磁共振成像考察组合语义神经基础的研究也表明了这一点。其中，一项研究（Price et al.，2015）使用有意义的双词组合［“plaid jacket”（“格子衬衫”）］或没有意义的双词组合［“moss pony”（“苔藓小马”）］，对左侧颞叶前部和双侧角回进行了感兴趣区分析，因为这些脑区被认为是与组合语义相关的区域（Bemis & Pylkkänen，2013），结果显示角回主要参与了语义组合的过程，而不是颞叶前部。

有一项功能磁共振成像研究（Molinaro et al.，2015）也表明角回参与了组合语义加工过程，该研究使用了典型程度不同的形容词-名词对（“dark cave”，“黑暗的洞穴”；“bright cave”，“明亮的洞穴”；“wise cave”，“智慧的洞穴”）。脑激活数据显示了多个脑区的参与，包括额下回前部（BA45/47 区）、额中回（BA 9 区）、颞叶皮层前部、颞中回、角回和梭状回。感兴趣区的分析集中在额下回、额中回、颞叶皮层前部、颞中回后部和梭状回，因为根据 Lau 等（2008）的研究，这些脑区被认为是构成神经语义网络的区域。随后对这些区域进行的功能连接分析显示，除角回外，所有脑区之间都存在强烈的耦合。在 Molinaro 等（2015）的研究中，角回只在对比条件（“bright cave”，“明亮的洞穴”）下发挥作用。在这种条件下，可以观察到角回和颞叶皮层前部之间出现很强的功能耦合（图 1.15）。因此，这两个脑区被认为参与

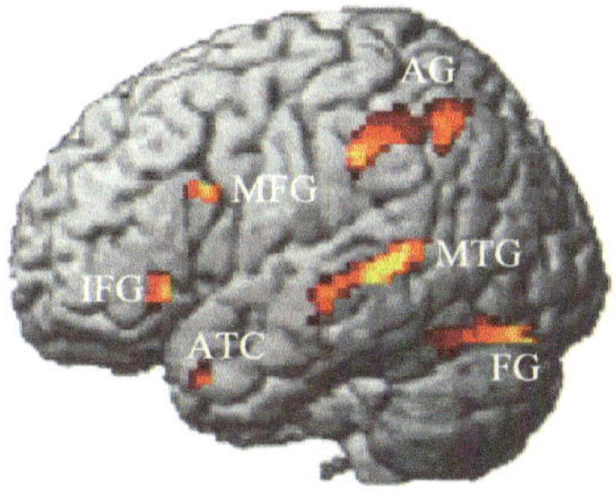

While I was walking I found a
... dark cave ...
... bright cave ...
... wise cave ...
that nobody had visited.

图 1.15　句子加工的语义网络。加工三种类型形容词 - 名词对的句子与零事件控制条件脑激活的比较。改编自 Molinaro et al. (2015). Combinatorial semantics strengthens angular-anterior temporal coupling. *Cortex*, *65*, 113-127. 经 Elsevier 许可

了语义组合加工。Molinaro 等（2015）认为，颞叶前部用于处理与语言加工网络紧密联系的高层次抽象语义表征，而角回主要用于加工复杂和异常的组合语义表征。关于颞极前部和角回各自发挥的作用，有趣的是，我们可以看到颞叶前部的激活先于角回（Bemis & Pylkkänen，2013），从而支持颞叶前部参与更基本的组合过程而角回则参与更复杂的组合过程这一观点。

脑磁图和功能磁共振成像研究共同表明，语义组合过程涉及不同脑区的参与，分别是颞叶前部和角回。这两个区域似乎都发挥了它们的作用，但它们在语义组合中的具体功能仍然是未知的。似乎颞叶前部参与了基本的组合过程，而角回则参与了创造更复杂语义概念的组合语义加工过程。

小结

在这一节中，我们探讨了语义加工过程和语义关系可能的神经生物学基础。据报告，许多脑区支持语义加工过程：颞叶前部、颞回后部和颞中回、角回、额下回的 BA47/45 区。从现有的数据来看，颞叶前部支持基本的语义构成，角回参与组合语义，而BA47/45 区则参与控制性的执行语义加工过程。心理语言学模型可能需要考虑语义构成、组合过程和控制性执行过程之间的神经生物学差异。

1.7 题元角色指派：语义和句法特征

句子理解的一个关键部分在于动词和它的论元名词短语之间题元关系的指派，以便理解“谁在对谁做什么”。为了实现这一点，必须加工许多特征，其中一个是关于动作的施事是否有生命的语义判定（除了机器人做动作外，大多数施事都是有生命的）。句法特征，比如，动词一致性和格标记（主格，宾格）也编码了成为动作的施事（行动者）或受事（承受者）的可能性，同样用于题元角色的指派。神经语言学模型假设题元角色指派的过程发生在初始结构建立的阶段之后。在 Friederici 的语言理解模型（Friederici，2002，2011）中，这构成了第二个阶段。Bornkessel 和 Schlesewsky（2006）将该阶段细分为两个子阶段：一个是提取相关特征的阶段；另一个是进行运算的阶段。有关这一模型的详细信息，请参见 Bornkessel 和 Schlesewsky（2006）的综述。

第 1.1 节（图 1.1）概述的认知模型假定在句法短语结构建立的初始阶段之后，不同子系统存在并行的加工过程。这些加工过程涉及前面讨论到的句法关系和语义关系的建立，以及本节将讨论的题元关系的建立。题元关系的指派主要取决于从名词和动词及其屈折词尾获得的不同类型的信息，但也会受到施事语义方面的影响。这些加工过程似乎是并行进行的，但当涉及实时指派题元角色以判定“谁在对谁做什么”时，它们也可能相互作用。

句子理解关键取决于句中语法主语的识别，从而确定句子中可能的施事。不同语言中题元角色指派依据的线索有所不同（MacWhinney，Bates & Kliegl，1984；Bates & MacWhinney，1987）。在词序固定的语言中，例如，英语，可以依赖位置信息来指派施事角色（例如，第一个名词短语很可能是动作的施事）。在词序相对自由的语言中，比如，德语，像格标记这样的形态句法信息可以标志某一成分发出动作的可能性。名词前面用冠词标记的主格表示语法主语，因此最可能是动作的施事。题元角色指派（例如，施事、受事）也可以基于语义特征（例如，有生命的、无生命的），因为有生命的名词更有可能是动作的施事。

在这里，我首先将回顾在不同语言中观察到的主要 ERP 研究成果。重点是文献中经常报告的 ERP 成分：① 400ms 左右的 N400，它不仅标志着纯语义加工过程，而且反映了语义题元加工过程；② LAN，300—500ms 的左前负波，反映了形态句法加工过程；③ 600ms 左右的 P600，它是反映句法和语义整合过程的常规指标。

1.7.1　题元角色指派过程中的语义和动词论元特征

当把语言输入映射到意义上时，动词起着中心作用。语言学理论定义了动词对其论元名词的要求，既包括论元名词的语义方面，称为“选择限制”（Chomsky，1965），也包含其结构方面，称为“论元结构”（Chomsky，1980）。选择限制是指动词对其可能论元的语义限制，例如，动词“drink”（“喝”）需要一个具有“液体，可饮用”语义特征的宾语名词，例如，“he drinks the beer”（“他喝了啤酒”）。一个动词的论元结构决定了动词可带论元的数量：一个论元（“he cries”，“他哭了”）；两个论元（“he visited his father”，“他拜访了他的父亲”）；三个论元（“he gave a book to his father”；“he gave his father a book”[①]）。此外，其还决定了动词可带的短语类型（名词

① 句子大意都为“他给了他父亲一本书”。——译者注

短语、介词短语）。根据语言学理论（Chomsky，1980），如果句子中的论元数量和类型与动词的论元结构不匹配，那么句子就是不符合语法、不可分析的。基于这些理论上的考虑，我们预期语义和句法方面的违反会导致各自不同的 ERP 模式。我们将看到事实也确实如此。

在题元角色指派的语境中，名词论元的语义特征“生命性”起着重要作用，因为有生命的名词比无生命的名词更容易承担施事的角色。原型施事是有生命的，所以这些信息可能有助于施事角色的指派，但并不总是这样。例如，在下面的句子中，“The tree hit the man when falling”（“树在倒下时砸到了人”），由于“tree”(“树”）是一个“无生命”[①]的名词，生命性策略可能会导致最初对“tree”角色的错误指派。然而，在感知句子时，句法分析系统必须实时指派题元角色，以保持较低的工作记忆需求，即使最初的指派必须在句子中进行随后的再分析。

语义方面的选择限制违反已经在许多语言中进行了研究，包括英语、德语、荷兰语、法语、西班牙语和汉语［有关综述，请参阅 Lau 等（2008）的研究］。最有趣的是，研究发现 N400 的波幅会随着违反动词和名词论元之间关系（在句子中）的语义特征数量的增加而系统地增加。以下类型的句子片段在研究中使用：“For the sake of his safety，the millionaire decided to hire a …”（“为了他的安全，百万富翁决定雇佣一个……”），然后用不同的名词来补全这个句子，同时操纵这些名词作为宾语的恰当性，即从恰当的宾语到完全不恰当的宾语（Li et al.，2006）（图 1.16）。恰当的宾语名词，如“bodyguard”（“保镖”，语义特征为：+生命性，+人，+护卫）不会造成违反；不恰当的人类宾语名词，如“baby”（“婴儿”，语义特征为：+生命性，+人，-护卫）违反一个特征；不恰当的非人类宾语，如“hen”(“母鸡”，语义特征为：+生命性，-人，-护卫）违反两个特征；不恰当的无生命宾语名词，如“wire”（“电线”，语义特征是：-生命性，-人，-护卫）违反三个特征。示例见图 1.16。这深刻地表明，N400 受到理论上定义的词汇语义特征和由此产生的选择限制冲突的调节。由于 N400 被认为反映了语义加工方面，这些数据支持了选择限制的加工属于语义范畴的观点。

一个句子中论元数量的违反（例如，当一个动词出现太多的论元时，“Anna knows that the inspector the banker departed”，“安娜知道检查员银行家离开”）会同时诱发 N400 和 P600 效应，称为 N400-P600 模式（Friederici &

① 这里“无生命”是指“树”不能自主发出动作，区别于“人”。——译者注

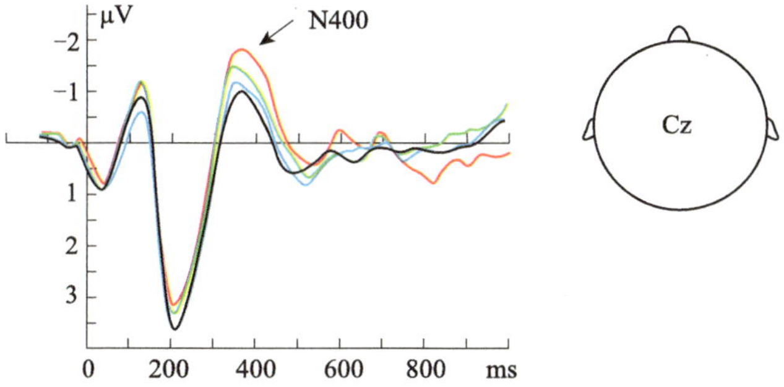

条件	动词	宾语名词
恰当的名词	hire	bodyguard
一个特征违反	hire	baby
两个特征违反	hire	hen
三个特征违反	hire	wire

图 1.16　语义特征违反程度的效应。句子中动词与其宾语名词之间不同程度特征违反的事件相关电位（ERP）。有关示例请参见图底部的方框。图中显示的是中心位置电极 Cz 记录的四种不同条件下 ERP 的总平均值。N400 的波幅随着动-名组合中目标宾语名词“不恰当性”的增加而增加。“不恰当性”的增加被定义为名词不匹配的语义特征数量。语义特征是，例如，±人，±生命性等。在这种情况下，对于动词（“hire”，“雇佣”）而言，最不恰当的名词是无生命的宾语名词（“wire”，“电线”），诱发了波幅最大的 N400。改编自 Li et al. (2006). Mental representation of verb meaning: Behavioral and electrophysiological evidence. *Journal of Cognitive Neuroscience, 18*(10), 1774-1787. © 2006 麻省理工学院

Frisch，2000）。N400-P600 模式表明，在这种情况下，加工系统在语义和句法层面上都识别出了动词和名词之间的不匹配，这表明动词论元结构的加工涉及这两个方面。如果名词论元太多或太少，句子的意义就无法建构，整个句子的句法结构也无法建构。与之对比，在论元数量正确但宾语名词短语（直接宾语与间接宾语）的格标记不正确的情况下，可以观察到同时诱发的 LAN 效应和 P600 效应，被称为 LAN-P600 模式。作为形态-句法加工过程的格加工由 LAN 反映，其后跟着反映句法再分析过程的 P600（也见第 1.8 节）。综合结果显示，在句子加工的过程中，动词-论元关系不同方面的加工有着各自不同的、相当特定的神经踪迹。考虑到 N400 和 LAN 出现在同一时间窗（300—500ms），这些数据进一步表明，涉及动词选择和动词论元限制的语义和题元关系是并行加工的，正如功能语言加工模型中假设的那样（图 1.1）。

因此，在涉及句子中带有论元名词的动词加工时，论元数量和类型（结构范畴）的违反与选择限制（语义范畴）的违反会导致不同的ERP模式。前者反映在N400-P600或LAN-P600的双相模式中，而后者反映在N400中。论元相关负波的具体实现随着语言类型的不同而变化，见Bornkessel和Schlesewsky（2006）。

1.7.2 题元角色指派中的句法特征

除了动词选择限制（语义范畴）与动词论元结构（结构范畴）的信息加工，动词屈折变化（数和人称）提供的形态句法信息对于句子中语法角色的指派也至关重要。虽然这些信息对于英语等词序固定语言的句子的理解不太重要，但对于德语等词序自由的语言来说则十分关键。在自由词序语言中，形态句法特征可以标志题元角色。

在英语中，主谓数的一致性——复数（“we see”）和单数（“he sees”）决定了谁是动作的主语。但在自由词序的语言中，如德语，名词-动词-名词序列中主语或宾语角色的指派有时只在这两种情况下才可行：如果主语和宾语名词在数标记（复数和单数）上不同，如下面的第一种宾语居先句；主谓一致原则认为，既然名词短语“the boy”和动词在数上一致，那么“the boy”一定是句子的主语。在德语中，如果名词短语或其中一个短语带有格标记（主格与宾格），如第二种宾语居先句，指派主语和宾语也是可能的。格标记允许句法角色的指派：主格指派主语角色，宾格指派宾语角色。

1. 第一种宾语居先句

（1）Die Männer［复数］grüßt［单数］der Junge［单数］.

The men greet the boy［行动者］［字面上］.

The boy greets the men.［非字面］①

2. 第二种宾语居先句

（2）Den Mann［单数、宾格］grüßt der Junge［单数、主格］.

The man greets the boy［行动者］［字面上］.

The boy greets the man［非字面］②.

但是，如果一个句子中的两个名词短语带有与句子3相同的数标记和歧义的格标记，那么这个句子就是完全歧义的，并且角色由默认的“主语居先”策略分配。

---

① 原文为“man”，有误。非字面义应为“男孩问候了男人们”。——译者注

② 原文为“men”，有误。非字面义应为“男孩问候了男人”。——译者注

3. 歧义句

（3）Die Männer［复数］grüßen［复数］die Jungen［复数］.

The men greet the boys.

在加工歧义句时，通常采用主语居先策略，以第一个名词作为施事。在许多语言中，题元角色（施事、受事等）可以通过格来确定（主格指派施事，宾格指派受事等），从而确定“谁在对谁做什么”的指派。

在屈折语言中主谓一致性（单数与复数）的违反通常会诱发 300—500ms 的 LAN［德语，参见 Penke 等（1997）的研究；意大利语，参见 Angrilli 等（2002）的研究；西班牙语，参见 Silva 等（2007）的研究］。在英语等固定词序语言中，LAN 的发现并不那么系统［Osterhout 和 Mobley 于 1995 年报告了 LAN，但其他研究并没有发现 LAN（Kutas & Hillyard，1983；Osterhout & Nicol，1999）］。有研究者认为，LAN 的存在或缺失应被视为不同语言之间的一个连续统，并且观察到这种效应的可能性会随着特定语言中显性和清晰的形态句法标记数量的增加而增强（Friederici & Weissenborn，2007）。

然而，决定 LAN 效应存在可能性的不仅仅是形态句法标记的数量，还要考虑形态句法信息对句法角色指派的重要性。在某些语言中，限定词-名词的“性”（gender）一致性（阳性、阴性、中性）对角色指派至关重要，而在另一些语言中则不然。如果这一信息对于句子中动词与其论元之间的语法关系指派不甚重要，如在德语或法语中，那么限定词和名词之间性一致性的违反并不会诱发强烈的 LAN 效应。在这些语言中，动词与其主语名词之间的一致关系并不取决于句法的性，也就是说，并不取决于名词是阳性的（德语为 dermann；the man；“男人”）还是阴性的（德语为 die Frau；the woman；“女人”）。但在性一致性与语法角色指派相关的语言中，如希伯来语，主语名词和动词屈折变化之间的性一致是强制的，性一致性违反会诱发明显的 LAN 效应（Deutsch & Bentin，2001）。这就可以得出这样的结论：只要当形态句法标记对于句子中语法关系的指派格外重要时，就可以观察到 LAN 效应。

因此，不同的语言提供了与题元角色指派相关的不同类型的信息。Bornkessel-Schlesewsky 等（Bornkessel-Schlesewsky，2011；Tune et al.，2014；Muralikrishnan et al.，2015）提供了令人信服的证据，说明了语义和句法信息如何用于题元角色指派以实现句子理解的目的是存在跨语言差异的。

1.7.3 整合

考虑语言加工时间过程的模型假设了晚期加工阶段，即在关键事件后约 600ms 或超过 600ms 时，在此期间不同的信息类型相互映射以完成理解（Friederici，2002；Friederici & Kotz，2003；Bornkessel & Schlesewsky，2006）。有研究者提出，这会发生在最后的加工阶段（在图 1.1 中称为整合）。在该阶段，如有必要，句法重新分析和修复的过程将会发生。这些加工过程反映为 ERP 中的晚期顶中正波，称为 P600（图 1.17）。

图 1.17 显示的 P600 是对语法违反的响应。然而，许多实验通过不同的句子操纵都观察到了 P600 效应，所以目前对 P600 效应的功能的解释也是多种多样。

这一成分首先在句法异常的加工中可以观察到（Osterhout & Holcomb，1992），正好在暂时歧义句加工中歧义解除、必须进行句法再分析的那一时间点（Osterhout et al.，1994），以及句法违反后、需要修复之时（Hagoort et

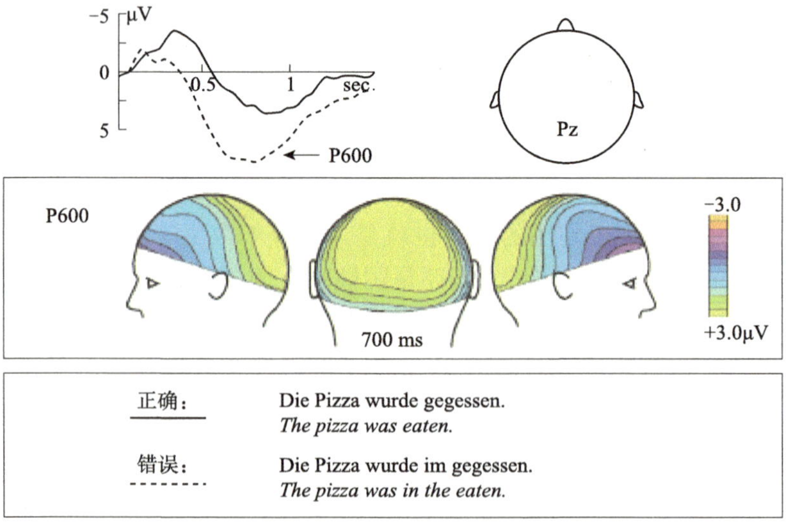

图 1.17 晚期句法效应：P600。与正确条件相比，错误条件即句法违反（这里是词类的违反）的句子在中央顶部电极 Pz 处诱发的事件相关电位。P600 指的是出现在 600ms 左右的正成分（与正确条件相比，不正确条件诱发的更正走向的波形）。上图：正确与错误条件下句末词诱发的波形。中图：错误与正确条件下句末词呈现了 700ms 时的激活差异电压图。下图：例句。改编自 Hahne and Friederici. (2002). Differential task effects on semantic and syntactic processes as revealed by ERPs. *Cognitive Brain Research*, *13*(3), 339-356. 经 Elsevier 许可

al.，1993；Hahne & Friederici，2002）被发现。在过去的十年中，研究发现，许多不同的语言刺激都会诱发 P600 效应，而且不同语言刺激诱发的 P600 效应在头皮分布上存在部分差异。歧义句（Osterhout et al.，1994）、复杂句（Friederici et al.，2002）的加工过程中都会观察到 P600 效应，而句法短语结构的违反则会诱发 ELAN-P600 双相模式（Friederici et al.，1993；Hahne & Friederici，1999）。这种双相模式被认为反映了句法加工的两个阶段，ELAN 表示句法违反的侦测，P600 表示句法再分析和修复的过程。通过直接比较需要再分析的正确句和需要修复的错误句的 P600 地形图，人们发现句法再分析 P600 主要分布于额-央部，句法修复 P600 则主要分布于央-顶部（Friederici et al.，2002）。这些数据表明，句法再分析和句法修复可能应该在加工模型中被视为两个相异的过程。

然而，P600 的功能解释在过去几年中发生了一定程度的变化。最初，它被认为反映一般的句法加工过程（Hagoort et al.，1993）、句法再分析和修复过程（Friederici et al.，1996）或句法整合的困难（Kaan et al.，2000）。后来的研究发现，P600 不仅随句法变量而变化，而且反映了句子层面上句法和语义异常的相互作用（Gunter et al.，2000；Kuperberg et al.，2003；Kuperberg et al.，2006），这表明 P600 可能反映了同时考虑到句法和语义信息的晚期句子水平的整合过程。

传统观点认为，P600 只反映了句法方面的整合过程，这一观点最近受到了其他研究的挑战，这些研究发现句子水平上的语义违反同样诱发了 P600 效应（Kolk et al.，2003；Hoeks et al.，2004；Kim & Osterhout，2005；Kuperberg et al.，2007）。例如，像“The hearty meal was devouring”（“这顿丰盛的饭狼吞虎咽地吃着”）这样的句子诱发了 P600（Kim & Osterhout，2005）。这种现象被称为语义反转异常（semantic reversal anomalies），英语（Kim & Osterhout，2005；Kuperberg et al.，2006）和荷兰语（Kolk et al.，2003；Hoeks et al.，2004）中均报告这种现象诱发了 P600。由于 P600 传统上被视为反映了句法加工过程（Hagoort et al.，1993），语义 P600 引发了许多问题，并产生了一种解释，即实时理解过程中语义加工过程占据主导地位，“凌驾于”句法加工过程之上，从而引起语义失匹配（Kim & Osterhout，2005；Kuperberg et al.，2007）。最终，人们对语义 P600 效应提出了三种不同的解释：①动词与论元之间的合理性 / 语义吸引（Kim & Osterhout，2005）；②题元加工代价（Hoeks et al.，2004）；③题元与语义记忆的相互作用（Kuperberg et al.，2007）。然而，请注意，所有这些不同的解释都与句子中题元角色的指派有关，并且可能反映了题元角色指派的不同方面（Bornkessel-Schlesewsky & Schlesewsky，2008）。对这些发现最普遍的解释是P600反映了句法、题元和语义信息的整合，这些信息由处理句法、题元和语义关系的各个子部分提供。未来的研究必须揭示P600是反映一种加工过程的单一成分，还是有一个P600成分家族，分别反映不同的子过程。不幸的是，这个问题颇为复杂，因为到目前为止P600在人脑中还没有明确的定位。

1.7.4 定位：脑磁图和功能磁共振成像

在描述语言与大脑的关系时，人们不禁要问，整合的过程发生在哪里？关于这方面的信息很少。对于题元角色指派，语义和句法信息必须结合在一起。有关题元角色指派的ERP研究将P600与这一加工过程关联了起来，但我们已经了解到P600难以定位。在功能磁共振成像研究中，有一些研究使用了不同的范式来考察题元角色指派，发现题元角色指派涉及颞叶皮层后部。当刺激材料涉及动词与其论元之间关系的加工时——无论是在正确句中考虑与动词论元关系有关的句子语义完形概率（Obleser & Kotz，2010），还是在包含动词与其论元间选择限制违反的句子中（Friederici et al.，2003）——都可以看到颞上回/颞上沟后部的激活受到句子水平可预测性的调节。当研究不同的动词类别与其论元顺序时，可以发现这两个因素在颞上回/颞上沟后部存在相互作用（Bornkessel et al.，2005）。总之，这些研究表明，左侧颞上回/颞上沟后部可能是句法信息和以动词论元为基础的信息整合的区域（Grodzinsky & Friederici，2006）。

关于P600效应的大脑基础问题仍未得到解决。一些研究试图定位句法P600，并将颞中回和颞叶皮层后部作为可能的定位点（Kwon et al.，2005；Service et al.，2007）。此外，一些迹象表明，基底神经节是支持句法相关P600反映的加工过程的神经环路的一部分，因为基底神经节损伤患者表现出P600波幅的减弱（Friederici et al.，1999；Frisch et al.，2003）。基底神经节参与句法过程的观点大体上与Ullman（2001）提出的模型相一致，这一模型认为句法加工过程由涉及基底神经节和额叶皮层的环路支持，尽管该模型并未区分早期和晚期的句法加工过程。

因为功能磁共振成像的时间分辨率较差，很难将P600与早期的语言ERP成分效应区分开来，所以在功能磁共振成像中定位P600十分困难。因此，目前P600效应的神经基础尚未得到详细阐明。因为它发生在加工的晚期阶段，很可能反映了不同信息类型的整合，包括语义和句法加工过程。基于上述现有的磁共振成像数据，我认为在句子水平上观察到的语义和句法加工过程中激活的颞上回 / 颞上沟后部是表征整合过程的候选区域[①]。

1.7.5　解读

如图 1.1 所示，语言理解的最终步骤被称为整合，是指从最普遍的意义上对语言表征的解读。它取决于一些不属于核心语言系统的方面，包括下文将简要讨论的情境和交际方面，也包括有关世界的个体知识——无论是一般的技术知识、文化知识，还是特定的关于交际对象社会和家庭背景的知识。这些知识可能在大脑不同区域具有分布式的表征，因而不易被捕捉到。

1.7.6　小结

本节回顾了有关题元角色指派问题的现有神经生物学文献。在题元角色指派发生的阶段，动词和其论元之间的关系得以计算，从而指派句子中的题元角色。形态句法信息（主谓一致性，LAN）、格信息（LAN 或 N400，取决于特定语言）和词汇选择限制信息（N400）被考虑在内，以实现句子中不同成分之间关系的指派。我们看到，语言学理论得到了实证数据的支持，这些数据表明动词选择限制的要求和有关动词论元结构的要求之间是分离的。负责理解句子中“谁在对谁做什么”的大脑基础由一个左侧额-颞网络构成，包括额下回和颞中回、颞上回。

1.8　韵律信息加工

口语句子的加工，除了语义和句法信息外，还必须加工音系信息。第 1.2 节讨论了在音段水平上与音位及其特征有关的声学-音系加工。然而，声音信号也传达了超音段的语音信息，言语中的这些节奏性和旋律性的变化被称为“韵律”（prosody）。韵律信息通常分为两类：“语言韵律”（linguistic prosody）和“情绪韵律”（emotional prosody）。情绪韵律是一种语言之外的线索，它表明了说话人的情绪状态或说话人传达内容的情绪信息。相反，语言韵律在句法和题元结构的构建中起着关键作用。我将回顾和讨论语言

① 然而，值得注意的是，其他学者认为额下回是整合的候选脑区，因为语义和句法信息都在 Broca 区得到了加工（Hagoort，2005）。

韵律的研究，然后简要地转向情绪韵律研究，因为两者经常被一起研究、讨论。

研究者对加工语言韵律和情绪韵律涉及的脑区有不同的看法。一个简单的观点是，语言韵律是由左半球负责加工，而情绪韵律则由右半球负责加工（Van Lancker，1980）。但正如我们将看到的，实际情况可能更加复杂。

1.8.1 语言韵律加工

研究表明，语言韵律的处理大多涉及两个半球，但二者参与的程度有所不同。因此，一种观点认为，单纯的韵律（音高信息）主要在右半球进行处理，刺激材料或任务需求带来的语音信息越受注意，加工就越可能转移到左半球（Friederici & Alter，2004）。韵律信息主要以语调曲线来编码，它显示出口头句子中成分（句法短语）的分隔以及语流中（从题元角度来说）相关词的重读。通过显示短语边界，韵律信息与句子理解以及解释"谁在对谁做什么"最为相关。这可以从下面的例子中反映出来。韵律边界（即 break，在下面的句子中用 # 表示）以下述三个参数为特征：语调（音高）的转变、停顿之前音节的延长以及停顿本身。

（1）The man said # the woman is stupid.

（2）The man # said the woman # is stupid.

上述句子中的停顿边界对于句子的解释非常关键，因为其标记着"to be stupid"被指派的名词短语是"the woman"（1）还是"the man"（2）。这个例子表明，韵律信息不仅与句法加工过程有关，而且最终与句子解读有关。韵律与句法似乎有着密切的关系。事实上，几乎每一个韵律边界都是句法边界，尽管反之并非如此。

句子水平上韵律信息加工发现的第一个神经生理指标来自一项记录脑电图的研究。该研究考察的是包含一个或两个语调短语边界的德语句子的加工。在语调短语边界处，ERP 显示了一个央-顶分布的正漂移（波形朝正方向），我们称之为中止正漂移（CPS），这是因为语调短语边界标示着短语的闭合（Steinhauer et al.，1999）（图 1.18）。该效应被认为是加工语调短语边界的标志。

中止正漂移效应在使用其他不同语言，如荷兰语（Kerkhofs et al.，2007；Bögels et al.，2010）、日语（Wolff et al.，2008）、汉语（Li & Yang，2009）和英语（Itzhak et al.，2010）的研究中也得到了重复。关键的是，研究表明，中止正漂移并非由语调短语边界处的停顿本身触发，而是来自表示语调短语

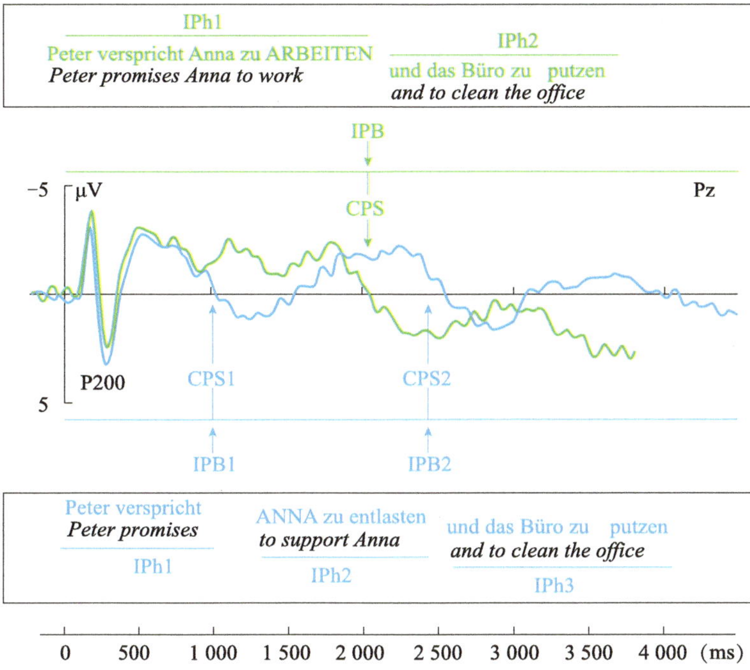

图 1.18　句子加工中的韵律。CPS 是反映语调短语边界（intonational phrase boundary，IPB）加工的 ERP 效应。中间：Pz 电极记录的总平均 ERPs。具有两个语调短语（intonational phrases，IPh）和一个语调短语边界（IPB）的句子（绿色）和具有三个 IPh 和两个 IPB（蓝色）的句子的波形在图中叠合呈现。显示在顶行和底行中的句子示例的起始点与时间轴对齐，单位为毫秒。这两种情况都会在各自的 IPB 处产生一个 CPS（正向波形），产生的 CPS 用箭头表示：绿色条件的 CPS 和蓝色条件的两个 CPS。改编自 Steinhauer, Alter & Friederici. (1999). Brain potentials indicate immediate use of prosodic cues in natural speech processing. *Nature Neuroscience, 2*(2), 191-196

边界的另外两个参数，即音高变化和停顿前音节的延长，它们足以唤起成年听者对边界的感知。这一点在一项实验中得到了证明，在该实验中，尽管语调短语边界处的停顿被删除了，但中止正漂移仍然存在（Steinhauer et al., 1999）。

其他关于成人的实验表明，当一个句子只传递韵律信息时（即通过滤波程序删除了音段信息）也可以产生中止正漂移。在这种情况下，中止正漂移会显现出右半球的偏侧化（Pannekamp et al.，2005）。此外，在句子阅读中，标示句法短语边界的逗号也触发了中止正漂移（Steinhauer & Friederici，2001；Steinhauer，2003；Kerkhofs et al.，2008）。因此，中止正漂移被视为与韵律短语相关的ERP成分，不论韵律短语是在语流中显性表达，还是在书面语句子中隐性表达，甚至是在语流中停顿被删除的情况下进行表达。这表明，中止正漂移实际上标志着一个短语的闭合，而不是一个声学现象的闭合。来自语言发展的证据强有力地支持了这一点。在婴儿和学步儿童中，只有存在停顿时，才会诱发中止正漂移这一边界反应，而当停顿被删除时则不会（Männel & Friederici，2009，2011）。然而，年龄较大的儿童显示出了表示边界反应的中止正漂移。就像在成人中那样，儿童一旦获得了足够的句法知识，单靠音高信息和音节延长就可以触发中止正漂移效应（Männel & Friederici，2011）。

韵律加工的大脑基础，特别是两个半球的参与情况，引发了很多争论，而且似乎有很多不同的因素与此相关。最初是在左半球和右半球皮质病变的患者中对这个问题进行了行为研究。虽然一些研究得出结论，即语言韵律主要在右半球加工（Weintraub et al.，1981；Brădvik et al.，1991），但其他研究却支持两个半球的参与，因为他们发现左半球和右半球病变的患者在处理句子水平上的韵律时均存在缺陷（Bryan，1989；Pell & Baum，1997）。这些研究大多使用的是包含音段信息的正常言语（即包含支撑单词识别的音位信息）以及超音段信息［即刺激的“旋律”（语调曲线）］。然而，当音段信息被过滤掉，从而增强对超音段信息的依赖时，右半球病变患者的表现明显差于左半球病变患者（Bryan，1989）。这和其他研究（Perkins et al.，1996）共同表明，右半球主要参与韵律信息的加工。根据这些发现，我们可以得出结论：可用的音段信息越少，右半球就越占优势。此外，最近的研究认为，更好地控制大脑半球内的病变部位是一个关键因素，因为有研究显示相比额叶或皮层下（subcortical）病变的患者，颞-顶叶病变的患者在韵律任务中的表现更差（Rymarczyk & Grabowska，2007）。

在句子加工中，右侧前额叶皮层和右侧小脑也曾被报道因韵律切分而激活（Strelnikov et al.，2006）。一项考察句子和词列（word list）（两类材料同时含有句子和词列韵律）的研究发现，颞叶皮层前部对句法和韵律信息出现了双侧激活，而左半球对句法信息的选择性更强（Humphries et al.，2005）。这项研究也发现了处理韵律时明显的右半球优势。总之，这些研究表明，在句子加工过程中，右半球参与了语调（音高）信息的加工。除此之外，它们还表明，实际的大脑半球偏侧化部分地取决于任务的需求（Plante et al.，2002；Gandour et al.，2004）以及是否存在共现的切分信息（Bryan，1989；Friederici & Alter，2004）。

神经影像学研究支持这样一种观察，即刺激材料中音段和超音段信息的量起着重要作用。音高信息（语调曲线）的加工与右半球的激活增加相关，但受到任务需求的调节（Plante et al.，2002）。一项系统操纵音段和超音段信息存在性的功能磁共振成像研究报告，由于音段信息的缺失，颞叶后部和额叶-岛盖皮层（fronto-opercular cortices）的脑激活会向右半球转移（Meyer et al.，2002；Meyer et al.，2004）（图 1.19）。

这一结论适用于非声调语言，例如，印欧语系语言。此外，语言韵律的半球偏侧化依赖于特定语言中韵律表示的特定信息。在泰语和汉语普通话等声调语言中，音高模式是用来区分词汇意义的。汉语音节 ma 在汉语中有不同的意义，这取决于它的音高曲线是上升的还是下降的。有趣的是，当音高编码词汇信息时，对音高的处理发生在左半球，类似于非声调语言中词汇信息的加工（Gandour et al.，2000）。由此看来，语言加工在大脑中的定位是由其功能（词汇信息）而不是形式（音高信息）决定的。只有当语调标示超音段句子韵律时，语言加工才发生在右半球；当语调与词汇相关时，语言则会在左半球进行加工。

1.8.2　语言韵律与句法的相互作用

句法歧义消解的行为研究（Marslen-Wilson et al.，1992；Warren et al.，1995）发现，韵律和句法在语言理解过程中是相互作用的。第 1.5 节讨论的

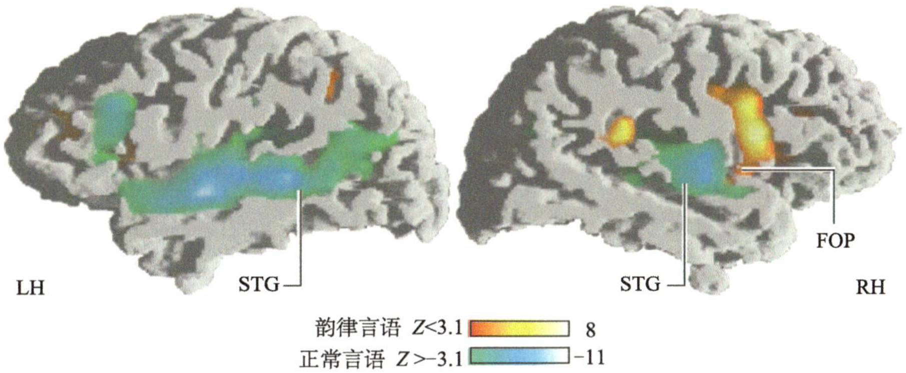

图 1.19　韵律加工的大脑激活。红-黄色反映与正常言语（音段和超音段信息）相比韵律言语（没有音段信息，只有超音段信息）的激活。绿-蓝色反映与韵律言语相比正常言语的激活。改编自 Meyer et al. (2002). fMRI reveals brain regions mediating slow prosodic modulations in spoken sentences. *Human Brain Mapping, 17*(2), 73-88. © 2002 Wiley-Liss 出版公司

神经科学研究表明，句法加工主要发生在左半球，而韵律加工则主要涉及右半球。因此，任何句法和韵律的相互作用都必须依赖于两个半球之间的互动。两个半球在神经解剖学上通过胼胝体（corpus callosum）相连（Hofer & Frahm，2006；Huang et al.，2005），因此它提供了支持两半球之间信息传递的神经结构。如果上述关于左、右半球在语言加工中功能作用的观点是准确的，阻断两个半球之间信息传递的胼胝体损伤会进一步对句法（左半球）和韵律（右半球）信息之间的交互作用产生影响（图 1.20）。

句法和韵律的相互作用已经在神经层面得到证实。ERP 研究报告了句子中的韵律违反会诱发右前负波效应，例如，在句子中，末尾短语的韵律信息呈现在非末尾位置，会造成一个不正确的语调。这些类型的韵律违反与句法短语结构违反相互作用，反映了在早期加工阶段韵律和句法信息之间存在密切互动（Eckstein & Friederici，2006）。由胼胝体后部病变而导致左右半球连接部分中断的患者中并未出现句法、韵律之间的交互效应，尽管他们表现出了与韵律无关的句法效应（Sammler et al.，2010）。这些数据表明，连接两半球的胼胝体为听觉言语理解中短语结构句法和韵律特征的整合奠定了神经基础。

当涉及动词与其论元之间的指派关系时，同样可以观察到韵律和句法信息的交互作用。例如，在下面韵律正确的德语句子中，如（1），“Anna”是“promise”的宾语，在（2）中，“Anna”是“support”的宾语（动词与其宾语、名词短语之间的关系用箭头表示）：

（1）Peter verspricht Anna # zu arbeiten.

Peter promises Anna # to work.

（2）Peter verspricht # Anna zu helfen.

Peter promises # to support Anna.

根据德语词序，这两个句子在单词 zu 之前看起来是相同的，但是它们的句法结构在语音、语调上是不同的（以 # 标记语调短语边界）。如果在第 1 句中动词后面插入像第 2 句一样的语调短语边界，那么第 1 句中的韵律就会变得不正确，如第 3 句所示。在下面的第 3 句中，韵律信息表明“Anna”是后面动词“arbeiten”（“work”）的宾语，但动词“arbeiten”后面并不能直接带宾语。

（3）*Peter verspricht # Anna zu arbeiten .

Peter promises # to work Anna.

采用这种韵律错误的句子，我们能够证明韵律支配着句法分析（Steinhauer et al.，1999），第 3 句中韵律错误的“zu arbeiten”（work）上观

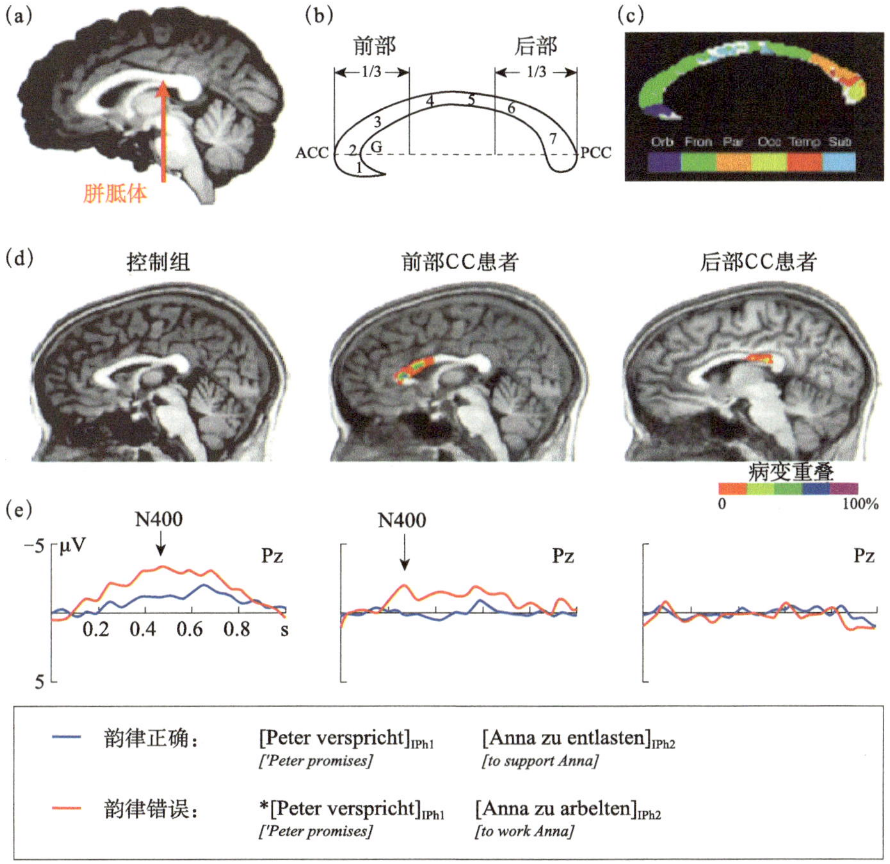

图 1.20　胼胝体与韵律加工。(a) 大脑中的胼胝体。这一结构连接左右半球。(b) Witelson（1989）从健康人群中分割胼胝体的结果。(c) 在每个胼胝体像素里，跨越两个半球纤维的数量直方图最大值分布图。投射到不同部位的最大纤维像素用不同颜色显示，紫色表示眶叶，绿色表示额叶，橙色表示顶叶，黄色表示枕叶，红色表示颞叶，青色表示皮质下核。改编自 Huang et al. (2005). DTI tractography-based parcellation of white matter: Application to the mid-sagittal morphology of corpus callosum. *NeuroImage*，*26*(1), 195-205，经 Elsevier 许可。(d) 健康对照组和胼胝体前部或后部病变患者的病变密度图。图中描绘了每个体素中病变重叠的百分比。色标显示五个级别：每个色条代表 20% 的增量。(e) 正常对照组和患者韵律正确（蓝色）和错误（红色）句子短语中关键动词韵律失匹配效应的事件相关电位（总平均值）。有关句子示例，请参见图底部的方框。改编自 Friederici, Von Cramon & Kotz. (2007). Role of the corpus callosum in speech comprehension: Interfacing syntax，prosody. *Neuron*, *53*(1), 135-145. 经 Elsevier 许可

察到的 ERP 效应可以证明这一观点。基于韵律信息，句法分析系统会预期出现一个及物动词（如第 2 句中的 support），却出现了一个不及物动词（即第 1 句中的 work）。这种意外的动词形式是不合适的，因为它违反了预期的词形，而且它甚至违反了预期的动词类别（即及物动词）。预期的双重违反导致了 ERP 中的失匹配效应，即 N400-P600 模式，N400 反映了被试对意外动词的反应，P600 反映了句法重新分析的过程。与最初的实验（Steinhauer et al.，1999）不同，这两个 ERP 成分的功能解释得到了未采用句法判断任务的实验的支持。在不涉及语法任务（以及简单被动聆听任务）的情况下，关键动词上只能观察到 N400，这单纯地反映了对动词的非预期性（Friederici et al.，2007；Bögels et al.，2010）。

为了验证韵律-句法相互作用确实是基于左右半球之间信息交换的假设，我们向胼胝体病变患者呈现了句子（1）—（3）。采用被动聆听范式，该研究在健康对照组和胼胝体前部病变患者中观察到了韵律-句法失匹配效应（N400）（尽管胼胝体病变患者组比健康对照组小），但在胼胝体后部病变的患者中却没有观察到（Friederici et al.，2007）[图 1.20（d）、图 1.20（e）]。这一发现为以下观点提供了明确的证据：韵律和句法的相互作用依赖于左半球和右半球之间的相互作用，左右半球的颞叶皮质通过胼胝体后部相连，从而为二者之间的相互作用提供了神经基础。

对神经影像数据的功能连接分析进一步支持了这一结论，在这种情况下，脑磁图数据研究了不同脑区之间的激活耦合（David et al.，2011）。该分析揭示了在句法和韵律信息加工过程中左右半球之间的功能连接，而且还表明在句法-韵律交互过程中可能涉及丘脑或基底神经节等深层皮层下结构。

1.8.3 情绪韵律

一句话编码的信息可能不仅仅是简单地由词义传达的信息。除了所说的内容，当一个说话者想要传达情绪信息时，他或她可以选择调整语音的韵律参数。话语的这一部分叫作情绪韵律。语音信号中的情绪可以通过改变强度和音高参数来显示，也可以通过延长语音成分及它们之间的停顿来传达。情绪韵律承载着快乐和悲伤、恐惧和愤怒等意义，因此，从定义上讲，它并不是核心语言系统的一部分。这种信息在听觉信号中编码，基本上可以与话语内容相互作用。

情绪韵律与大脑之间关系的首次研究是在大脑的左半球或右半球发生病变的患者之中进行的。研究报告称，当说话人在说语义中性的句子时，右半球颞-顶叶病变的患者而不是左半球病变的患者在识别说话人的情绪基调方面存在缺陷（Heilman et al.，1975；Heilman et al.，1984）。但是，其他研究并没有发现患者组之间的这一差异（Van Lancker & Sidits，1992；Starkstein et al.，1994）。相反，这些研究认为，如果要区分左半球患者和右半球患者，关键在于他们如何利用声学线索来判断情绪韵律，这反过来又表明情绪韵律加工可能涉及双侧网络（Van Lancker & Sidits，1992）。

相反，大多数功能磁共振成像研究显示，情绪韵律加工涉及右侧化网络，包括颞中回与颞上回的参与（Mitchell et al.，2003；Beauconsis et al.，2007）。此外，当参与者进行情绪识别任务时，右侧额叶区域也会激活（Wildgruber et al.，2005）。然而，在另一个任务（即简单识别任务）中可以观察到更多的双侧激活，这表明任务需求对部分网络的激活存在影响（Wildgruber et al.，2005）。此外，有研究报告称，情绪韵律的双侧激活伴随着基底神经节（Kotz et al.，2003）和杏仁核（作为与情绪相关的一般结构）等皮层下区域的激活（Schirmer et al.，2008；Leitman et al.，2010）。

许多研究利用 ERP 技术对情绪韵律的加工进行了探究（Schirmer & Kotz，2006；Paulmann & Pell，2010；Kotz & Paulmann，2011；Paulmann，Titone & Pell，2012）。由于 ERP 技术的高时间分辨率，这些研究认为情绪韵律加工是一种能区分早期和晚期的多阶段加工过程。早期阶段可能涉及皮层下结构（如基底神经节），反映快速的早期情绪评估过程，晚期阶段则涉及负责情绪意义理解的皮层区域。

一个有趣的问题是：假设存在情绪韵律和情绪词汇信息，那么在言语理解过程中，这些不同类型的信息是如何结合在一起的？例如，试想这样一个句子，“Yesterday she had her final exam”（“昨天她参加了期末考试”），用一种快乐或悲伤的语调来说，然后在这个句子之后视觉呈现一个词，这个词的意义或是积极的，如“success”（“成功”），或是消极的，如“failure”（“失败”）。这样就生成了 4 种条件：两种条件下，情绪句子语调与单词匹配（快乐 / 积极，悲伤 / 消极）；另两种条件下，情绪句子语调与单词不匹配（快乐 / 消极，悲伤 / 积极）。两个 ERP 研究对上述 4 种条件的加工情况进行了探究。我们知道语义失匹配会诱发 N400 效应，因此我们预期情绪失匹配也会导致 N400 效应。两项使用句子-词汇材料的研究提出了一个交际上有趣的问题：男性和女性参与者在处理情绪韵律和情绪词汇信息的方式上会有所不同吗（Schirmer et al.，2002，2005）？为了获得更多关于这些过程的时间参数信息，实验改变了听觉呈现的句子和视觉呈现的单词之间的时间差（刺激间隔），停顿时间为 200ms 或 750ms。在第一项研究中（Schirmer et al.，2002），参与者只需要判断句子后面视觉呈现的单词是真词还是假词。这项研究表明，当句子和词之间的停顿较短时，女性表现出 N400 效应，而当停顿时间更长时，男性才表现出 N400 效应。ERP 结果表明，女性比男性更早地使用了情绪韵律信息。

这就提出了一个问题：男性是否普遍无法使用情绪韵律信息？或者在某些情况下，是否可以强制男性像早期使用者那样？因此，在第二项研究（Schirmer et al.，2005）中，参与者不仅要判断书面词是不是真词，还要判断这个词与前一句的情绪韵律是否匹配。这一次男性和女性均表现出了相似的 N400 效应，这表明当被要求考虑情绪韵律时，男性能够快速处理情绪韵律。这些结果意味着句子的情绪韵律和情绪意义基本上可以相互作用。

1.8.4 语音和音乐中的音高加工

关于音高加工的异同性问题适用于语言和音乐，因为音高信息不仅在语言韵律加工中起着至关重要的作用，而且在音乐的旋律加工方面也是一个关键参数①。

对患者的研究表明，音乐和语言中音高加工的大脑基础具有相似性。先天性音乐感知缺陷患者（Peretz，1993）也经常表现出语言音高感知缺陷（Liu et al.，2010；Nan et al.，2010；Tillmann et al.，2011）。这些观察结果表明，跨领域的音高具有共同的大脑基础。一项功能磁共振成像研究对这一假设进行了评估（Nan & Friederici，2013）。该研究测试了一组中国音乐家，仔细控制了参与者对声调语言和音乐的熟悉程度。通过对音高的操纵，汉语短语和长度相近的音乐短语结尾要么正确（一致），要么错误（不一致），参与者需要判断其听到的刺激的一致性。研究者直接比较了加工汉语与音乐时激活的神经活动，结果显示，相比音乐，语言加工在额-颞叶语言网络和右侧颞上回诱发了更强的激活。对语言与音乐条件共同激活的分析揭示了一个涉及左前 Broca 区和右侧颞上回的音高加工的神经网络。Broca 区（BA45 区）的激活与音高一致性判断密切相关，而右侧颞上回的激活与音高一致性判断无关。这些发现表明，右侧颞上回是加工音高的一般区域，而前部 Broca 区（BA45 区）则为负责判断的脑区。综合这些数据推论，音高信息可能主要在右半球的颞上回加工，而音高判断、与音高相关的词汇加工过程以及与音高

① 在这里，我仅从韵律过程的角度讨论语言和音乐的关系，而不讨论其他方面，如语法和语义。关于语言和音乐及其神经基础的系统比较，参见 Patel（2008）的研究。

相关的句法加工过程则涉及左半球。

更普遍的结论是，在初始声学分析之后，音高信息是根据其功能而不是形式来加工的。如果音高的功能与词汇或句法有关，则在左半球加工；如果其功能与词汇或句法无关，则在右半球加工。这一观点得到了一项研究的支持，它调查了低龄中国儿童，这些儿童在早期语言习得中必须学会具有词汇意义的音高信息（Xiao et al., 2016a）。静息态功能连接分析揭示了大脑激活的转变：从 3 岁时的右半球转向 5 岁时的左半球。这些数据可以解释为处理音高的方式从年龄较小儿童的声学信息向年龄较大儿童的词汇信息出现的转变。

1.8.5　小结

音高信息不仅在语言韵律和情绪韵律加工中起着重要作用，同样体现在音乐旋律的加工之中。在这一节里，我回顾了语音感知和音乐处理中韵律加工的神经科学研究。在言语理解过程中，韵律信息的加工主要涉及右半球，而句法加工主要涉及左半球。在言语加工过程中，左右半球实时交互，将短语边界指定为成分的边界，这一过程以连接两个大脑半球的白质结构——胼胝体为基础。综上所述，这些研究可以得出结论：尽管纯音高信息可能主要在右侧颞上回加工，但人脑中更高级的音高相关加工的定位则取决于音高所具有的特定功能：词汇声调在左半球进行加工，语言韵律的加工是双侧的，但呈现出左偏侧化；音乐的加工是双侧的，但呈现出右偏侧化。由此可见，音高的大脑定位不是由其形式决定的，而是取决于其认知功能。

1.9　语言理解的功能神经解剖学

本章以听觉语言理解过程的认知模型为起点，该模型涵盖了从听觉输入到达成句子理解的加工过程，如图 1.1 所示。最引人瞩目的是，这些过程都发生在 1 秒以内。在本章中，我描述了这些不同过程的大脑基础。我们已经知道，为了达到语言成功理解的目的，语言系统必须通达和处理语言网络中的相关信息，该网络由左侧额叶皮层下部、颞叶皮层以及右半球等区域组成。就感知过程以及遵循固定规则的认知过程，即句法加工过程而言，本章研究回顾得到的图景在神经解剖上显得十分简明扼要。与联想有关的语义加工过程的定位程度较低，其部分原因在于纯粹的语言学语义加工过程很难与语义记忆和语义联想相分离，它们具有很大的个体差异，甚至会随着时间的推移在个体内根据个人经历和各自的联想发生变化。

根据现有数据，听觉句子理解的功能神经解剖学可以由不同子过程的时间顺序及其定位来加以描述（图 1.21）。

听觉语言加工遵循一个“波动的”时间过程，如图 1.21 中不同的 ERP 效应所示。声学过程和言语语音范畴化过程发生在 100ms（N100）左右；初始短语结构构建发生在 120—250ms（ELAN），而语义、题元和句法关系的加工发生在 300—500ms（LAN，N400）；不同类型信息的整合发生在 600ms 左右（P600）。这些过程主要发生在左半球。此外，韵律加工过程涉及右半球，并依赖于与左半球的互动来处理韵律短语边界，这反映在 ERP 成分方面，称为中止正漂移。

这些过程可以在左右半球的不同区域进行定位。初级听觉皮层和颞平面支持声学-音系加工过程。初始阶段结构的构建由额叶岛盖、额下回岛盖部的最腹侧部分以及颞上回前部共同负责，其中，额叶岛盖负责将两个元素放置在一起，腹侧 BA44 区则负责进行层级构建。第二阶段的语义加工过程和

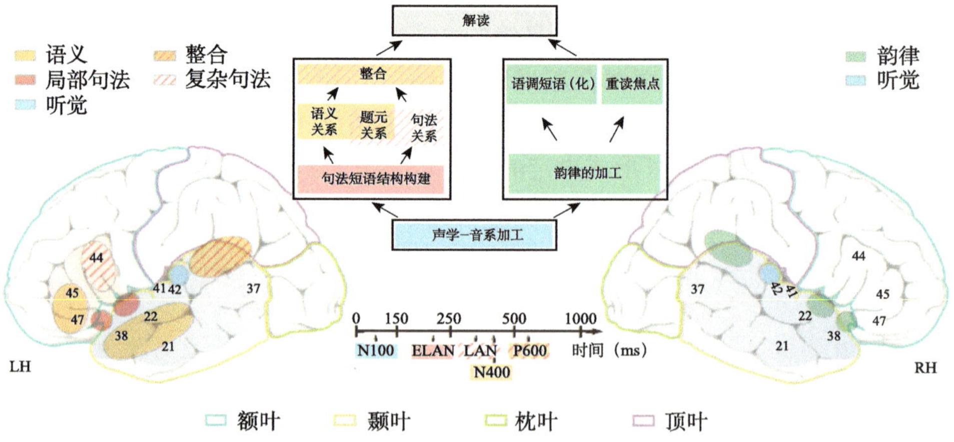

图 1.21 语言理解的神经认知模型。语言的功能神经解剖学及其加工阶段在初步语言理解神经认知模型中的定义（不同的加工阶段由中央呈现的模型中的颜色编码框表示）。与语言相关的脑区示意性呈现在大脑左半球和右半球，对这些区域的功能在图的左侧和右侧的图例中进行了颜色编码和标记。不同子过程的时间进程以毫秒为单位显示在图的底部，列出了与语言相关的 ERP 效应。有关详细信息，请参阅正文。改编自 Friederici. (2011). The brain basis of language processing: From structure to function. *Physiological Reviews*, *91*(4), 1357-1392

题元角色指派涉及左侧颞上回和颞中回，以及额叶皮层下部的 BA45/47 区。复杂句法层级的加工由左半球 BA44 区和颞上回后部支持。韵律加工过程主要位于右半球，包括颞上和额下区域。在句子理解过程中，连接左右半球的胼胝体保证了句法信息和韵律信息之间的互动（图 1.21）。

因此，似乎存在支持早期和晚期句法过程的不同功能网络、一个额外的支持加工语义信息的网络，以及一个支持韵律加工过程的网络。在第 2 章中，我们将看到，这些构成一个功能网络[①]的区域由特定的纤维束连接在一起，这些纤维束可以揭示出不同的结构网络。

小结

本节从支持句法、语义和韵律[②]加工过程的脑区神经解剖学角度，介绍了语言理解的大脑基础模型。此外，还介绍了随着理解的进展，这些不同功能之间的时间关系与相互作用。

① 即整个语言功能网络。——译者注

② 原文为“syntactic，semantic and syntactic”，原文有误，最后一个“syntactic”应为“prosodic”，已修正。——译者注

第2章 延 伸

第1章讨论了听觉语言理解的大脑基础。从理论上来看（Chomsky，1995b；Berwick et al.，2013），语言被认为由三大部分构成：一个包含语法规则和词汇的核心语言系统，以及两个接口系统（interface system）。这两个接口系统（正如我在“导论”中提到的）分别是外部的感觉-运动接口与内部的概念-意图接口。前一个接口保证了感知与产出，而后一个接口保证了核心系统与心理概念和意图之间的联系。

这一章我将谈及两个问题。第一，在2.1小节，我会从理论上假定的语言系统共同知识库（common knowledge base）的角度评估语言理解与语言产生的关系，这一知识库由句法规则和词汇组成；第二，在2.2节，我将不局限于核心语言系统，从意图和情境等方面探讨交际问题。这些方面虽然不是核心计算语言系统的组成部分，但在日常交流中非常重要，因此值得在此提及。

2.1 语言理解与产生：语言的共同知识库

本书至此，我们仅讨论了语言理解及其神经生物学基础。但是，有一个明确的假设是，语言理解与语言产生通达一个由词汇和句法规则组成的共同知识库（Chomsky，1965；Friederici & Levelt，1988）。Friederici 和 Levelt（1988）的模型就是基于这一理论上的考虑和当时得到的实证数据而构建的。这里我将首先阐释图2.1所示的模型，然后转向支持这一模型的近期实证数据。

这一模型假定语言产生（图 2.1 左侧部分）和语言理解（图 2.1 右侧部分）包含不同的、一定程度上序列化组织的子过程，这些过程都通达中心的知识库——语法，包括词汇和句法规则（如图中间的圆圈所示）。语言产生与理解的另一共同之处在于概念加工水平，在这一水平上，信息得以构建，感知到的信息得以解读。该过程的完成需要依据语境和可用的世界知识。信息解读和构建处于永久监控中。前言语化（preverbal）信息和后言语化（postverbal）信息的中间表征（intermediate representation）会在概念系统和语言系统（产生或理解）之间起到中介作用。语言理解的这一子过程——包括基于词类信息进行句法短语结构建构的阶段和后续的句法与题元关系指派的阶段——已经在第 1 章进行了详细阐述，这一完整过程通常被称为解析。

语言产生的子过程又称为“构拟”（formulating），我们在本节会对其进行更详细的描述并通过实证数据予以证明。上图底部的音韵序列（phonological sequence）也是语言系统与输入 / 输出过程的中间表征。从产生过程中音韵序列表征到理解系统的箭头标示的过程，可以由这样的现象来

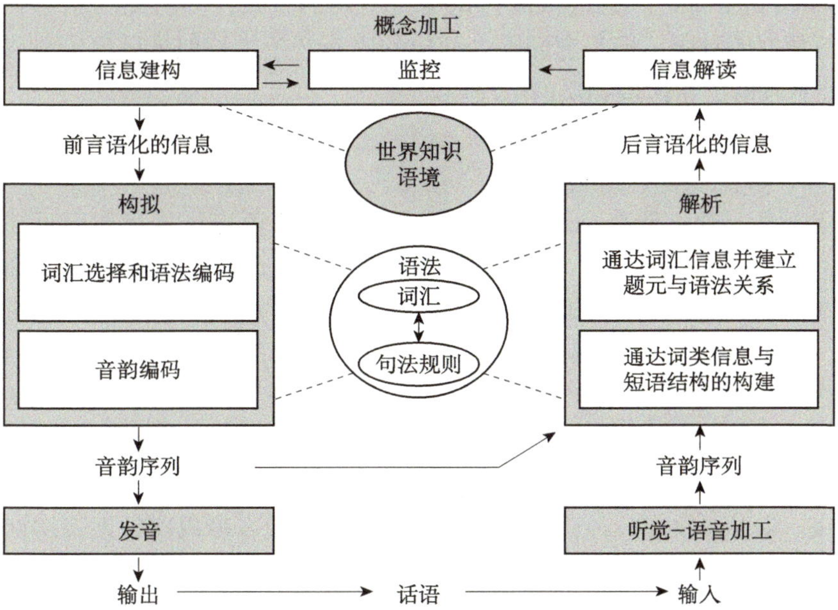

图 2.1 语言产生与理解模型。圆圈表示中心的知识库，方块表示加工过程。详细阐述见正文。改编自 Friederici & Levelt. (1988). Sprache. In *Psychobiologie. Grundlagen des Verhaltens*. In Klaus Immelmann, Klaus Scherer, Christian Vogel & Peter Schmoock (Eds.), 648-671. Stuttgart: Gustav Fischer

证实：一旦我们意识到最好还是不要说出建构好的信息，作为人类的我们就能够在发音之前停止产生的过程。一旦发音完成，不仅我们自己的理解系统（正如最下端的箭头所示），而且他人的理解系统也能够感知到这些话语。

语言产生方面的神经科学成果——至少在句子层面——仍然不像理解方面那么丰富。这与关于言语产生运动和发音机制的研究形成了鲜明对比。在此向读者推介一本最近出版的书——*Neural Control of Speech*（《言语的神经控制》）（Guenther，2016），这本书更详细地阐释了上述过程。本章的重点则是分析发音上言语输出之前的语言产生过程，以及这些过程与语言理解的关系。

我将首先讨论与 Friederici 和 Levelt（1988）提出的模型相关的一系列研究，然后是支持该模型的后续研究。第 1 章详细地介绍了语言理解方面的研究之后，本部分将主要关注语言产生方面的研究。

在过去的几十年中，研究者采用了不同的方式来研究语言的产生：第一种是研究脑损伤后的语言障碍；第二种是系统地研究健康说话人的语误；第三种是在实验环境中通过呈现视觉或听觉材料来诱发有待构拟的信息（to-be-formulated message）。我将依次讨论这些不同的方式，并由此展示尽管神经科学的数据库有限，但是它们整合而成的语言产生模型似乎呈现出与我们讨论的语言理解三个阶段相反的顺序。

2.1.1 患者的语言障碍

从历史上看，是 Broca（1865）在考察了一名语言产生存在严重缺陷的患者并解剖其大脑之后，做出了额下回负责语言产生的论断（更多细节请参阅本书的“导论”）。Pick（1913）描述了一种脑损伤后有意思的语言产生缺陷，称为失语法症（agrammatic aphasia），其特征在于无法在句子中产生语法功能词（连词、助词等）和语法形态（动词屈折和复数形态），从而导致了一种电报式的语言风格。这些患者的语言产出是不流畅的，存在言语韵律层面上的错乱。Pick 提出了语言产生过程中存在不同阶段的假设，因为 Broca 失语症作为一种语言产生缺陷，能够与构音障碍这种发音层面的缺陷分离开来。此外，他还假定句法和韵律计划必须在语言产生过程中同时进行。关于进行性非流畅失语症（progressive non-fluent aphasia）的研究发现，患有双侧前额叶区域和左半球外侧裂区皮层萎缩的患者在语言产生中所显示出的语音水平的言语错误并不是由运动计划障碍导致的（Ash et al.，2010）。这些数据为语言计划层面与肌肉运动发音层面的分离提供了证据。其他类型失语症［Wernicke 失语症与传导性失语症（conduction aphasia）］的特征在于，语言产生看似流畅，但言语产出中会出现语音和单词的替换，以及这些元素的错序（Goodglass & Kaplan，1972）。这些不同类型的失语症表明，句法、词汇加工和发音可以被视为语言产生过程中的不同子成分或加工阶段。

中风引起的语言障碍也证实了语言产生过程中存在不同的加工层面。在语音层面上，Broca 失语症患者在通常包含运动区域的额叶皮层有损伤，他们表现出的语言产生错误体现了发音计划层面的缺陷。因此，他们会出现辅音产生所需的时间关系上的障碍（Blumstein et al.，1980；Kurowski et al.，2003）。然而，Broca 失语症患者的典型缺陷在语法编码层面，他们在语言产生中经常漏掉功能词与屈折形态，导致言语像电报一样。

失语症研究第一次为图 2.1 所示模型中的语法这一共同知识库提供了神经生物学证据。在两篇具有开创性的文章中（Zurif et al.，1972；Caramazza & Zurif，1976），研究者证实，以语言产生过程中句法加工缺陷为特征的 Broca 失语症患者，对只有在句法线索基础上才能正确理解的句子，比如，“The lion was chased by the tiger”（“狮子被老虎追”），也存在句子理解上的缺陷。对于这样的句子，正确的解释取决于对功能词“was”和“by”的加工。这些观察得出的结论与语言学理论是一致的，即假定有一个共同句法知识库服务于语言产生和语言理解。

语言学理论甚至对语法的两个功能性子成分——词汇和句法规则——提出了更细致的假设（Chomsky，1965）。对此的一项关键测试是去揭示同音的词是否会因其语法功能不同而存在加工差异。例如，歧义词“can”应该在“the can”（“一个罐头”）和“I can”（“我可以”）的短语语境中得到不同的加工。在后一语境中，词汇“can”是一个句法功能词，而前一语境中它是一个词汇项[①]。事实证明，Broca 失语症患者能够在“the can”(“一个罐头”）的语境中理解“can”的意义，却不能在“I can”（“我可以”）的语境中理解它（Andreewsky & Seron，1975）。在德语中，介词形式的 auf 也呈现出类似的基于功能的加工差异，auf 既可以充当不带词汇含义的句法强制性介词（“Peter hofft auf den Sommer”，“Peter 期待夏天”），也可以作为带有指称意义、具有实际意义的词汇介词（lexical preposition）(“Peter steht auf dem Stuhl”，“Peter 站在椅子上”)（Friederici，1982，1985）。Broca 失语症患者对处于词汇角

① 即具有实际语义，与“语法项”相对应。——译者注

色[1]的介词能够进行产出与加工，对基于句法的介词则不能。

由颞叶皮层损伤引起的 Wernicke 失语症患者语言产生时的错误一定程度上体现在词汇层面。这些患者会产出语义方面错乱的言语，并且在正确命名表示物体的图片时也会出现问题。他们不仅在语言产生时表现出通达词汇中的某个词汇项的缺陷，而且在判定与选择词汇项的理解过程中也是如此（Milberg et al.，1987）。这些发现与语言产生和理解中的词汇中心知识库——词库观点是一致的，因此也符合 Friederici 和 Levelt（1988）提出的模型。

令人印象深刻的是，这些发现表明，大脑支持并反映了语言学理论认为的关键分化，也为语言理解与产生享有共同知识库的观点提供了神经学上的证据。

2.1.2 言语错误与语言产生模型

语言产生第二个方面的研究为模型建立提供了关键信息，这就是关于言语错误（speech errors，也译作“言语失误”）的研究，通常被称为口误或语误（slip of the tongue）。承认言语错误作为语言学证据是一种成功的做法，这加深了我们对语言产生背后加工阶段的理解。Meringer 和 Mayer（1895）的言语错误语料库标志着“言语错误分析”这一研究方法的开始。Fromkin（1973）在研究中继续将言语错误作为言语产出前语言的声音与词汇如何在头脑中进行组织的系统反映。言语错误的分析现在依然被视为一种能够揭示高度复杂系统工作机制的途径，因为有时只有在这一系统崩溃时，人们才能从中洞察到这些机制。因此，言语错误在解释力方面有很高的价值。

Garrett（1980）基于对不同类型言语错误（预期错误、移位错误、互换错误、替代错误和混合错误）的系统分类提出了一个语言产生的模型，特别是互换错误——“the room to my door”（“通向我的门的房间”）而非“the door to my room”（“通向我房间的门”）（Garrett，1980），这表明在语言产生过程中词汇项是被放入“句法框架”的。这种句法框架具有固定的功能词位置与句法词类槽位，并且在这样的框架里（只有）属于相同句法类的词汇才可以互换。上述引用的言语错误只是关于如何利用特定错误类型来推断潜在加工步骤的一个例子，其他言语错误会引导出有关其他加工步骤的论断，由此得出的语言产生模型区分了介于概念信息水平与发音水平中间的三个加工

① 即有实义。——译者注

阶段。第一，语义因素会选择词汇项和它们的语法关系（引起功能水平上的表征）；第二，句法因素通过功能词和语法形态来选择带有位置信息的句子框架（引起位置水平上的表征）；第三，词汇项和语法项的语音细节都在发音前被明确指定（在声音水平上的表征）。在1980年的文章中，Garrett讨论了语言产生和语言理解的关系，认为这两个过程都必须通达句法规则和词汇的共同知识库。这种语言产生和理解的关系在Friederici和Levelt（1988）的模型中得到了详细说明（图2.1）。

2.1.3 实验研究

心理语言学和实验神经科学使用的第三种方式是，要求说话人产出词或短语来描述特定图片。在本书中，我将只考虑除了发音运动动作之外的单词产生方面的相关研究。关于发音模型，请参阅Guenther（1995，2016）、Hickok（2012）、Guenther和Hickok（2015）的研究。他们的研究讨论了音位和音节单元的编程及其产出。支持言语产出及其时间进程的神经网络包括小脑、丘脑和丘脑皮层回路、基底神经节、辅助运动区和运动皮层及这些区域在时间进程上的相互作用（Kotz & Schwartze，2015）。

涵盖言语错误分析和实验研究在内的心理语言学研究已经提出了多个可靠的语言产生模型（Garrett，1980；Dell，1986；Levelt，1989），这些模型都认可至少有三个相分离的加工水平：意义、形式和发音。一些对健康人群进行的心理语言学研究已经尝试探究语言产生过程中不同加工阶段的序列性和时间进程，并且也发现了支持三个不同加工阶段的证据。这些研究使用的是图-词干扰范式（picture-word-interference paradigm）。该范式要求说话人对图片中呈现的物体进行命名，同时说话人在言语产生的过程中会在听觉上接收一个“干扰”词。干扰词可能与要求命名的目标词词义相近（goat/sheep“山羊 / 绵羊”），也可能是一个句法上的“性”（syntactic gender）（冠词）相似的名词，或者是一个语音相似的名词。这些词汇会在目标词（即要求命名的物体的名称）发音前的不同时间点出现。有趣的是，这三种不同条件的干扰在时间上发生了分离：首先（离发音最远时）可以观察到语义干扰效应；其次，句法性起作用；最后，即将发音时，可以观察到语音干扰效应（Levelt et al.，1991；Jescheniak & Levelt，1994；Jescheniak et al.，2014）。这些结果清楚地支持了在语言产生中不同加工水平序列和递增激活这样的模型，如Garrett（1980）和Levelt（1989）建立的模型。

一项基于大脑的研究在按键反应时范式（push-button reaction time paradigm）下用运动准备脑电位（motor readiness brain potential）考察了语言产生过程中句法与语音加工的时间序列（Van Turennout et al.，1998）。准备脑电位揭示了运动动作在执行前的准备，因此能够用作与反应相关的指标。研究要求被试用名词短语来描述彩色图片中的物体，其中名词短语需要包括荷兰语中形态-句法屈折的形容词，如“rot-er Tisch”（“红桌子”）。但在产出名词短语前，被试会按指示完成一个句法-语音分类任务，这个任务要求他们对“句法”或“语音”分类做出按键反应（即执行运动动作）。句法分类需要确定名词在句法上的性，进而确定荷兰语中形容词的屈折变化；语音-分类要求被试确定第一个音位。电生理记录锁定于图片开始呈现之时，偏侧化的、与运动按键动作相关的准备脑电位揭示出“句法”反应的优先性，随后约 40ms 出现了“语音”反应。这些数据为语言产生过程中句法加工在时间序列上优先于语音加工提供了电生理证据。

一项使用颅内电生理技术的研究甚至在神经拓扑学层面上证明了这些精细的时间点（Sahin et al.，2009）。通过这种方法，用电极植入包括 Broca 区在内的与语言相关的区域，从神经元集群中记录局部场电位。实验要求被试大声读出词汇或对其进行语法上的屈折变化。在视觉词汇呈现之后、口头产出之前，Broca 区的电极显示了词汇加工、语法（句法）加工和语音加工的相继激活。观测到的加工序列是利用对时间敏感的电生理手段记录的，这与 Levelt 等（1999）建立的语言产生模型，以及图 2.1 所示的 Friederici 和 Levelt（1988）提出的模型相一致。

除了这些电生理研究揭示了语言产生的时间框架外，功能性大脑激活研究还试图对语言产生过程进行大脑定位。利用功能磁共振成像技术的脑激活研究运用了那些用于语言产生行为研究的实验范式，如图片命名（命名一个单词或一个限定短语）、大声朗读、动词产生（根据给定的名词选择一个合适的动词，例如，“苹果：吃”）和词汇流畅性任务（根据给定语义类别生成名词，例如，“动物：狗、猫”）。这些范式重点关注单个词或短语的产生，而两者对语言产生系统的输入是不同的。需要注意的是，在这些范式中，将要产出的信息并不是内部自发的，而是通过外部输入诱发的。尽管如此，这些范式依然能够让我们在一定程度上考察语言产生的加工进程及支持这一过程的神经网络。通过对聚焦词汇产生的 82 篇脑激活研究进文献行元分析，Indefrey 和 Levelt（2004）报告了大脑负责图片命名和词汇生成的一系列可靠区域。这一神经网络包括左侧额下回后部、左侧中央前回、辅助运动区、左侧颞上回和颞中回的中部与后部、左侧梭状回、左侧脑岛前部、左侧丘脑、右侧颞中回中部，以及小脑。这是一个庞大的网络，涵盖了词汇产生的所有方面，也包括发音。

然而，基于大脑语言产生的最终模型应当在其神经网络中定位语言产生的不同方面，这些方面包括词汇选择、语法（句法）编码、音韵编码与发音。提出这样的定位一定程度上要以比较不同的语言产生研究或比较一篇研究中不同语言的产生条件为基础。

2.1.3.1 词汇选择

在词汇选择方面，我们可以得出以下结论：在图片命名与词汇生成时发现了左侧颞中回的激活（Indefrey & Levelt，2004），但在词汇阅读研究中却没有（Turkeltaub et al.，2002），因此可以假设左侧颞中回可能是词汇产生中词汇选择的神经基础（Indefrey，2007）。借助脑磁图技术研究词汇选择的加工，我们能以较高的时间分辨率来探测大脑活动（Maess et al.，2002）。这项研究用语义范畴干扰范式探究了词汇选择的过程。研究要求被试在两种不同的区组中命名图片上的物体：一种区组包含的是语义范畴相同的物体；另一种是语义范畴不同的物体。在行为上，由于相同范畴区组中的项目间存在语义竞争，相同范畴区组的命名通常会慢于不同范畴区组的命名。在神经层面，在刺激呈现后150—225ms的时间窗口内，左侧颞中回中部可以观察到相同范畴和不同范畴条件下显著的激活差异。由于这一时间窗口与行为研究发现的词汇选择的窗口一致，左侧颞中回中部被认为是词汇选择的神经基础。

2.1.3.2 语法编码

通过对健康人群进行实验可以研究短语层面和句子层面的语法编码加工。在短语层面，功能磁共振成像研究的成果发现，Broca区（BA44区、BA45区）参与语言产生过程中的句法加工，比如用限定短语命名图片的关于德语语法性选择的功能成像研究（Heim et al.，2002）。在这一研究中，研究者对实验条件与其他两个条件进行了对比：控制条件（说jaja）和另一命名条件（即不用限定词来命名图片）。只进行发音的控制条件激活了前运动皮层、中央前回（BA 6区）、脑岛前部和顶叶岛盖。与发音相比，命名图片（不用语法上的“性”）所反映的词汇通达揭示了由BA45区、梭状回和颞下回组成的网络。与单词产生（没有性标记的限定词）相比，短语产生（带有性标记的限定词）的激活不仅出现在 Broca 区，还出现在颞上回和颞中回。这些数据展现了一个区域网络——除了 Broca 区，还有被认为是大脑中词汇位于的颞中回——支持了限定短语的产生。这是符合预期的，因为名词的句法性信息是任意的，并且与词条中的对应项储存在一起。

一项采用情景描述范式的研究（Indefrey et al.，2001）对句子层面语法编码的加工进行了探索。被试用完整的句子（“The red square is pushing the green triangle away”，“红色方块正把绿色三角推开”）、单个短语（“red square”，“红色方块”；“green triangle”，“绿色三角”；“push away”，“推开”）或单个词（“square”，“方块”；“red”，“红色”；“triangle”，“三角”；“green”，“绿色”；“push”，“推”；“away”，“开”）来描述彩色几何图形的动作行为。与词列条件[①]相比，Broca 区后部（BA44 区）和临近的 BA 6 区在句子条件下表现出更强的激活。这项研究是基于德语开展的，德语短语和句子中的形容词在形态标记上的句法性要与名词保持一致，这就需要进行形态句法加工。鉴于此，研究者依据这一发现揭示了 BA44 区和 BA 6 区参与语法编码的加工［Indefrey 等（2001）、Indefrey 等（2004）重复出了该结果］。其他关于语言产生中语法编码的功能磁共振成像研究也发现，在德语句子生成与单词生成相比较时（Haller et al.，2005），以及英语句子自由生成时（Kemeny et al.，2005），BA44 区和 Broca 区前部（BA45 区）共同被激活。这些研究中 BA45 区的额外激活可能是对词汇加工需求的增加所致，也可能是词汇通达本身，或者是句子自由生成时的词汇搜索与选择造成的。

另一种研究句子产生语法编码的研究使用的是功能磁共振成像的适应范式（Menenti et al.，2011；Menenti et al.，2012）。这一范式与这样一种现象相关，即一旦刺激重复，神经集群活动——功能磁共振图像信号——就会减弱（Krekelberg et al.，2006）。在语言产生的研究中，Menenti 等（2012）呈现了动作者（即承担施事题元角色）对经历者（即承担受事题元角色）执行动作的照片，要求被试采用图片描述方式产出句子。动作限定为三个动词（“kiss，“亲吻”；help，“帮助”；strangle，“勒死”），施事名词和受事名词分别是男人或女人，研究以动词（题元-语义角色：施事、受事）、词项（动词、名词）和句法结构（主 / 被动结构）为变量。该研究报告的功能磁共振成像数据表明，题元-语义方面的加工涉及双侧颞中回，而词汇加工只激活了左侧颞中回后部，句法操控的激活模式涉及前额叶、额下叶、颞叶和顶叶

① 被试用单个词描述句子的条件。——译者注

脑区[①]。在这一点上有趣的是，我们注意到，语言产生和理解的功能磁共振成像的适应研究显示，语言产生和理解出现适应效应的脑区有很大的重合（Menenti et al.，2011）。这也可以作为图 2.1 所示模型的实证支持，证明了有一个共同知识库服务于语言产生与理解加工的假设。

2.1.3.3 音韵编码和发音

与控制条件相比，所有研究都报告了短语和句子层面的语言产生会引起 Broca 区（BA45 区和 / 或 BA44 区）的激活，所以我们可以得出这一区域参与语法编码的结论。然而，只有一些而非全部的研究报告了前运动皮层即 BA 6 区的激活。BA 6 区所在的区域不一定是核心语言系统必需的，但可能是输出系统的一部分。Broca 区和邻近的前运动皮层及运动皮层在语言产生过程中的作用确实是一个持续讨论的焦点。事实上，Broca 的研究在 1861 年首次发表以来，对于语言产生过程中 Broca 区的作用就一直存在争议。一些研究者提出 Broca 区通达词汇的音韵表征，运动区域负责发音，而另一些研究者则认为 Broca 区参与加工发音表征（articulatory representation）（Hickok，2012）。然而，一项对患者的研究发现，发音计划缺陷与脑岛左侧中央前回的离散区域有关，而非 Broca 区（Dronkers，1996）。

最近一项研究使用了直接从皮层表面进行记录的脑皮质电图技术，能毫秒级监控脑激活，为上述争论提供了清晰的答案（Flinker et al.，2015）。这项研究要求被试重复他们听到的单词，观察到的激活依次涉及颞上回（词的听觉感知）、Broca 区（词的音韵表征）和运动皮层（词的发音）。Broca 区的脑激活（在听到单词后约 340ms 达到峰值）明显比发音过程中的运动皮层（约 580ms 达到峰值）早约 241ms。这一研究表明，在语言产生过程中，Broca 区可能会生成音韵 / 音位表征，然后由运动皮层来实现输出。

2.1.4 小结

从历史上看，最初的语言产生模型建立在脑损伤患者语言缺陷的基础之上，后来则以健康人的言语错误为基础。最近，人们已经在研究中尝试运用功能磁共振成像和脑皮质电图等神经科学方法，利用图片或感知到的词汇作

① 这一庞大且分散的激活模式可能基于这样的事实：主动句（“女人勒死了男人”）和被动句（“男人被女人勒死”）的差异不仅仅在于句法方面。不同的句子结构（主 / 被动）也标志着第一个名词短语作为动作者或经历者具有不同的题元焦点。这可能解释了已知负责加工论元结构题元方面的颞顶区域也出现激活的原因。

为语言产生系统控制性的输入。现有数据表明，除了支持说话这一运动动作的大脑结构外，语言产生还涉及 Broca 区与颞区。在本章中，我们从这样的假设出发：语言理解和语言产生都通达一个称作语法的共同知识库，它由词汇与句法规则组成。已探讨的实证数据表明，语言理解假定的不同加工步骤反过来映射了语言产生的加工，进一步来说，它们符合共同知识库这一假设。

2.2 语言理解与交际：核心语言系统之外

我们已经看到，语言使用涉及的一些心理学方面（能力）并不是语言系统的一部分，而是与日常交流相关，也在日常交流中发挥着作用。其中包括 1.8 小节讨论过的情感韵律，也包括交际语境和伴随着话语的交际手势语。在 Berwick 等（2013）提出的语言模型中，这些方面都不属于核心语言系统。在此我仍将谈及交际方面的内容，因为读者可能希望在本部分看到这样的探讨。不过我的阐述将会很简短，因为这些方面并不在本书建立的语言神经解剖学模型的范围之内。

2.2.1 交际过程中的语用学

交际过程中的语境知识是语用学研究领域的内容，它关注语境或语境知识如何作用于意义。对交际情境的理解可能取决于交际对象推断说话人隐含意图的能力，为了更全面地了解语用学领域，我推荐读者阅读介绍该领域的优秀著作（Levinson，1983；Clark，1996）。

在本书语境下引出了这样一个问题：我们的大脑如何处理语用信息？至少有两个语用范畴及其大脑表征方面的研究已经开展：一个是对说话人交际意图的识别；另一个是在语篇理解过程中发生的推理加工。

解读说话人传达的信息通常需要加工特定的交际语境，这意味着听话人需要加工的不只是既定话语中的词或短语，这种解读可能需要从上下文情境或可及的其他非语言信息中推测说话人的意图，这也显示出上述加工的神经生物学必须拓展到核心语言系统之外。功能磁共振成像研究确实揭示了一个扩展的网络，该网络调用了一般涉及推理他人心理状态的区域，如内侧前额叶皮层和颞顶联合区，以及双侧颞叶前部（Frith & Frith，2003；Saxe & Kanwisher，2003）。

一些研究已经通过脑皮层损伤患者研究了语用学的大脑基础。其中许多作者，如 Ferstl 等（2002）研究了左半球和右半球脑损伤的患者。研究发现，左额脑区损伤的患者而非左颞区或右额区损伤的患者从文本中获得推理时存在缺陷。特别是背内侧前额叶皮层似乎支持推理加工（Siebörger et al., 2007），经常与扣带回皮层后部共同起作用（Ferstl，2015）。

这一领域为数不多的功能磁共振成像研究中，有一项研究重点关注了对话情境中对间接回答而非直接回答的加工。研究发现，一个较大的神经网络得到了激活：涉及背内侧前额叶皮层、右侧颞顶联合区、脑岛与右侧内侧颞叶和双侧额下回（Basnakova et al.，2014），神经网络中这些不同的区域支持推理加工的不同方面。背内侧前额叶皮层、右侧颞顶联合区和脑岛可能参与了理化过程（mentalizing processes）和心智理论的心理化（theory-of-mind mentalizing）（Saxe & Kanwisher，2003）。特别是左侧脑岛前部，普遍认为其参与了社会情感加工与共情，所以有可能也在这种语境中起作用（Singer & Lamm，2009）。所有这些加工都可能在处理语用上的复杂情境时起作用，但它们肯定不是语言系统的一部分。

综上所述，利用在文本中只能间接推测的语境知识或信息来进行加工时，会涉及一个较大的神经网络，该网络超越了核心语言网络。

2.2.2 交际中的手势语

在直接人际交流中，富于表现力的手势语起着非常重要的作用。的确，在说话时，说话人的手会经常摆动。手的这种动作或手势可能有不同的功能：它们可能是没有直接交际功能的手部自主动作（比如，打电话时的手势），但也可能会在面对面交流中传达额外的意思。

在交际行为中，人们会用到不同类型的言语同步手势语（co-speech gesture）：①所谓的“手势符号”（hand sign），像“OK”手势，是在特定文化下涵盖明确信息的、有意义的手部姿势（Nakamura et al.，2004）；②形象手势语（iconic gesture）是表示物体属性、空间关系或动作的手部运动；③指示或指向手势语（deictic or pointing gesture）用于对物体、时间或空间的指代，作为一种集中共同注意点的线索用于母子互动中，从而作用于语言学习；④“打拍子”（beat）是有节奏的手势语类型，指示了伴随出现的词或短语的重要性。这些不同类型的手势语会用于实时加工中的不同情境，以促进理解。

形象手势语对一语习得（Morford & Goldin-Meadow，1992；Capone &

McGregor，2004；Iverson & Goldin-Meadow，2005）和成人二语学习（Kelly et al.，2009）起着支持性作用。一项关于成年人词汇学习的功能磁共振成像研究显示，与无意义的手势相比，伴随形象手势语学习的词汇可以被学习和记忆得更好（Macedonia et al.，2011）。对比不同条件下所学词汇产生的脑激活可以发现，伴随形象手势语编码的词汇激活了前运动皮层，伴随无意义手势编码的词汇激活了与认知控制相关的网络。此外，其他研究发现，形象手势语直接促进了母语言语理解。它可用于言语解歧（Holle & Gunter，2007），并且有助于消除交际困难条件的影响，无论这种交际困难来自外部因素（如他人喋喋不休引起的噪声）还是内部因素（如听力损伤）（Obermeier et al.，2012）。

Dick 和 Broce（2015）基于 Hickok 和 Poeppel（2007）建立的语言加工的双流模型（dual-stream model）阐释了言语同步手势语的神经基础。值得注意的是，这一模型不同于本书中呈现的模型，研究者假定该模型只有一条背侧通路，即颞叶皮层后部到前运动皮层的连接，支持感觉-运动功能。这一双流模型被认为是言语同步手势语的神经生物学框架。

许多 ERP 研究探索了言语同步手势语和它们在言语理解过程中与语言的相互作用。其中有研究将形象手势语与言语同时呈现，并控制手势语与言语在语义上的一致性，二者不一致的条件会诱发 N400 成分，而 N400 成分在仅针对语言的研究中已充分证实会在语义不一致时出现（Kelly et al.，2004；Holle & Gunter，2007；Özyürek et al.，2007；Wu & Coulson，2007）。这些研究中的 N400 结果表明，实时理解过程中手势语和言语在语义层面存在相互作用。

近年来，有很多关于手势语和语言加工的影像学研究，大多涉及句子加工的语义层面。与电生理研究类似，关于手势语与言语的语义信息加工的影像学研究也操控了手势语与言语的语义关系。总体来看，这些研究报告的神经网络与已知的仅针对语言的研究相类似，包括额下回、大部分的额下回三角部、颞上沟后部和颞中回（Willems et al.，2007，2009；Holle et al.，2008；Holle et al.，2010；Dick et al.，2014）。

从功能上来说，这提出了一个关于手势语与言语方面最有意思的问题：手势语与言语间的整合发生在大脑的哪个位置？一些功能磁共振成像的研究直接回答了这个问题。有些研究者认为，颞叶皮层后部是形象手势语与言语整合发生的位置（Holle et al.，2008，2010；Green et al.，2009），另一些研究者认为左侧额下回是支持手势语与言语整合的区域（Willems et al.，2007，

2009）。后两项研究对比了言语伴随不一致手势语和一致手势语时的脑激活。相反，前几项研究发现在颞叶后部具有整合效应：这些研究通过将伴随不同程度意义（主导意义和次要意义）手势语的言语与伴随无意义，即修饰性手部动作的言语进行比较，在颞叶皮层后部发现了整合效应（Holle et al.，2008）。同样，Gunter 等（2013）的发现也揭示了颞叶皮层后部而非额下回是对手势语与言语整合起重要作用的区域。

将有意义的手势语与修饰性的手部运动进行比较，有意义的手势语会增强前运动皮层和顶叶皮层的激活（Holle et al.，2008）。另外两项关于言语同步手势语加工的研究也发现了前运动皮层的参与，从而为此提供了支持性的证据（Willems et al.，2007；Josse et al.，2012）。然而，也有其他研究并未发现这些激活（Green et al.，2009，Willems et al.，2009），因此留下了许多悬而未决的问题。未来需要开展进一步的研究，以揭示理解过程中前运动皮层和顶叶皮层在加工有意义的手势语与言语时的确切作用。

尽管有些手势语本身可以表达意义，但通过节拍手势语，说话人则是试图对句子中的某一成分进行强调。一项电生理研究重点关注了这种手势语，探究了节拍手势语对加工德语句法歧义句的影响（Holle et al.，2012）。该研究中的歧义句或是一个简单的主语居先结构，或是一个更复杂、不被偏好的宾语居先结构。节拍手势语减弱了通常会在更复杂的宾语居先结构中观察到的 ERP 成分 P600，这表明节拍手势语的出现促进了复杂句的加工。但需要注意的是，P600 反映的是晚期加工阶段，在这一阶段不同类型的信息得到整合。这项实验的功能磁共振成像研究对这一结果进行了扩展（Gunter et al.，2013）。在这一研究中，在额下回岛盖部（BA44 区）的左侧额下回、左侧颞中回后部、左侧前辅助运动区、左侧中央前回和双侧脑岛发现了清晰的句法复杂性主效应（复杂句法结构与简单句法结构对比）。除了左侧额下回外，所有这些区域都显示了与节拍手势语相关的显著交互作用：节拍手势语出现在第一个名词短语时会促进简单的主语居先句子结构的加工，但会阻碍复杂的宾语居先结构的加工，当节拍手势语出现在第二个名词短语时则恰好相反。这些发现表明，当试图克服句法结构偏好时，手势语和言语会互相影响。有趣的是，BA44 区却没有出现这种交互，这是唯一发现句法主效应显著而交互作用不显著的区域。

现有数据表明，有意义的手势语可以促进言语理解。在神经生理学层面，有意义的手势语与言语的整合似乎在颞叶皮层后部和额下回之间相互作用。节拍手势语在与句法结构指派有关时，也会与言语在前额区和颞区互相影响，但在BA44区则没有这种交互。BA44区这一已知的、支持句法结构建立的区域显示出“唯句法”(syntactic-only)效应。这一结果尤其有趣，因为它表明：句法作为核心语言系统的一部分，是独立于交际手势语的。

2.2.3 小结

交际在我们本章节回顾的语言核心系统之外，但有很多重要方面值得思考。这些方面包括称之为语用学的语境知识，以及在交际过程中可能与语言互相影响的交际手势语。在神经科学层面，语言加工之外的很多脑区，如背内侧前额叶皮层和颞顶联合区，已经证实会支持社会交际多个方面的加工。有意义的手势语和语言的相互作用被认为发生在顶叶皮层连接处的颞叶皮层后部。有趣的是，BA44区作为主要的句法加工区域，并不会受到交际手势语的影响。目前，关于语言交际方面的可用数据总体来说数量较少，但最近一个关于社会交际的神经解剖学模型(Catani & Bambini，2014)可能为未来研究指明了方向。

第二部分

语言加工并非发生在一个单一脑区之中，而是涉及多个脑区，并组成了一个较大的语言网络。本书第 1 章阐述了这个网络中的不同脑区及其特定的功能，而在语言加工中，这些脑区必须相互合作。因此，我们不禁要问：它们之间是如何合作的?

在这一部分，我将描述使得语言网络内部合作与信息交换成为可能的神经基础。将信息从一个脑区传递到另一个脑区应以神经生理学原理为基础，该原理可以将相关脑区连接起来，如果可能的话，这种连接操作最好是在结构和功能两个层面进行。

现有数据表明，与语言有关的脑区是一个更大网络的一部分，在这个网络中信息可以进行交换。语言相关的不同脑区由大量白质纤维束所连接，这些白质纤维束负责将信息从一个脑区传递到另一个脑区。在第 1 章中，我们已经看到语言相关的脑区分布在左半球，包括额叶和颞叶，甚至部分涉及右半球。这些脑区由特定的长程白质纤维束连接，这些纤维束与语言相关的脑区一起构成了更大的结构语言网络。在这个网络中，不同的子部分或是连接加工句法信息的脑区，或是连接加工语义信息的脑区。这些结构连接将在第 3 章中讨论，最后我将提出一个语言的神经解剖通路模型。

为了保证语言加工，这些脑区还必须构成一个功能网络，这意味着在不同脑区产生神经激活的神经元集群必须找到一种相互交流的方式。神经元和神经元集群通过白质纤维束发送电信号，但是从一个神经元到下一个神经元的信息沟通则基于神经递质来保证神经冲动的传递。即使在微观的神经递质水平上，我们也将看到皮层上的语言脑区构成了一个网络。在受体结构上，语言网络内部的脑区比语言网络之外的脑区更相似。在宏观层面上，我们可以通过功能连接和反映不同脑区同时激活的振荡活动来观察脑区之间的合作。这些功能方面的内容将在第 4 章讨论，在第 4 章最后我将提出一个描述语言功能性神经环路的模型。

目前，功能连接和结构连接能够在多大程度上相互映射是一个悬而未决的问题，这是因为功能连接只告诉我们两个脑区是否同时被激活。这可能由直接的结构连接（即这两个脑区之间的直接纤维束）介导，也可能通过如丘脑或基底神经节等皮层下结构间接介导。未来的研究需要解决这一尚无定论的问题。

第 3 章　语言的大脑结构网络

要对语言加工的神经基础进行充分的分析，就必须从其结构上的白质连接和不同脑区间的功能连接两方面来考察整个网络，这是因为信息必须在分布于颞叶、额叶皮层的语言相关不同脑区之间进行传递。连接不同脑区的白质纤维束构成了可能的数据高速通路，它们能够连接额叶和颞叶皮层中相距较远的脑区，从而保证它们之间的信息传递。因此，这些白质结构被认为是语言加工的主干，值得进一步研究。白质纤维束由数以百万计的轴突组成，轴突由髓鞘包围，髓鞘对于电脉冲的快速传输至关重要（Wake，Lee & Fields，2011）。以前，科学家只能在解剖尸体后分析纤维束，随着新的成像技术和分析方法的出现，我们能够在活体内研究大脑的白质。各向异性分数（fractional anisotropy）是在弥散成像中常用的量化弥散过程的数值，它被用来反映白质纤维密度、轴突直径和髓鞘的形成。在本章，我们将探究连接语言相关脑区的白质纤维束的解剖结构[①]。

3.1　语言的神经解剖通路

最早在 19 世纪末，人们认识到了白质纤维束对语言感知与产生的重要性，当时人们提出白质纤维束会在不同的语言中枢之间形成可能的连接（Wernicke，1874）。在这个模型中，Wernicke 提出了一个言语产生中枢（基

① 本节部分内容基于 Friederici（2015）和 Friederici（2016）的研究。

于 Broca 在 1861 年的研究)、一个感觉语言中枢和一条支持两个中枢相互作用的连接。额下皮层的 Broca 区和颞上皮层的 Wernicke 区作为经典语言区，是支持不同层次语言功能的神经网络的一部分(Vigneau et al.，2006；Hickok & poepel，2007；Friederici，2011)。

在过去的几十年中，人们已经确定了多种经典语言区之间的连接。最初，人们提出了连接颞叶区域和额叶区域的两大粗泛的功能加工流(Hickok & Poepel，2000)。(虽然)没有以连接语言相关脑区的纤维束的结构磁共振成像证据为基础建立模型，但 Hickok 和 Poepel(2004)论述了功能性的“背侧流”在言语加工中负责感觉-运动的映射，而功能性的“腹侧流”则支持声音-意义映射。基于非人类灵长类动物的神经解剖学研究和人类及非人类灵长类动物的功能研究，Rauschecker 和 Scott(2009)提出了一个模型，他们假设背侧流从颞叶皮层向前流到前运动区；腹侧流从颞叶皮层向前流到 Broca 区，从那里再通过背侧流向后流到顶叶和颞叶皮层。研究者将这些加工流作为人类在感知和产生过程中进行言语加工的基础。

近年来，新的成像技术，如弥散加权磁共振成像(diffusion-weighted magnetic resonance imaging)，也称为弥散张量成像(diffusion tensor imaging)，允许研究者在人脑中追踪活体白质纤维束(Mori & Zijl，2002)。弥散张量成像可以通过测量水的弥散来提供内部纤维结构的信息，因为水沿着与内部结构一致的方向会弥散得更快，所以弥散张量的主方向可以用来推断大脑中白质的连通性。弥散张量成像通常用于识别人脑中的不同纤维束(Behrens et al.，2003；Catani & Thiebaut de Schotten，2008；Bertier et al.，2012)。

弥散张量成像技术只能告诉我们白质的结构信息，但它不能直接告知我们特定白质通路的功能(Friederici，2009a，2009b)。在涉及为特定纤维束指定相应功能时，可以使用以下几种方式。第一种方式主要基于结构，与功能无关：它鉴定出纤维束及其目标脑区，然后利用对这些脑区功能的了解，指定纤维束的功能角色，例如，语言(Catani et al.，2005；Makris & Pandya，2009)。对于某一纤维束的功能，这种方式只能得出间接的结论。第二种方式则被称为基于功能的方式。它结合了功能磁共振成像和弥散磁共振成像，从而可以通过两步法间接地指定某一纤维束的功能：第一步，通过功能磁共振成像，在功能性的实验中识别出与特定语言任务相关的特定脑区；在第二步中，这些脑区被用作计算示踪图的种子区(Friederici et al.，2006；Saur et al.，2008，2010)。由此得到的纤维束被认为传递了与功能磁共振成像研究的特定功能相关的信息，尽管我们尚无法完全确定这种示踪轨迹是仅来自种子区还是同样来自相邻脑区。

在这种基于功能的纤维束追踪成像方式中，可以应用两种方法：概率性追踪（probabilistic tracking）和确定性追踪（deterministic tracking）。概率性追踪方式采用一个种子点，即在神经功能上定义的纤维束追踪的起点（Friederici et al.，2006）。确定性追踪方式则采用同时激活的两个脑区，它们是某一特定任务的功能脑区，然后计算这两个脑区之间的纤维束（Saur et al.，2008）。然而，探究某一纤维束特定功能最直接的方法是调查白质纤维束损伤患者的语言表现（Galantucci et al.，2011；Papoutsi et al.，2011；Turken & Dronkers，2011；Wilson et al.，2011），或将语言表现与发育中大脑的特定纤维束的髓鞘化程度相关联（Brauer et al.，2011；Skeide et al.，2016）。基于这些方法，我们已经确定了与听觉语言加工相关的白质通路。绝大多数情况下，额叶和颞叶皮层的背腹侧有不同的长程纤维束连接语言相关脑区，每一条通路都由不止一个到达不同皮层脑区的纤维束组成。

在根据第 1 章（译者注：原书索引有误，已修改）提供的纤维束各自终端脑区的功能来对纤维束功能进行阐述之前，我在此先从纯结构方面进行描述。这一神经解剖学描述将主要集中在左半球，但也会考虑与右半球的连接。每个半球内的解剖学连接是相关的，因为两个半球都参与了听觉语言加工。在大脑半球内，背侧和腹侧的纤维束是有区别的。有关这些纤维束的示意图，请参阅图 0.1。

连接颞叶皮层和额叶皮层的背侧和腹侧通路的区别是基于猴子“where”流和“what”流的神经解剖差异，“where”流是听觉皮层从背侧到背外侧前额叶皮层，“what”流位于腹侧，这些最初是由 Rauschecker 和 Tian（2000）定义的。

从神经解剖学角度看，情况要复杂一些。背侧通路似乎由不止一个白质纤维束组成［Catani et al.，2005；最近的综述请参阅 Gierhan（2013）、Catani 和 Bambini（2014）的研究］。这项工作已经确定了一个连接 Broca 区和颞叶皮层后部的主要背侧纤维束。连接语言区（Broca 区和 Wernicke 区）的纤维束一直被认为与语言加工有关，通常被称为弓状束（arcuate fasciculus，AF）。Catani 等（2005）使用弥散磁共振成像追踪弓状束，提出存在两条背侧连接，其中一条直接连接 Broca 区和 Wernicke 区（长段），另一条经由顶叶皮层下部间接连接这些脑区（后段和前段）。他们文章中的图片表明，前段终止于前运动区，而不是 Broca 区（图 3.1）。

图 3.1 背侧纤维连接。背侧纤维束的示踪图像重构（tractography reconstruction）。在“标准脑”（average brain）中，Broca 区和 Wernicke 区通过直接和间接通路相连。直接通向 Broca 区的通路（紫色长段）位于内侧，与弓状束的典型描述相符。间接通路位于外侧，由连接顶下皮层和 Broca 区的前段（蓝色）以及连接顶叶皮层和 Wernicke 区的后段（黄色）组成。改编自 Catani, Jones & Ffytche. (2005). Perisylvian language networks of the human brain. *Annals of Neurology, 57*(1), 8-16. 经 John Wiley & Sons，Inc 许可

这一早期研究表明，存在两个主要的背侧连接，一个是直接连接，另一个是由顶叶皮层下部介导的间接连接。遗憾的是，文献中对背侧纤维束的神经解剖学描述和标记不太一致，甚至在过去几十年间发生了变化。我将在这里向读者介绍不同研究中使用的不同术语。目前，连接顶叶下部和前运动区的纤维束通常被称为上纵束（superior longitudinal fasciculus，SLF）（Petrides & Pandya，1984；Makris et al.，2005；Schmahmann et al.，2007；Frey et al.，2008; De Schotten et al.，2012）。弓状束在背侧上连接前额叶皮层和颞上回后部，从前额叶到顶叶脑区的前半段与上纵束紧密平行，但后半段发生弯折，进入颞叶皮层后部。但是，由于弓状束和上纵束在前额皮层和顶叶皮层之间的部分确实呈平行走势，一些研究人员将这种纤维束称为弓状束 / 上纵束（AF/SLF）或上纵束 / 弓状束（SLF/AF）。

背侧有两个主要的纤维束，分别与言语和语言有关，这两个纤维束可以通过它们在额叶皮层的终端脑区以及这些终端脑区特定的语言子功能来区分。一个背侧纤维束以顶叶下部为中介连接颞叶和前运动皮层前运动区，而另一个纤维束连接颞叶皮层和 Broca 区，特别是 BA44 区（Perani et al.，2011）（图 3.2）。终止于前运动区的纤维束似乎在功能上与声学-运动映射相关，而终止于 BA44 区的纤维束似乎支持句法复杂句子的加工，下文将详细论述。

额叶皮层和颞叶皮层的语言区不仅通过背侧通路连接，还通过至少两条

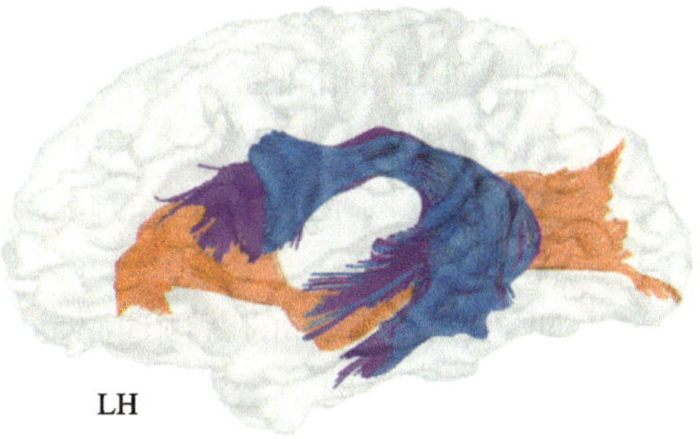

图 3.2　背侧和腹侧纤维连接。语言相关脑区之间的结构连接。本图展示了对弥散张量成像数据进行概率性纤维追踪方法揭示的成人纤维通路，种子点分别位于 Broca 区与中央前回 / 前运动区。成人存在两条背侧通路——一条通过弓状束（AF）和上纵束（SLF）连接颞叶皮层到额下回，即到达 Broca 区（紫色）；另一条通过 AF 和 SLF 连接颞叶皮层到中央前回，即运动前皮层（PMC）（蓝色）。腹侧通路通过极囊纤维系统和额-枕下束（IFOF）连接额下回腹侧到颞叶皮层（橙色）。改编自 Perani et al. (2011). The neural language networks at birth. *Proceedings of the National Academy of Sciences of the United States of America, 108*(38), 16056-16061

腹侧通路连接。其中一个纤维系统通常被称为极囊纤维系统（ECFS），但也被称为额-枕下束（IFOF），因为它连接额叶下部（BA45 区和 BA47 区）与颞叶、枕叶皮层。另外一个是钩束，它连接额叶岛盖和颞叶皮层前部。由于这两个神经束紧密平行分布，所以除非参考它们的终止点，否则很难区分它们各自的功能。

因此，在神经解剖学上至少存在两个背侧和两个腹侧纤维束连接颞叶和额下皮层，这些纤维束可以根据其在额叶皮层的靶区加以区分。我们将在下文看到，这些不同的纤维束似乎支持不同的语言功能[①]。

3.1.1　语言相关的纤维束

当信息流经纤维束时，其功能不能直接记录在纤维束中。指定不同纤维束的功能必须基于这些纤维束连接的脑区的功能，如下面的例子所示。第一项研究使用功能和结构磁共振成像结合的方法分析了连接前额叶和颞叶脑区的背侧和腹侧纤维束，这些脑区在对特定语言功能做出反应时被激活

① 本节内容部分基于 Friederici（2015）的研究。

(Friederici et al., 2006)。该功能磁共振成像实验采用人工语法范式，以基于规则的音节序列为材料，音节序列遵循相邻依存关系或者层级上的非相邻依存关系。虽然前者激活了左侧额叶岛盖，但是后者额外激活了 Broca 区的后部（BA44 区）(比较图见图 1.6)。这两个相邻脑区的概率性追踪弥散磁共振成像数据呈现出了两个不同的纤维束。第一个以 Broca 区作为种子点时发现了一条连接 Broca 区与颞上回 / 颞中回后部的背侧通路，考虑到该脑区在加工非相邻的、嵌入式的层级性依存关系时被激活（图 3.3），这条通路被认为

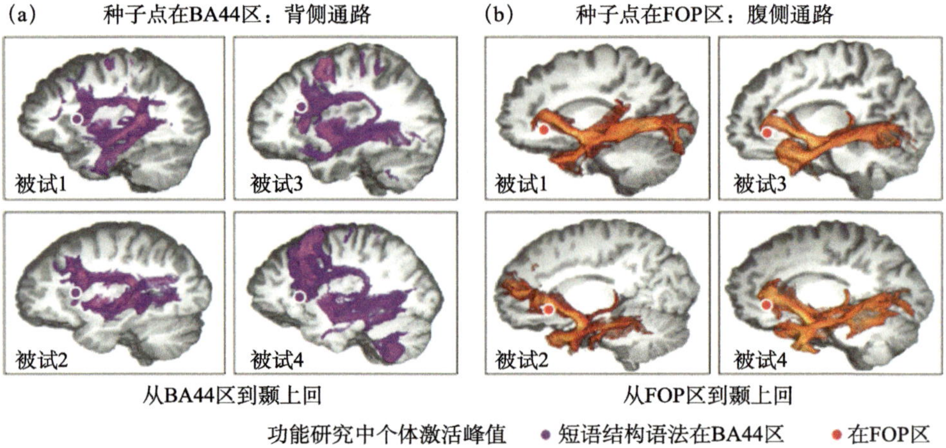

图 3.3 不同语法类型的纤维连接。额下皮层两个脑区的结构连接：取自功能实验的 Broca 区（BA44 区）和额叶岛盖（FOP）作为种子点。三维脑图显示的是从这两个脑区出发追踪出的连接值分布①[紫色，起于 Broca 区（BA44 区）的示踪图；橙色，起于 FOP 区的追踪图]。(a) 短语结构语法加工组的 4 名典型被试在不正确与正确序列的关键对比（$p<0.005$）②。个体激活峰值在 Broca 区（BA44 区）。所有被试的示踪结果都探测到从 Broca 区（BA44 区）起，通过上纵束，到颞上脑区后部和中部的连接。(b) 有限状态语法加工组的四名典型被试在不正确与正确序列的关键对比（$p<0.005$）③，个体激活峰值在 FOP 区。以功能激活的个体峰值点作为纤维束追踪的起点，所有被试均探测到从 FOP 区通过钩束到前颞叶的连接。改编自 Friederici, Bahlmann, et al. (2006). The brain differentiates human and non-human grammars: Functional localization and structural connectivity. *Proceedings of the National Academy of Sciences of the USA*, *103*(7), 2458-2463. National Academy of Sciences, U.S.A 版权所有（2006）

① 即白质纤维束。——译者注
② 原文为大于号“>”，有误。——译者注
③ 原文为大于号“>”，有误。——译者注

支持复杂句法结构序列的加工。第二个以加工相邻依存规则时激活的左侧额叶岛盖为种子点进行纤维追踪，发现了一条通向颞叶皮层的腹侧通路，因此这条通路被认为是支持相邻依存关系的加工。

随后，第二项研究（Saur et al.，2008）采用功能磁共振成像 / 弥散磁共振成像相结合的方法，对简单句 “*The pilot is flying the plane*”（“飞行员正在开飞机”）的理解和单一的词与假词的口头重复进行了考察。功能数据显示，对听到的话语进行口头重复激活了前运动区和颞叶皮层，而句子理解激活了额叶前部和颞叶皮层的脑区。使用确定性追踪方法，该研究确定了背侧和腹侧连接。作者认为他们的数据表明，背侧通路支持言语加工过程中感觉运动整合所必需的感觉-运动映射，腹侧通路支持理解所必需的声音-意义映射。

然而，这两项研究在对背侧通路的功能解释上存在明显的矛盾，这可以用新的弥散磁共振成像数据来解释。新数据表明成人大脑中的两个背侧纤维束是根据其不同的终止点来定义的，一个背侧纤维束连接颞叶皮层的后部和 Broca 区后部，而第二个背侧纤维束则连接颞叶皮层后部和前运动区，并不到达 Broca 区（Perani et al.，2011）。

3.1.1.1　背侧纤维束

连接颞叶皮层后部与 Broca 区后部（BA44 区）的背侧纤维束——弓状束的具体功能仍在争论中。一种可能的功能是它特别地参与了加工句法复杂的序列和句子（Friederici，2011）。这一提议得到了许多研究的支持，这些研究使用不同的方法来确定这种纤维束在语言中的功能。首先，基于功能的弥散磁共振成像研究，使用概率性纤维追踪以加工句法复杂序列的激活峰值所在的 BA44 区作为种子点。既然 BA44 区在结构上通过背侧纤维束连接到颞叶皮层后部，因此我们认为该纤维束负责复杂句法的加工，而且发挥着相当关键的作用（Friederici et al.，2006）。其次，一项针对非流利原发进行性失语症患者的研究为这一观点提供了补充证据（Wilson et al.，2011），这些患者的该纤维束受损，并被发现在加工句法复杂句子方面存在特定缺陷。最后，两项发展研究表明，弓状束的成熟程度与加工句法复杂句的行为表现直接相关（Brauer et al.，2011；Skeide et al.，2016）。

另一条背侧通路连接颞叶皮层后部和前运动区，它的功能是支持听觉到运动的映射。当需要重复别人说过的话时，这种纤维束是必要的，比如，在所谓的重复任务中（Saur et al.，2008）。在婴儿咿呀学语的整个阶段，也就是他们试图模仿言语声音的阶段，这个纤维束也应该是与之最相关的。

3.1.1.2 腹侧纤维束

连接额叶和颞叶皮层的腹侧通路最初被视为仅支持声音-意义映射的单一功能通路（Hickok & Poepel，2004，2007；Rauschecker & Scott，2009），但后来不同的功能被指定到腹侧通路的子部分，特别是额-枕下束（Saur et al.，2008，2010；Turken & Drongers，2011；Sarubbo et al.，2013）和钩束。关于腹侧通路的讨论，见 Weiller 等（2009，2011）的研究。

其中一条腹侧通路的额叶终端位于 BA45/BA47 区以及眶额皮层，颞叶终端位于颞中回、颞上回和颞-顶皮层，它被视为支持理解语义简单且语义高度受限的句子的主要通路（Saur et al.，2008）。该通路（IFOF）的靶点是额下回的 BA45 区和 BA47 区，即已知支持语义加工的脑区，因此，它通常被认为支持语义加工。另一条腹侧通路——钩束，连接额叶岛盖和眶额皮层到颞上回前部（Anwan et al.，2007；Hua et al.，2009；De Schotten et al.，2012），其具体功能仍在争论之中。早期研究表明，钩束与一般的语言加工相关（Wise，2003；Grossman et al.，2004；Catani & Mesulam，2008；Matsuo et al.，2008）。然而，Friederici 等（2006）用基于功能的弥散磁共振成像研究表明，连接额下回腹侧和颞上回前部的钩束可能也在最基本的层面上与句法相关，因为它支持两个元素的基本组合。

将语义加工指定给腹侧通路和将局部组合加工指定给腹侧通路的提议都是有效的。因为在功能上，人们发现颞上沟前部与言语的可理解性有关（Scott et al.，2000；Crinionetsl.，2003；Narain et al.，2003；Obleser et al.，2007；Friederici et al.，2010；Obleser & Kotz，2010），颞上回前部和颞叶前部在语义和句法加工时都有激活［关于功能研究的回顾，参见相关研究者的研究（Mazoyer et al.，1993；Stowe et al.，1998；Friederici et al.，2000；Friederici et al.，2003；Vandenberghe et al.，2002；Humphries et al.，2005；Humphries et al.，2006；Snijders et al.，2009；Friederici，2011）］。未来的研究需要揭示作为语言基础的语义和句法组合加工是否涉及可能会与不同脑区合作的颞叶皮层前部[①]。

一般来说，简单句法结构的组合加工似乎由腹侧通路支持（Griffiths et

① 一项在手术中使用外部刺激来揭示两个腹侧纤维束各自功能的研究表明，与钩束相比，极囊纤维系统与语言更加相关。因为当刺激极囊纤维系统时，言语流畅性表现（在特定类别中尽可能多地命名单词）和为名词匹配冠词的表现都会受到干扰，但刺激钩束时则不会（Duffau et al.，2009）。这些任务对词汇-语义系统的挑战可能大于对组合系统的挑战，因此并不排除钩束参与组合加工的可能性。

al.，2013），而加工句法复杂的句子则需要背侧通路（弓状束 / 上纵束）的参与（Brauer et al.，2011；Wilson et al.，2011）。

3.1.2　交流相关的纤维束

Catani 和 Bambini（2014）提出了另外的结构网络，它与交流和社会认知相关。然而，研究者也把连接支持语言形式方面加工的那些脑区的弓状束作为其模型的中心连接。该模型总共假设了五个不同的结构网络：两个与语言相关（网络 3 和 4），三个与交流相关（网络 1、2 和 5）。网络 1 与信息行为相关，由连接 Broca 区和顶叶皮层的弓状束的一部分纤维组成。网络 2 与交流意图相关，通过所谓的额斜束（frontal aslant tract）将 Broca 区与背内侧额叶皮层相连。网络 3 代表词汇和语义加工的网络，包括通过腹侧钩束连接的颞叶前部，以及连接 Broca 区前部与颞叶 Wernicke 区的腹侧额-枕下束。网络 4 代表句法加工的额-颞网络：由 Broca 区通过弓状束直接连接到 Wernicke 区。语言网络 3 和 4 在很大程度上符合 Friederici（2011、2012a）的提议。网络 5 是语用整合的网络，这个网络由连接顶叶皮层到 Wernicke 区，尤其是角回的那部分弓状束组成。

3.1.3　小结

本节讨论了连接额叶和颞叶皮层语言相关脑区的白质纤维束。这些纤维束可分为两条背侧和两条腹侧通路，每条通路由一个以上的主纤维束组成。在腹侧通路中，一个纤维束连接 BA45/47 区与颞上回、颞中回，另一个纤维束连接眶额皮层（包括额叶岛盖）和颞叶皮层前部。前者（我们将在第 4 章中看到）支持语义加工，而后者很可能支持组合加工。在背侧通路中，一个纤维束将颞叶皮层后部连接到前运动区，另一个纤维束将其连接到 Broca 区的后部（BA44 区）。前一条背侧通路用于支持感觉-运动映射，而后者似乎与复杂句法任务的加工有关。

3.2　右半球通路和跨半球通路

在听觉句子理解中，韵律信息——言语中的节奏和旋律变化——在不同层次上传递着相关信息，它标志着句法短语的边界，但同时也传达了说话人的情感和意图信息。对于这些韵律的不同方面，已经分别在语言韵律和情感韵律两方面进行了讨论。这些韵律类型多大程度上在大脑左半球和/或右半球被加工，是一个长期争论的问题（Van Lancker，1980；Pell & Baum，1997；Friederici & Alter，2004；Schirmer & Kotz，2006；Wildgru ber et al.，2006；也见于1.8节）。

最普遍的观点认为，情感韵律主要在右半球加工，语言韵律则涉及两个半球，但可以观察到语言韵律的左半球偏侧化受到刺激材料类型（正常言语和哼吟的"言语"，即仅有旋律的言语）以及任务类型（显性判断与被动聆听）的调节（Friederici & Alter，2004；Kreitewolf et al.，2014；Frühholz et al.，2015）。这意味着刺激材料在语言上越完整，对音段信息（言语声音和单词）的加工越受到关注，我们就越能看到语言韵律向左半球的偏侧化。与这一观点相一致的是，我们还发现情绪韵律并不仅仅局限于右半球，而是在情绪不仅通过韵律传达，还通过句子的语义内容来传达时，情绪韵律可以诱发双侧额-颞叶的激活（Frühholz et al.，2015）。

除了右半球在韵律加工中的相对参与，我们还可以从文献中清楚地看出两点：第一，右半球的颞叶和额叶脑区参与听觉语言理解；第二，在听觉语言理解过程中，两个大脑半球相互作用。这些大脑功能的发现需要我们对右半球内的通路和连接左右半球的通路进行结构性的描述。

3.2.1 大脑右半球的通路

与大脑左半球的背侧和腹侧通路相似，在右半球同样存在一个颞叶和额叶脑区之间的内在结构连接的双流模型（Frühholz et al.，2015；Sammler et al.，2015）。使用结构成像技术的神经解剖学研究已经研究了弓状束，即连接左右半球颞叶皮层和额叶皮层的白质纤维束，特别是其可能存在的左右半球不对称性（Catani et al.，2007；Ver Nooij et al.，2007；De Schotten et al.，2011；Fernandez-Miranda et al.，2015）。多数研究表明，与右半球相比，左半球的背侧纤维束更强。有研究者认为这是弓状束"按既定程序发展"的结果（Chi，Dooling & Gilles，1977），可能是右半球弓状束纤维密度的降低导致的（Galaburda et al.，1978）。在韵律加工的情况下，右半球不但有背侧通路，也有腹侧通路。以情绪韵律涉及的功能区为基础，并类比已知的左半球纤维通路，一项新的研究重建了右半球的纤维束。采用概率性追踪方法，以额下回、额叶岛盖、颞上回前部和颞上回后部为种子点，发现右半球颞上回最后部与右侧额叶岛盖背侧相连（Frühholz et al.，2015，另见Glasser & Rilling，2008；Ethofer et al.，2012）；颞上沟后部的基底部与右侧额下回相连，经由的腹侧和背侧通路强度相当。组成腹侧通路的纤维束类似于那些组成左半球腹侧通路的纤维束，即额-枕下束和极囊束（Frühholz et al., 2015）。

从一项根据音高信息来表示陈述与疑问的语言韵律功能性研究开始，研究者发现了两个连接颞上回/沟与额叶皮层的强壮的纤维束，其中一个连接右侧颞上沟前部与右侧前运动区，另一个经弓状束/上纵束连接右侧颞上沟后部与右侧额下回（Sammler et al., 2015）（图 3.4）。请注意，陈述和疑问之间的区别似乎也会激活沿着颞叶上部的一条腹侧通路，然而这条通路并不以额下回为终端。当考虑右半球颞叶和额叶皮层之间的通路时，有两个纤维束：一条通路连接颞上回后部到额下回，另一条通路连接颞叶脑区前部与前运动区，这两个目标脑区通过短程纤维束紧密相连。该研究抑制了作为韵律加工关键脑区的右侧前运动区，间接考察了前运动皮层通路的功能，结果发现，这一脑区的抑制性刺激会导致被试在韵律分类中的表现下降（Sammler et al., 2015）。以前运动区为靶点的背侧通路被认为代表了将听觉和运动脑区互联的动作-感知网络。另一条终止于额下回 BA44/45 区的背侧通路则被视为“IFG 通过背侧通路来提供任务依赖性认知资源，以解析和明确标记动态韵律轮廓”的网络（Sammler et al., 2015, p.3083），后一种解释显然需要进

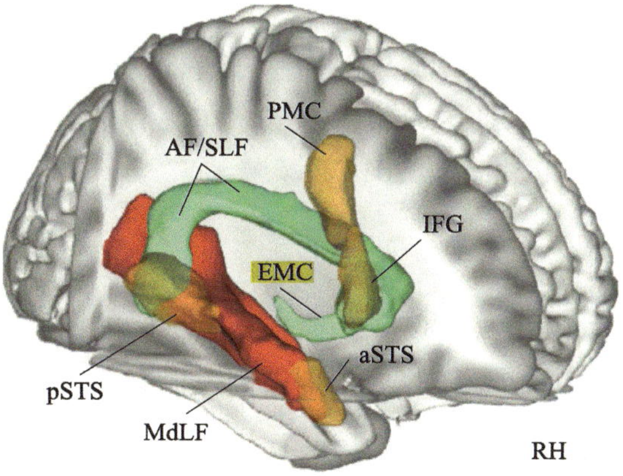

图 3.4 大脑右半球的纤维束通路。右半球（RH）的结构连通性数据。连接功能团块的纤维束组平均图：pSTS 与 aSTS（红色）、PMC（黄色），IFG（绿色）。在 50% 以上被试中有此纤维的体素才会被突出显示。对纤维束稍微进行了平滑（半高全宽 1mm），以便更好地可视化。AF 为弓状束；SLF 为上纵束；MdLF 为中纵束，aSTS 为颞上沟前部；pSTS 为颞上沟后部；PMC 为前运动区；IFG 为额下回；EMC 为极囊。改编自 Sammler et al. (2015). Dorsal & ventral pathways for prosody. *Current Biology, 25*(23), 3079-3085. 经 Elsevier 许可

一步的实证证据来证实。不过，就目前而言，与左半球相似，连接额下皮层和颞叶皮层的腹侧和背侧通路也可以在右半球被识别出来。

3.2.2 跨半球通路

在言语理解中，语言韵律已经呈现出与句法信息的相互作用。因此，主要加工超音段信息的大脑右半球和加工句法信息的大脑左半球之间必然存在信息传递，保证这两个半球之间信息传递的结构就是所谓的胼胝体（corpus callosum）。

连接左右半球的纤维以细而有序的方式穿过胼胝体，以眶和额叶为终端点的纤维穿过胼胝体的前 1/3，而以顶、枕和颞叶为终端点的纤维穿过胼胝体的后 1/3，中间部分由皮层下终端点的纤维和部分以额叶为终端点的纤维构成［Huang et al.，2005，另见图 1.20（c）；Hofer & Frahm，2006；Park et al.，2008］。

胼胝体前部和后部参与语言相关的加工已经得到了讨论。据报告，胼胝体前部的一处损伤会影响情绪和语言韵律的加工（Klouda et al.，1988）。其他使用影像学方法和基于损伤患者的研究表明，胼胝体后部与听觉信息的半球间传递（Rumsey et al.，1996；Pollmann et al.，2002）和言语能力的发展有关（Nosarti et al.，2004）。一项 ERP/ 损伤联合研究调查了胼胝体后部和前部损伤患者在句子理解过程中的语言韵律加工（Friederici et al.，2007）。研究发现，在短语水平上，胼胝体后部对句法和语言韵律半球间的相互作用至关重要。在这类患者中，有研究也报告了形态句法信息和韵律语调之间相互作用的类似发现（Sammler et al.，2010）。

3.2.3 小结

连接大脑左半球额叶和颞叶皮层语言相关脑区的白质纤维束可分为两条背侧通路和两条腹侧通路，每条通路都由一个以上的主要纤维束组成。在腹侧通路中，一个纤维束连接 BA45/47 区与颞上回、颞中回，另一个纤维束连接包括额叶岛盖在内的眶额皮层与颞叶皮层前部。前一条腹侧通路支持语义加工过程，而后一条的功能则非常可能支持的是组合加工。在背侧通路中，一个纤维束把颞叶皮层后部连接到了前运动区，另一个纤维束则将其连接到了 Broca 区后部（BA44 区）。前者被认为支持感觉-运动映射，后者似乎与复杂句法任务的表现有关，尽管右半球的纤维束密度低于左半球，右半球也显示了连接颞叶和额叶脑区的腹侧和背侧通路。与左半球相似，右半球也有数个纤维束，一个通向前运动区，另一个通向额下回的 BA44/45 区。胼胝体是连接两半球的结构。在胼胝体内，特别是后 1/3 有连接两半球颞叶的纤维，而这对听觉语言加工来说至关重要。

3.3　语言的神经解剖通路模型：句法和语义网络

第 1.1 节描述的语言理解模型中提出了一个弱语法优先模型，该模型假设加工系统会首先根据可及的词类信息建立一个局部短语结构（Friederici，2002，2011）。除非上下文在句法和语义上具有高度预测性，否则语义和高阶的句法关系只能在此之后得到加工。这里提出的神经解剖通路模型假设句法加工的两个不同阶段（Friederici，2002）可以表征在两个不同的句法网络中（Friederici，2011），另外还存在一个独立的网络支持语义加工。白质纤维束是这些网络的一部分，将在本节进行描述[①]。

3.3.1　句法网络

局部结构构建加工的第一步在功能上以目标语言语法知识为基础。这涉及关于相邻依存结构的基本知识，如局部短语，在每种语言中只有少数几个，如限定词短语（“the ship”，“那艘船”）和介词短语（“on ships”，“在船上”）。这种知识必须在语言习得过程中获得，并且随着学习的进行，它的使用会变得自动化。在成人大脑中，这一过程是高度自动化的，而且对局部短语违反的觉察涉及额叶岛盖和颞上回前部（Friederici et al.，2003）。如果这一加工过程自动化程度较低，如在第二语言加工中（Ruschemeyer et al.，2005）或语言发展过程中（Brauer & Friederici，2007），那么对违反的察觉也会涉及 BA44 区。这很有趣，因为这两个相邻的脑区在其种系发生上存在差异，额叶岛盖在种系发生上比 BA4 区更古老（Amunts & Zilles，2012；Sanides，1962）。因此，似乎种系发生上较老的皮层可以在邻近依存关系中进行违反探测这种更简单的加工，而不是建立结构层级这种更复杂的加工。额叶岛盖和颞上回前部通过腹侧纤维束连接，即钩束。各脑区的功能可以定义如下：在成人大脑中，接收听觉皮层输入的颞上回前部表征局部短语（限定词短

① 本节部分基于 Friederici.(2016). The neuroanatomical pathway model of language：Syntactic and semantic networks. In Neurobiology of Language，ed. Steven L. Small and Gregory Hickok, 349-356. Elsevier Press 中第 352-354 页。

语、介词短语）的模板，并根据模板对输入的信息进行核查（Bornkessel & Schlesewsky，2006）。在这里，信息通过钩束传递到额叶岛盖，额叶岛盖又依次将信息传递到 BA44 区的最腹侧部分以进一步加工。额叶岛盖用于无关层级的元素组合，邻近的 BA44 区最腹侧前部则支持层级短语结构的构建，这个腹侧网络参与了最基本的组合加工（Zaccarella & Friederici，2015a）。

第二个句法网络处理句法复杂句中的层级依存关系加工。复杂性这个术语用于涵盖不同句子层级的现象，包括非常规词序的句子（Röder et al.，2002；Grewe et al.，2005；Friederici et al.，2006；Meyer et al.，2012）、嵌入程度不同的句子（Makuuchi et al.，2009）、包含不同程度句法合并元素的句子（Ohta et al.，2013），以及这些句子结构与工作记忆的相互作用。这些研究表明，在英语、德语、希伯来语和日语等不同的语言中，用于非常规句子的重新排序或嵌入式结构加工的句法层级因素定位在 Broca 区，且主要位于其后部（BA44 区）。所有这些研究表明，句法树中定义的层级水平的增加会引起 BA44 区激活的增加。

第二个被报告因句法复杂性和解决动词-论元关系而激活的脑区是颞上回/颞上沟后部（Ben-Shachar et al.，2004；Kinno et al.，2008；Friederici et al.，2009；Newman et al.，2010；Santi & Grodzinsky，2010）。在动词和其论元之间的语义关系无法解决时，这个脑区也会被激活（Friederici et al.，2003；Obleser & Kotz，2010）。此外，研究还发现，动词类别和论元顺序在这一脑区存在交互作用（Bornkessel et al.，2005），因此，似乎颞上回/颞上沟后部是一个整合句法信息和语义上的动词-论元信息的脑区（Grodzinsky & Friederici，2006）。所以，Broca 区后部（BA44 区）与颞上回/颞上沟后部共同构成了第二个句法网络，负责加工句法复杂的句子。在这个背侧句法网络中，BA44 区支持层级结构的构建，而颞上回/颞上沟后部则支持复杂句子中语义和句法信息的整合。

根据这些结论，我们可以识别出两个句法相关的网络——腹侧网络和背侧网络，它们各自在句法加工过程中负责不同的方面。但问题是，这两种句法相关网络的观点是否可以从患者研究或发展研究得到进一步的独立支持。不幸的是，患者研究不允许我们区分 BA44 区和额叶岛盖，因为这两个脑区彼此相邻，都位于中动脉供血区。不过，据报告，涉及这两个脑区的额下回损伤主要会导致句法加工的缺陷（Grodzinsky，2000），虽然群体选择、实验设计和方法上的差异会导致不同研究结果之间存在一定差异。

最近对患者进行的功能磁共振成像和弥散磁共振成像研究揭示了一些关于背侧和腹侧句法相关网络的有趣结果。Griffiths 等（2013）的一项研究报告称，左半球脑损伤患者的腹侧网络或背侧网络的任何一部分都表现出句法加工上的缺陷。虽然这项研究并没有系统地改变其句子的句法复杂度，但结果普遍支持两个网络都参与句法加工的观点。然而，Wilson 等（2011）在调查非流利进行性失语症的研究中指出，连接颞叶皮层和 Broca 区后部的背侧纤维束退化会特异性地导致句法复杂句的加工缺陷。这一发现无疑与目前将通向 Broca 区的背侧纤维束理解为支持复杂句法加工通路的观点相契合。语言发展研究进一步支持了这一观点，即这条通路用于句法复杂句的加工。这些报告指出，儿童在尚不具备加工非常规句子能力的阶段，以 BA44 区为靶点的背侧纤维束尚未完全髓鞘化（Brauer et al.，2011），而且髓鞘化程度可以预测加工句法复杂的非常规句的行为表现（Skeide et al.，2016）。

关于腹侧句法相关网络，我们必须承认，对句法能力与颞叶损伤之间关系的报告很少，因为颞叶的损伤主要与语义缺陷有关。然而，有趣的是，那些颞叶延伸性损伤（包括颞叶前部）的患者也表现出了句法理解缺陷（Dronkers et al.，2004）。此外，对脑卒中患者白质完整性与其行为表现的相关分析表明，句法是由背侧系统和腹侧系统共同加工的（Rolheiser et al.，2011）。后一个发现可以从以下观点来解释：两个系统都与句法相关，但具有不同的子功能。腹侧系统可能参与独立于句法层级的组合方面，而背侧系统则在层级构建中起着至关重要的作用（Zaccarella & Friederici，2015a）。

因此，大量的研究都认同有两个句法相关的网络，一个是背侧网络，另一个是腹侧网络。而且，一些研究明确表明背侧句法系统对于加工层级结构句子是必要的（Brauer et al.，2011；Skeide et al.，2016；Wilson et al.，2011）。

3.3.2　语义网络

腹侧流一直被认为是支持语义加工的（Hickok & Poeppel，2004；Saur et al.，2008）。腹侧流可分为两条通路：一条涉及钩束；另一条涉及 ECFS 或 IFOF。钩束到达颞叶前部，而 ECFS 或 IFOF 还额外到达颞叶后部。给这些通路指定相应的功能仍是一个持续争论的问题。许多研究人员认为钩束参与了语言加工（Parker et al.，2005；Friederici et al.，2006；Catani & Mesulam，2008；Duffau，2008；Duffau et al.，2009），然而，它的特定功能尚在讨论中。Friederici 等（2006）的功能磁共振成像研究表明，钩束在感知结构序列的过程中支持相邻依存关系的加工。在许多研究中，IFOF 已被报告为支持语义加工，这些研究或是使用功能磁共振成像和弥散磁共振成像相结合的方法，或是将弥散磁共振成像和行为测试相结合（Saur et al.，2008；Wilson et al.，2010；Turken & Dronkers，2011；Wilson et al.，2011）。这一纤维系统从额下回腹侧沿颞叶皮层延伸至枕叶皮层，这样那些被报告参与语义加工的额下脑区，如 BA45 区和 BA47 区（Bookheimer，2002）被连接到了颞叶皮层，后者已知会支持语义加工，包括语义记忆的各个方面（Patterson et al.，2007）。BA45/47 区作为语义网络中的脑区，尤其是在词汇语义加工处于策略控制之下时会出现激活，即当参与者被要求进行某种语义相关性或合理性判断时（Fiez，1997；Thompson-Schill et al.，1997；Dapretto & Bookheimer，1999；Kuperberg et al.，2000；Newman et al.，2010）。另一个作为语义网络一部分的脑区是颞叶前部，因为这一脑区的退化会导致单词水平的语义缺陷，所以它被视为一般性的语义“中枢”（Hodges et al.，1992；Patterson et al.，2007；Ralph & Patterson，2008）。

探究句子层面语义网络的功能磁共振成像研究使用了不同类型的范式，并揭示了不同结果。改变语义合理性的研究发现了额下回 BA45/47 区的激活（Newman et al.，2010），而调查语义可预测性（semantic predictability）的研究则报告了颞-顶叶后部缘上回和角回的激活（Obleser & Kotz，2010）。目前，如何对这些句子层面的语义加工过程进行建模尚不完全清楚，这些脑区已经被认为参与了语义预期和组合语义（Molinaro et al.，2015；Price et al.，2015）。然而，可以确定的是，颞叶前部、额下皮层和包括角回在内的颞-顶叶皮层后部都参与了句子水平的语义加工。尽管如此，它们的相互作用如何服务于语言理解仍有待阐明。连接额下回与颞上回 / 颞中回的腹侧通路在语义加工中起着至关重要的作用，但也有人认为每当预期加工存在争议时，背侧通路也参与其中。

3.3.3 小结

句子加工基于不同的神经解剖学定义的网络：两个句法相关网络和至少一个语义网络。语义网络包括颞叶前部、额下皮层前部和颞-顶区后部，前两个脑区通过位于腹侧的通路连接。句法加工基于两个与句法相关的网络：一个腹侧网络和一个背侧网络。腹侧网络支持相邻依存关系的组合，从而为后面的短语结构构建加工提供基础，包括颞上回前部和额叶岛盖，两者通过毗邻 BA44 区腹侧部分的腹侧通路连接。背侧神经网络支持句法层级的加工，包括通过背侧通路连接的 Broca 区后部（BA44 区）和颞上回后部（图 3.5）。

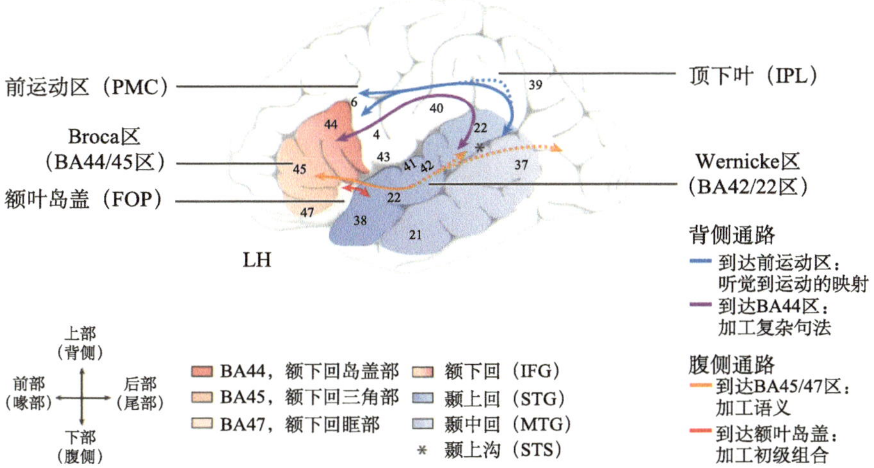

图 3.5 功能和结构语言网络。与语言相关的脑区和纤维束（大脑左半球的简明视图）。连接背侧前运动皮层（PMC）与 STG/STS 后部的背侧通路涉及上纵束（SLF）；连接 BA44 区与 STG 后部的背侧通路涉及弓状束（AF）。连接 BA45 区、BA47 区与 STG/MTG 后部、枕皮层的腹侧通路涉及额-枕下束（IFOF）[也被称为极囊纤维系统（ECFS）]；连接 FOP 和 STG 前部的腹侧通路涉及钩束。这些不同的纤维束支持不同的语言功能，在右侧图例已经标示。以上来自 Friederici & Gierhan. (2013). The language network. *Current Opinion in Neurobiology, 23*(2), 250-254. 经 Elsevier 许可

第 4 章　语言的大脑功能网络

在前几章中，我描述了功能上相关的脑区（灰质）构成的神经语言网络及其结构连接（白质）。很明显，在线语言加工需要通过长程白质纤维通道来传递信息，这些通道连接着大脑半球内部及半球之间的语言相关脑区。我将在本章讨论有关语言功能神经网络的现有数据，尽管我们对传递信息的类型及传递方式只有初步的认识。

神经生理基本原理是电脉冲通过人脑中的白质纤维束进行传递的，如今，我们可以在不同层面观察语言功能性脑网络。宏观上，我们可以测量语言网络中大脑的激活情况，这些测量既可以通过功能连接的形式，也可以通过振荡激活的形式来进行。前者反映了该网络中精确定位的不同脑区的联合激活，后者则反映了粗略定位下脑区的同步激活。微观上，语言功能性脑网络也可以在神经递质水平上被识别，这些神经递质为神经元水平上的信息传递奠定了基础。后一种微观测量方法目前只能运用于离体大脑标本的分析中。

信息内容在传递与接收的脑区中如何被编码、解码仍是一个亟待解决的问题——不仅在语言方面，在一般信息加工的神经生理基础方面也是如此。一种可能的看法（尽管还只是一个推测）是，信息编码与解码需要负责编码与解码的脑区在神经元层面上具有相似性。我将先描述神经递质水平的语言网络，然后讨论功能连接和振荡活动的数据。

4.1 语言网络的神经受体构筑基础

众所周知，在神经元层面上，神经递质是信息从一个神经元传递到下一个神经元的基础。当动作电位通过轴突从一个神经元发送到下一个神经元时，后者通过突触后树突接收这些信号，此时神经递质在突触水平起着关键作用。这些神经递质同它们的受体是实现神经功能的关键分子。不同脑区具有神经递质与受体结合类型的不同密度（GABA[①]，多巴胺、毒蝇碱等）。这些不同的密度可以表明各脑区特定的受体构筑结构，被称为“指纹”（Zilles et al.，2004）。受体指纹代表了各个皮层区域局部信息加工的分子结构。可以想见，即使在同一功能网络中分散分布的脑区也应具备相似的分子特征（即受体指纹）。下面我们将看到，情况确实如此。

通过与 Katrin Amunts 团队（Amunts et al.，2010）合作，我们对额下回进行了神经受体构筑分析，这一分析为额下皮层的分割提供了关键信息。结果显示，BA45 区被细分为两部分——一个更前部的与 BA47 区相接的区域（BA45a）和一个更后部的与 BA44 区相接的区域（BA45p）。此外，BA44 区在受体构筑上又细分为覆盖 BA44 区上部的背侧亚区（BA44d）和覆盖 BA44 区下部的腹侧亚区（BA44v）。不同的语言实验给这些亚区分配了不同功能，因此这些亚区在功能上就显得尤为重要。BA44 区被证明与句法过程密切相关，其背侧部分（BA44d）支持句法中与语音-记忆相关的过程，而腹侧部分（BA44v）则对层级加工至关重要。BA45 区被认为是语义加工的一个重要区域。这些语义方面的加工似乎涉及 BA45 区的前部，它在更前端 BA47 区的边界上，即 BA45a，而更靠后的与 BA44 区相接的 BA45p 则在一些句法研究中被报道。

我和其他同事合作的一项受体构筑研究（Zilles et al.，2014）发现，在分子基础上，语言网络具有其自身的特征，并与大脑其他区域分离。在这项研究中，我们考察了这样一种假设，即较大语言网络中的脑区在它们的受体构

① γ-氨基丁酸。——译者注

筑指纹上会具有很大的相似性。该假设将通过神经元电位间接表明脑区间功能上的神经生理连通性。一项分析人死后大脑受体构筑的研究对此进行了验证（这种分析只能在体外进行）。该研究对 15 个不同的神经递质受体结合位点通过定量受体放射自显影法进行了体外测量，并执行了两项分析。第一项分析涵盖整个语言网络，包括涉及语言感知与产出的所有脑区（所有区域在图 4.1 中由红色标记所示）。

第二项更具体的分析只包括部分脑区，它们属于以往研究证明的支持人类句法复杂句加工能力的神经功能网络，正如之前一项围绕中心内嵌句加工的功能磁共振成像研究发现的那些区域（Makuuchi et al.，2009）。后面这项研究显示，BA44 区的后部、额下沟和颞上回 / 颞上沟后部都出现了激活（如图 4.1 a 中以红色标记的扩展区域所示）。我们为每个区域都构建了一个受体构筑指纹（Zilles et al.，2014）。左半球语言网络中的区域之间可以观察到惊

(a) (b) (c)

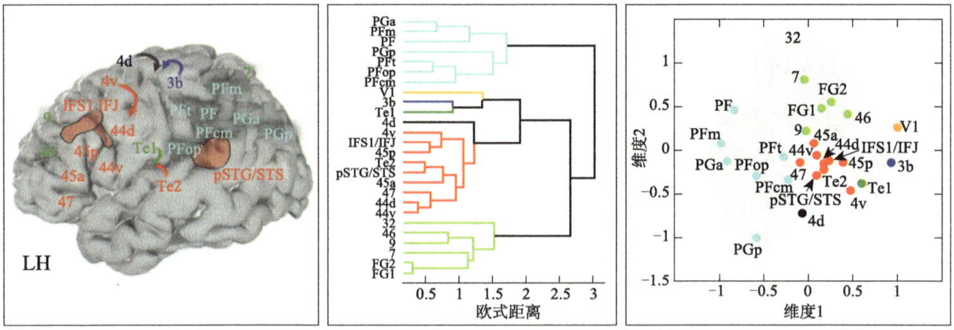

图 4.1　大脑左半球脑区的受体构筑聚类。(a) 在单个被试 MNI 模板大脑的外侧表面上，对通过受体构筑考察的皮层区域的定位（Evans et al.，2012）。红色标记区域是被发现与言语和语言加工不同方面有关的脑区，它们是 BA44d（背侧 BA44 区）、BA44v（腹侧 BA44 区）、BA45a（BA45 前部）、BA47（BA47 区）、IFS1/IFJ［额下沟（IFS）中的脑区和额下、中央前沟间的联合区（IFJ）］、pSTG/STS（颞上回和颞上沟后部区域）、Te1（初级听觉皮层，BA41）、Te2（听觉带区域，BA42 区）。深蓝色、深绿色、黄色和黑色分别编码了主要的躯体感觉、听觉和视觉皮层，以及运动皮层中表征手的区域。浅蓝色编码 IPL 区域，而淡绿色代表前额叶、顶叶上、扣带和纹外梭状回区域。(b) 脑皮层 26 个区域受体指纹的层次聚类树和多维尺度分析。大脑左半球的受体分布模式层次聚类树。(c) 多维尺度分析结果：左半球中测量的 26 个皮层脑区受体指纹的 15 维受体特征向量在二维空间中的展示。改编自 Zilles et al. (2014). Common molecular basis of the sentence comprehension network revealed by neurotransmitter receptor fingerprints. *Cortex*, *63*, 79-89. 经 Elsevier 许可

人的受体构筑相似性，但同一半球的其他非语言区域之间则不存在。在句法网络（即 BA44 区；背侧 BA44d 和腹侧 BA44v）、额下沟、颞回和沟后部、颞上回 / 颞上沟后部的脑区还特别发现了受体构筑相似性的增加［图 4.1b 和图 4.1c（红色表示激活的语言区）］。这为构成神经语言网络的那些区域具有共同分子结构提供了首个实证证据。

最有趣的是，对大脑右半球同源区域的类似受体构筑分析并没有揭示出各个区域之间的相似性，可见左半球在这方面具有独特性［参见 Zilles 等（2014）的补充信息］。上述发现表明，只有属于左半球语言网络的部分区域才显示出相似的多受体组织形式。这些数据意味着这种神经递质特征模式是实现语言功能中潜在运算过程的重要前提，也可能是功能神经网络中脑区间有效沟通的总体原则。

对句法加工领域而言，现在可以从功能、结构和分子等水平对额-颞网络加以描述（图 4.2a、图 4.2b 和图 4.2c）。加工复杂句的左侧语言网络包括 BA44 区和颞上回 / 颞上沟后部。这两个区域在功能上参与复杂句加工，在结构上通过背侧通路由长程白质纤维束连接，在受体构筑上最为相似，这为它们之间的有效合作提供了基础。

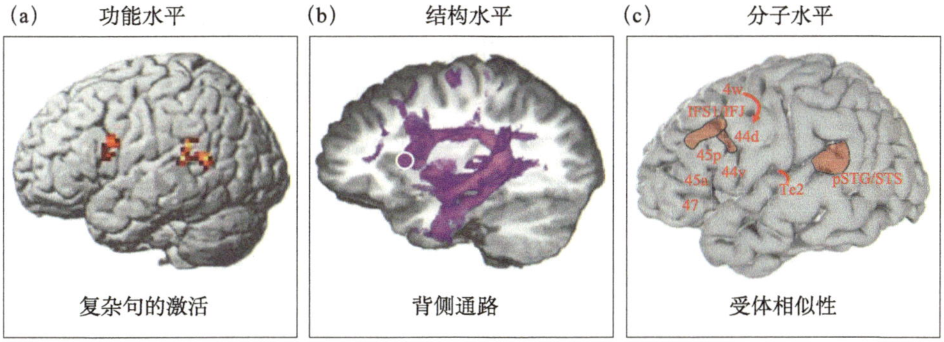

图 4.2 大脑左半球中的语言网络。语言网络在（a）功能水平、（b）结构水平和（c）分子水平上的定义。（a）改编自 Friederici, Makuuchi, & Bahlmann. (2009). The role of the posterior superior temporal cortex in sentence comprehension. *NeuroReport*, *20*(6), 563-568. 经 Wolters Kluwer 许可。（b）来自 Friederici et al.(2006). The brain differentiates human and non-human grammars: Functional localization and structural connectivity. *Proceedings of the National Academy of Sciences of the USA*, *103*(7), 2458-2463. Copyright（2006）美国科学院。（c）改编自 Zilles et al. (2014). Common molecular basis of the sentence comprehension network revealed by neurotransmitter receptor fingerprints. *Cortex*, *63*, 79-89. 经 Elsevier 许可

小结

本节讨论了在神经递质水平上信息传递的神经基础，这些神经递质在信息从一个神经元传导到下一个神经元的过程中起着关键作用。我们已经看到，较大的语言网络具有网络内部相似性这一特征，该特征也使它与其他脑区相分离。正如论证的句法网络那样，子网络中的神经递质相似性甚至会更大。

4.2 功能连接与皮层神经振荡

一个详尽的语言加工的大脑模型不仅需要详细说明与语言相关的脑区、脑区间的结构连通性以及它们的受体构筑属性，还需要说明网络组件间的功能互动。不同类型的方法使得我们能够对这种功能互动加以描述。对语言功能中潜在皮层动态变化的考察受到适用于人类的研究方法的限制，从细胞水平的生物生理学工作中可以得出这样的结论：大脑皮层是通过前馈和反馈信息之间的相互作用来运作的，这不仅出现在较大的神经网络水平上，甚至也出现在单个神经元水平上（Larkum，2013）。神经生理学的方法允许我们描述不同脑区神经元和神经元集群中的信息交换，语言网络的动态性可以通过功能连接和皮层振荡来探索。虽然功能连接分析原则上可以在功能磁共振成像以及脑电图和脑磁图等数据上进行，但近年来，皮层振荡分析已经为神经网络中的功能连接提供了更加直接的电生理标记。

4.2.1 功能连接

大脑动态变化通常由功能连接来进行评估（见本书的“导论”部分）。通过直接（脑电图或脑磁图）和间接（功能磁共振成像）的数据源来评估功能连通性的方法量化了局部和远程大脑网络中神经元充电 / 放电交替变化的同步性。功能连接是指同步振荡脑区的分布地图，这些图显示了哪些脑区在一起工作，但没有提供关于区域间数据流动方向的信息（Friston et al.，1997；Fox & Raichle，2007）。这种方法[①]已被用于分析脑区间的功能连接。有效连接还允许我们确定神经语言网络中定义的脑区之间的信息流方向，它指的是采用统计-数学方法估计神经网络中数据从一个区域流往另一个区域的方

① 即无向功能网络分析法。——译者注

向。量化有效连接的复杂数学方法在其他研究中有详细说明（Friston et al., 2003）。

有两种基于功能磁共振成像数据的功能连接分析方法。一种方法采用在参与者“休息”时采集的静息态功能磁共振成像数据，也就是说被试并不参与实验任务。不过，为了使这些数据与语言功能性脑网络的论题相关，它们通常与由研究者独立收集的、行为上的语言加工数据进行相关分析。第二种方法使用与任务相关的功能磁共振成像数据，例如，语言研究的数据，该方法分离出与条件相关的激活，且只使用这些留下来的数据进行分析。当这两种方法与行为上的语言数据相结合时，它们就可以提供有关语言网络中不同脑区间功能连接的有价值的数据。我们将依次讨论这两种方法。

静息态功能连接基于如下发现：在无任务休息条件下获得的低频（<0.1Hz）BOLD 信号显示出大脑主要认知网络内的一致性活动（Biswal et al., 2007）。这些自发的低频波动被认为反映了静息状态下不受约束的认知过程（Buckner et al., 2008）。

将已知的、在功能上参与语言处理的区域设置为功能连接分析的感兴趣区，可以间接得出语言网络的功能连接与功能磁共振成像静息态之间的关系。然后，当其他脑区显示出类似的激活时间进程时，就可以对这一关系进行评估，反过来揭示功能连接。此外，静息态功能连接可以与同一参与者独立执行的、行为上的语言任务相关联，以确定该功能连接与语言的相关性。

若干论文报道了 Broca 区和 Wernicke 区内种子点间的无任务静息态功能连接（Xiang et al., 2010；Tomasi & Volkow, 2012；Bernal et al., 2015）。这些数据揭示了涉及 Broca 区和 Wernicke 区功能连接的网络，包括前额叶和顶叶脑区以及皮层下区域，如基底神经节和丘脑中的部分脑区（Tomasi & Volkow, 2012；Bernal et al., 2015）。汇集了 84 项实验数据的一则研究报道，Broca 区在语言任务中的激活显示出它与左侧额叶岛盖部、颞叶脑区后部、顶叶以及辅助运动区的功能连接（Bernal et al., 2015），这些也是我已经讨论过的、支持语言加工的语言网络中的组件区域。此外，另一项静息态研究显示，较大 Broca 区域内的三个亚区，即额下回岛盖部（BA44 区）、额下回三角部（BA45 区）和额下回框部（BA47 区）分别与颞叶皮层中的三个不同亚区（即颞上回后部和颞中回、颞中回后部下侧、颞下回后部）相连接（Xiang et al., 2010）。这些数据连同其他数据一起表明，额叶与颞叶语言区域之间存在固有连接。

另一种方法是获取独立于任务的低频波动数据以进行功能网络分析，运用该方法是基于这样一个事实：即使在依赖于任务的功能磁共振成像中，只有约 20% 的激活可以由特定任务来解释，而大约 80% 的低频波动则与任务无关（Lohmann et al.，2010）。使用不同语言研究中的低频波动功能数据表明，大脑左半球外侧皮层中存在一个所谓的默认语言网络。Broca 区内的种子点也揭示了与左侧颞上回后部的功能连接。

这些数据引出了一个有趣的问题：不同语言之间的神经语言网络在多大程度上是相同的？一项研究分析了来自 22 个研究网站的 970 个研究对象，涵盖了英语、德语、荷兰语和汉语等语言（Tomasi & Volkow，2012）。该研究的种子点在 Broca 区和 Wernicke 区内，它发现了一个包括前额、颞叶和顶叶皮层区域，以及皮层下结构（基底神经节和丘脑下核）的扩展网络（Tomasi & Volkow，2012）。分析表明，包含不同母语背景被试的各个扫描站点显示出了静息态功能网络连接的惊人相似性，这意味着固有神经语言网络可能具有某种普遍性。

与为数众多的静息态功能连接研究不同，只有一小部分研究关注语言任务下的功能连接。

其中一种方式是考察提前定义好的功能脑区之间的功能连接，被称作心理生理互动分析（psychophysiological interaction analysis）（Friston et al.，1997）。这是一种探索性多元回归分析，它详细考察了功能磁共振成像发现的感兴趣区之间的互动。在句子理解中，心理生理互动分析显示，额下回中的两个感兴趣区一同协作可以达成句子理解（Makuuchi et al.，2009）。一个是随句法复杂度（嵌套句）而变化的区域（即 BA44 区），另一个是随依存要素（主语-名词和动词）之间的距离变化而变化的区域（即额下沟）。

确定功能磁共振成像揭示的激活脑区之间信息流向的有效连接方法是动态因果建模（dynamic causal modeling）（Friston et al.，2003），它常被用于认知神经科学之中。目前，它已被运用于词汇加工（Heim et al.，2009）和句子加工（Den Ouden et al.，2012；Makuuchi & Friederici，2013）等不同水平。这里我们主要关心句子加工研究。

动态因果建模方法用以测试多个神经生理上合理但彼此互斥的模型。这里介绍的第一项动态因果建模研究采用了一项听觉加工实验的数据。该实验发现，加工句法复杂句涉及四个位于不同脑区的激活团块：额下回（BA45 区）、前运动皮层、颞上沟后部和颞中回前部（Den Ouden et al.，2012）。所有采用理论上的动态因果建模方法的测试都假定这 4 个脑区之间存在双向固有连接。优胜模型显示，额下回作为输入脑区，句法复杂度可以调制额下回至颞上沟后部的信息流，这反映出了该连接对加工句法复杂句的重要性。

另一项动态因果建模研究分析的是来自阅读实验中的数据。该实验中的句子也具有不同的句法复杂度（Makuuchi & Friederici，2013），这项研究发现了 4 个激活团块：BA44 区、额下沟（位于前额叶）、顶下皮层及颞叶皮层（这里是颞中回）。由于这是一项阅读研究，梭状回内的视觉词形区被选作起点，不同模型在以梭状回为起点的脑区间的连接上存在分异（图 4.3a）。优胜模型显示，梭状回通过顶下沟（IPS）（被认为是音韵工作记忆系统）将信息自下而上地传输至额下沟（被认为是句法工作记忆系统）。最有趣的是，信息通过两条加工流从额下回流回颞叶皮层后部：一条是从 BA44 区（被认为用来加工层级句法结构）到颞中回的直接功能连接；另一条是从额下沟经由顶下皮层到达颞中回的间接连接（图 4.3b 和图 4.3c）。因此，在理解句法复杂句的过程中，额下沟和顶下沟的工作记忆系统发挥了作用。该研究同 Den Ouden 等（2012）的研究一起为信息从额下回通过背侧通路流回颞叶皮层后部提供了首个建模证据。这些发现与 Rauschecker 和 Scott（2009）的模型相吻合，即该模型认为存在额下回到颞叶皮层的反向映射。

不过，对信息流的最终描述不应该仅仅基于动态因果建模结果（Lohmann

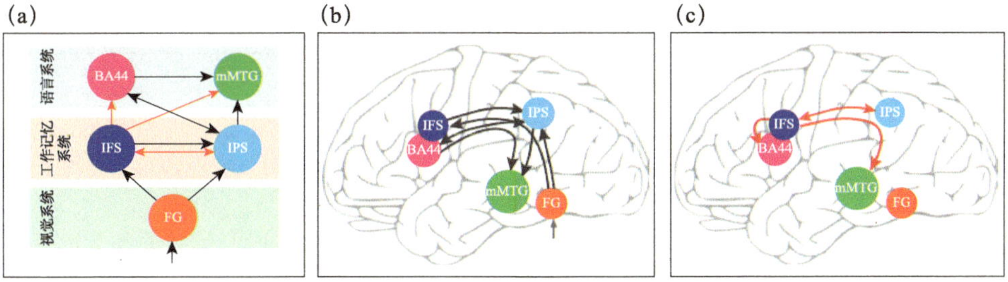

图 4.3　句子加工的功能连接。显著的固有连接以及工作记忆负担增加在连接上产生的显著调制效应。(a) 功能分异脑区［工作记忆（WM）区、核心语言区与视觉系统］及其连接的层级图。图中显示了额下回岛盖部（BA44 区）、额下沟、颞中回中部（mMTG）、顶下沟（IPS）与梭状回（FG）。统计上显著的固有连接与连接上显著的调制（效应）都由箭头表示。黑色箭头指示内生连接，红色箭头指示相关词汇之间的距离因素导致连接强度的显著上升，腹侧指向 FG 的灰色箭头表示向视觉系统的输入。(b) 显著固有连接的大脑示意图。(c) 由相关词汇之间距离因素显著调制的大脑连接示意图。更多细节详见正文。改编自 Makuuchi & Friederici. (2013). Hierarchical functional connectivity between the core language system and the working memory system. *Cortex*, *49*(9), 2416-2423. 经 Elsevier 许可

et al.，2012），因为只有较强的神经生理先验假设才能实现真实建模，但许多情况下支持先验假设的证据较弱。因此，往往采用不同方法描述功能上预先定义好的语言网络内部信息传递的动态。迄今为止，没有一种方法有资格成为黄金标准，功能连接研究大多在宏观水平上采用呈现出两个或多个脑区相关激活的功能磁共振成像或电生理数据。运用这些方法的研究表明，Broca区和颞叶皮层后部会一同工作。

人们真正想知道的是，这些与语言相关的脑区是如何协同工作的。一项有趣的研究为这些脑区间的信息流向提供了直接答案。该研究报道了皮层-皮层诱发的脑电位（Matsumoto et al.，2004）。皮层脑电图取自癫痫患者，这些患者在癫痫手术中用硬膜下电极进行侵入性监测。对每位患者采用3—21个电极进行脑电记录，患者无需完成任何任务。对Broca区的刺激产生了颞上回中部和后部、颞中回以及缘上回的诱发电位，刺激后侧的语言区域可以产生Broca区的诱发电位，不过该区域的反应并不明显。这项研究采用皮层脑电诱发电位，首次在活体内部证明了人类语言系统中脑区间的这一连接。研究者认为弓状束可能是调节Broca区到颞叶脑区后部激活的神经纤维（图4.4）。这一结论与我们稍后在图4.5中呈现的模型一致。

4.2.2 神经振荡

由脑电和脑磁图描记数据重构而来的神经振荡为走近语言网络中的神经

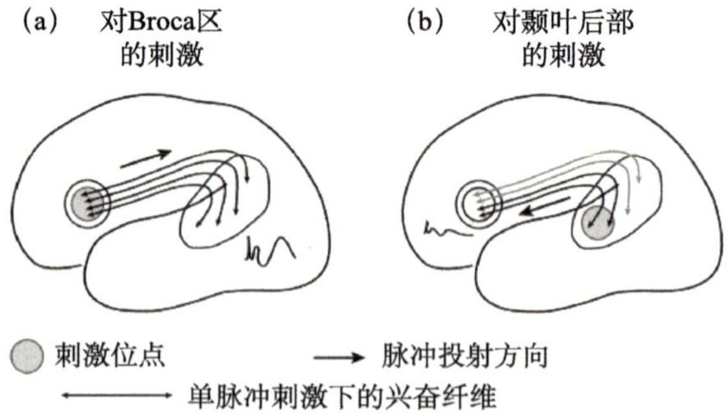

图 4.4 皮层到皮层的诱发电位。前部和后部语言脑区之间的假定连接图示说明。灰色圆圈代表刺激位点。箭头指示单脉冲刺激诱发的脉冲投射方向。兴奋纤维由粗黑线表示，非兴奋纤维由细灰线表示。转引自 Matsumoto et al. (2004). Functional connectivity in the human language system: A cortico-cortical evoked potential study. *Brain*, *127*, 2316-2330. 经牛津大学出版社许可

动态变化提供了更为直接的路径，尽管定位往往不太严格。神经元集群被认为在 30—80Hz（γ 频带）这一频率范围内通过相干（即同步）振荡的方式进行运作。然而，一般认为，更低的频带（β，15—30Hz；θ，4—8Hz；δ，0.5—4Hz）会反映出在空间上分布更广的振荡集群的相干性（Buzsáki，Logothethis & Singer，2013）。不同频带并不具备领域特异性，而是反映了一般（认知）过程。由于无法为不同频率范围内的过程提供清晰分类，人们可以最一般地假设如下频带与心智过程的关系：γ 频带被认为对信息绑定和学习很重要，β 频带被认为涉及有意识思考，α 频带被认为可以为有意识和潜意识搭建桥梁，θ 频带则与工作记忆过程相关联。脑电和脑磁图源定位分析发现，最慢的波 δ 中会出现可以定位到语言网络脑区的神经振荡（Oostenveld et al.，2011；Bastos & Schoffelen，2016）。

由振荡反映的同步活动定义的功能网络的规模涵盖许多不同的尺度。小规模的局部网络通常通过测量局部振荡信号的功率来加以识别，这种振荡信号被称为局部场电位，在采用侵入性技术或动物记录时获得，或者在用脑电图或脑磁图技术记录时作为传感器信号被采集。大规模网络通常延伸到几个有时相去甚远的皮层区域，它通过确定从头皮上不同电极或信号源采集到的振荡信号的同步性加以识别。采用相干测量，大规模网络已被发现具有包括语言功能在内的众多认知功能。

然而，集中在语言加工的神经动态变化方面的研究仍然较少，特别是那些定位振荡活动的研究。这些研究聚焦于语言加工的不同方面：音韵编码、词汇加工和句子加工。已有研究为提出适切的模型提供了初步但尚不充分的证据。在言语加工领域，在有意识音节加工过程中，听觉皮层初级和次级区域间跨半球的信息传递以同步 γ 振荡为基础（Steinmann et al.，2014）。人类听觉皮层的 γ 活动被发现能够追踪言语包络（Kubanek et al.，2013）。言语包络指的是言语声波中语音的频谱成分。相关的 γ 效应主要出现在非初级听觉皮层上，但数据表明，更高阶的加工脑区，如 Broca 区和颞上回，也存在这一效应，但程度较低。由侵入式脑电图技术获得的神经振荡活动显示，音节加工具有左侧化特征（Morillon et al.，2010）。对于词汇加工而言，实义词和功能词之间（Bastiaansen et al.，2005）以及名词和动词之间（Pulvermüller et al.，1999）的对比研究都报道过 γ 功率上的差异。

θ 范围内的振荡在涉及额下、颞-顶区域假词与真词加工对比（Strauss et al.，2014）以及词-词启动（Mellem，Friedman & Medvedev，2013）的大规模网络中被报道。θ 范围振荡在从记忆中提取词汇的研究中曾被观察到。Strauss 等（2014）研究中的假词加工可能反映了在心理词典中的强化（但并不成功的）搜索，且搜索的是那些语义无关的词。这正如 Mellem 等（2013）的启动研究所发现的，和与语义有关的词相比，这些与语义无关的词在词典中需要进行更多的搜索。

从记忆中成功提取词汇被认为与前部和后部脑区之间 β 频带相干性的提升有关（Sarnthein et al.，1998；Weiss & Rappelsberger，2000）。这些发现与如下看法相当吻合，即与记忆相关的过程（Siapas et al.，2005；Sigurdsson et al.，2010；Fell et al.，2011）和由分布广泛的皮层脑区构成的非常宽广的脑网络在 θ 和 β 频带上可以进行典型协作（Sarnthein et al.，1998；Sauseng et al.，2005；Summerfield & Mangels，2005）。Lewis 和同事最近提出，语言中的 β - γ 振荡与预期编码的关联十分密切，因为 β 效应与 ERP 中的 N400 具有相关性（Lewis & Bastiaansen，2015；Lewis et al.，2016）。

多数研究对整体句子加工过程中的皮层动态变化进行了考察（Haarmann et al.，2002；Haarmann & Cameron，2005；Bastiaansen & Hagoort，2006；Bastiaansen et al.，2010）。一小部分研究采用频率分析，对句法结构加工进行了探究。其中一项研究显示，δ 频带的神经振荡可以追踪不同层级抽象语言结构的加工，如短语和句子（Ding et al.，2015）。这些数据表明，神经激活可以反映层级语言结构（即短语和句子）的在线心理构建。该研究还进行了脑皮层电图学测量，这种测量方式可以为不同心理过程提供较好的定位。结果显示，双侧颞中回和颞上回后部以及左侧额下回支持短语和句子的加工。这一定位结果为第一章所论及的短语与句子加工功能磁共振成像研究进行了补充，表明 BA44 区在层级建构中承担重要角色（Zaccarella et al.，2015）。

另一项研究通过系统地改变加工所需的工作记忆容量来考察句法复杂句的加工（Meyer et al.，2013）。记忆任务的增加会引起左侧顶叶 α 功率的上升。先前一项功能磁共振成像研究业已发现，该脑区支持言语工作记忆（Meyer et al.，2012，2013）。还有一项研究改变了句子结构的组成部分（内嵌 / 非内嵌），代词先行词必须从中提取出来以进行句子理解。受制于句法结构的提取过程由位于左侧额叶、左侧顶叶以及双侧颞下皮层的 θ 功率上升所反映。相干分析表明，这些区域在句法加工中具有同步性（Meyer et al.，2015）。

一项考察听觉句子理解中韵律短语切分和句法短语切分相互作用的研究证明了句法知识的优势（Meyer et al.，2016）。这项研究采用歧义句，每个歧义句可以理解为两种不同的句法结构（因此语义也不同），行为上人们更偏好其中一种结构。对歧义句的最终解读依赖于同一个词后是否跟着一个韵律短语边界。δ 频带振荡分析发现，基于声学的韵律分组被将词汇分组为句法短语的内部句法偏好“遮盖”。这清楚地表明，在言语理解过程中，句法偏好可以自上而下地通过 δ 频带振荡覆盖声学线索。

当讨论基于振荡的研究时，一个显而易见的问题是，不同频带和潜在加工过程之间的关系如何？为语言加工中频带和加工类型之间的关系提供一个最终看法还为时尚早，不过已有数据与如下观点一致：支持音节和词汇加工的局部神经元集群与 γ 振荡有关；词典或记忆中的词汇提取与 β 和 θ 频率范围相关；在句子层面，α、θ 和 δ 波依赖于加工需求而起作用；记忆需求由 α 和 θ 频带振荡所反映，而 δ 频带振荡则反映出自上而下的加工过程。

在这一点上，问题就产生了：在言语理解中，不同时间尺度上和频率范围内平行发生的加工过程是如何协调与整合的？表征大脑不同子系统中音节、词汇和句子加工的，随时间而改变的“元-集群”（meta-ensembles）需要神经元集群的层级嵌套。一项近期报告可能为解决这个问题提供了方法，它证明音位和音节加工过程的振荡模式具有嵌套性，反映为 θ-γ 嵌套（Giraud & Poeppel，2012）。这些数据为大脑中如何实现神经元集群内部及集群间的动态变化提供了概览。

4.2.3 如何编码信息以进行传递？

从这里回顾的数据中我们了解到，额下与颞叶皮层中脑区的功能连接与同步振荡得到了很好的文献记载。不同脑区中的神经元集群似乎在交换信息，然而不同类型的信息——无论是语义的还是句法的——是如何被编码的尚不清楚。

我们虽然知道电位经由纤维束从一个脑区传递到下一个，但我们并不知道这些互相沟通的脑区是如何编码、解码信息内容的，这里我们只能进行猜想。神经生理学的研究已经提供了关于电位沿神经纤维从一个神经元传播到下一个神经元的详细结果，但是“内容”是如何传递的仍然是一个有待解决的问题。一种假设是，内容——不管是语义还是句法结构——是由神经元集群中众多神经元表征的，其中，每个神经元表征一项特定的特征。例如，对单词“bird”（鸟）而言，不同神经元表征的语义特征可能是有生命的、非人类的、有翅膀的等。对于信息传播来说，解码区域神经元集群中的神经元可以同时激活，即电位传播到接收脑区，这些脑区中含有相同特征的神经元就会被激活。“内容”解码需要激活编码脑区内至少一部分表征“内容”的相同特征。在解码脑区中，这些神经元必须同时激活以达成信息的成功传递。

这里针对语言描述的原理借鉴了镜像神经元原理，该原理在对猴子的观察-行动领域得到了证明（Fabbri-Destro & Rizzolatti，1996；Fogassi et al.，2005）。研究发现，当猴子观察一个动作时，不仅视觉系统的神经元得到激活，运动皮层内的神经元也得到了激活，虽然猴子只是观察而并不执行这个动作。与给定的、以视觉方式呈现的动作特定特征相关的镜像神经元尚未被识别，人们推测：神经元的镜像集群表征了这一动作的全部或部分内容，这可能是网络中不同脑区之间有效沟通的一般原理。

在这里，我认为语言中存在我所说的镜像神经元集群，通过这些集群，两个不同的脑区互相沟通。为了实现神经元水平的成功交流，一定存在表征编码和解码区相同特征的部分神经元的充分激活。并非所有表征同一给定概念的神经元都会同时被激活，即使在这一看似合理的生物学条件下，这种特征激活的部分重叠仍可以保证信息沟通。不过，特征的不充分重叠有时的确会导致理解上的错误。

这里的一个潜在原理是，如上所述，镜像神经元的共同编码使脑区间的沟通成为可能。不过，为了验证这一猜想，我们需要先进的电生理记录方法，以及在相关脑区中识别各自的神经元和镜像神经元的可能性。目前，这些方法可能还没有，但也许会在将来出现。

4.2.4 小结

功能连接分析为不同脑区如何协同工作提供了信息，这些分析使我们可以说明哪些脑区会协同工作，且这些脑区之间的信息流向如何。此外，神经振荡允许我们细化局部和较大神经回路激活的时域。在本节，我们回顾了证明额下回和颞叶皮层后部之间存在功能合作的研究，现有数据与揭示这些脑区间强白质连接的结构连接数据相吻合。

4.3 神经语言回路

在本书的第一部分，我根据发生在听觉感知到句子理解进程中的不同子过程描述了神经语言网络。我们识别了这些子过程的时间进程，也在额-颞网络中定位了每个子过程。在第二部分，我首先展示了语言相关脑区的结构连接，并讨论了不同的腹侧、背侧纤维束及其可能对应的语言相关功能。接着，我结合白质纤维束，讨论了关心语言相关脑区间信息流动的现有研究。在这一节，我提出了一个整体的皮层语言回路模型，同时考虑到了前三章的相关发现。

语言回路起始于自下而上、输入驱动的过程，结束于自上而下的控制过程（图4.5）[1]。自下而上、输入驱动的过程从听觉皮层行进到颞上皮层前部，

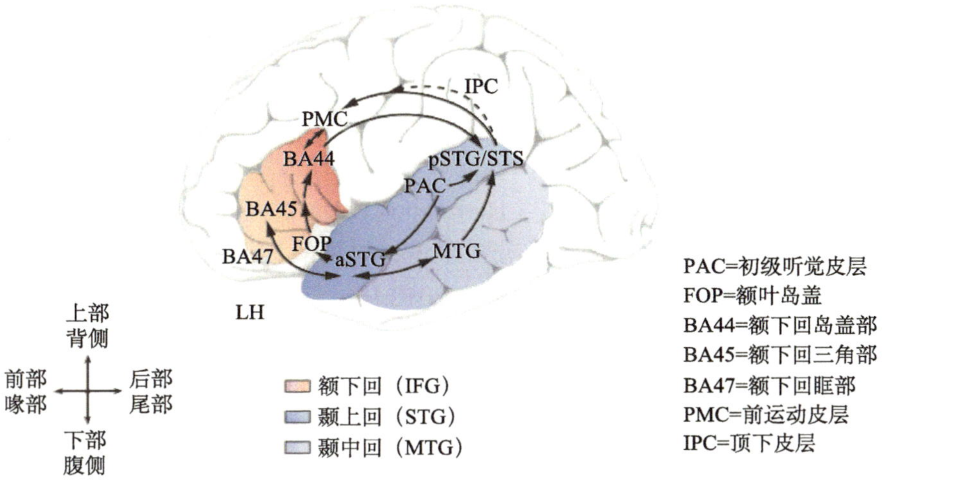

图 4.5 语言网络内的动态性。大脑皮层上的语言回路（大脑左半球示意图）。涉及语言加工的主要脑回由颜色进行编码。在额叶皮层，3 个[1]与语言相关的脑区被加以标记：从细胞构筑上定义的三个 Brodmann 分区（Brodmann，1909）（BA47、BA45、BA44 区）、前运动皮层（PMC）和位于腹侧的额叶岛盖（FOP）。在颞叶和顶叶皮层，下列脑区被进行标记：初级听觉皮层（PAC）、颞上回（STG）和颞上沟（STS）前部（a）与后部（p）、颞中回（MTG）和顶下皮层（IPC）。黑色实线示意这些区域之间的直接通路。黑色虚线指示由 IPC 中介的 pSTG/STS 与 PMC 之间的间接连接。箭头指示这些脑区间假定的主要信息流向。在听觉句子理解进程中，信息流以 PAC 为起始，流向 STG 前部，并通过腹侧连接流至额叶皮层。沿着腹侧连接、从 BA45 区到 STG 和 MTG 前部的反向投射被假定为支持语义领域自上而下的加工过程，而自 BA44 到 STG/STS 后部的背侧反向投射则被认为可以促进与语法关系指派相关的自上而下的加工过程。从 PAC 经由 pSTG/STS 到 PMC 的背侧通路被认为可以支持听觉到运动的映射。此外，在颞叶皮层内部，其前部、后部脑区通过下纵束和中纵束连接，这些连接分支允许内侧颞中回信息流的往返。改编自 Friederici. (2012). The cortical language circuit: From auditory perception to sentence comprehension. *Trends in Cognitive Sciences*, *16*, 262-268. 经 Elsevier 许可

① 本节内容主要基于 Friederici（2012，pp. 262-266）的研究。
② 原文为“4 个”，但原文中实际给出的是 3 个脑区。——译者注

然后从那儿进入前额皮层，而自上而下、受控、预测性的过程则从前额叶皮层走回颞叶皮层，这样就构成了皮层上的语言回路。

4.3.1 颞叶皮层中的自下而上过程：从听觉感知到词汇与短语

听觉语言理解过程的早期阶段是听觉感知。声学-音系分析以及音位加工都在左侧颞上回中部进行（Obleser et al.，2007；Leaver & Rauschecker，2010），它位于初级听觉皮层所在的 Heschl 回的外侧。听觉呈现词汇的加工在左侧颞上回内、Heschl 回的前部区域，该区域被认为与加工听觉词形（即词的音系形式）有关（Binder et al.，2000；Cohen et al.，2004；DeWitt & Rauschecker，2012）。神经生理证据表明，识别词形的词汇状态（真词对假词）极为快速（50—80ms）（MacGregor et al.，2012），对词汇句法类别错误的初始反应也是如此（40—90ms）（Herrmann et al.，2011），这可能与特定形态的词形识别有关。脑磁图源定位分析报道，早期的词汇识别效应由左外侧脑源与右侧颞叶支持（MacGregor et al.，2012）。

一旦音系词形被识别，它的句法和语义信息也必须在下一阶段被提取。词汇可以分门别类地聚合在一起。词的句法类别信息允许句法短语的初始构建。基于神经生理数据可知，这些短语结构构建过程位于颞上皮层前部，且发生在 120—150ms。它们发生于词类信息识别之后，是早期自动化的句法加工过程（Friederici et al.，2000；Shtyrov et al.，2003；Herrmann et al.，2011）。采用句法违反范式的功能磁共振成像研究报道过颞上回前部（在短语结构构建中）的参与（Friederici et al.，2003），采用自然聆听范式的研究也做过类似报道（Brennan et al.，2012）。有研究认为，在成人大脑中，这些过程可以十分短暂，因为一旦遇到短语中心词（如限定词、介词），颞上回/颞上沟前部表征的不同短语结构模板（如限定词短语、介词短语）就会自动被通达（Bornkessel & Schlesewsky，2006）。（以往研究）观察到的从初级听觉皮层到颞上回/颞上沟前部、从音位到词乃至短语加工这样的由后向前的梯度在近年来的一项元分析中也得到了支持（DeWitt & Rauschecker，2012）。

大批文献曾涉及单个词汇义信息的加工（Démonet et al.，2005；Patterson et al.，2007），这里只考虑句子理解必需的词汇-语义通达和整合过程。词汇语义通达出现得较早，即在词汇识别之后 110—170ms，而众所周知的 N400 效应（350—400ms）则被认为反映了受控过程（Brown & Hagoort，1993；Chwilla et al.，1995；MacGregor et al.，2012）。在句子语境中，这些由相较于高完形概率而言的低完形概率词汇诱发的词汇-语义语境效应通常被报道出现在 350—400ms，起始于 200ms（Binder et al.，2009）。在功能磁共振成像研究中，词汇-语义过程主要在颞中回被观察到，尽管这些过程并不只限于该脑区，它们还包括大脑左、右半球的联络皮层（Binder et al.，2009）。句子水平的语义过程更难以定位，它们似乎涉及颞叶前部以及颞叶皮层后部和角回（Obleser et al.，2007；Lau et al.，2008）。语义加工中前部和后部脑区的具体功能仍存争议（Patterson et al.，2007）。

由于颞叶前部参与句法信息和至少句子水平的语义信息的加工，这一神经解剖区域的功能被认为反映了一般的组合过程（Hickok & Poeppel，2004，2007；Humphries et al.，2006），这些过程是后续短语结构构建以及语义加工的必要步骤。因此，句法相关信息与语义信息一起由颞上回前部传输到额下皮层以进行更高阶的运算。

4.3.2 从颞叶到额叶皮层：走向更高阶的运算

句法和语义过程都涉及额下皮层，它可以从细胞和神经受体构筑上分成不同的亚区（Amunts et al.，1999，2010）。在额下皮层中，额叶岛盖和额下回岛盖部（BA44 区）似乎参与句法过程，而额下回三角部（BA45 区）和额下回眶部（BA47 区）似乎支持语义过程。为了进一步进行语言加工，信息必须从颞叶皮层传输到负责后续加工的额下皮层之中。

关于句法，大脑系统必须处理更高阶的结构方面的信息以建立不同短语之间的语法关系。这些短语由颞上回前部、额叶岛盖和 BA44 区最腹侧部分传送而来。最近有研究证明，额叶岛盖涉及汇集词汇而不关心其中任何句法结构，而 BA44 区最腹侧的部分则在需要构建句法层级时起作用，即使只需要构建最低的层级（Zaccarella & Friederici，2015a）。在更复杂层级的情况下，即在具有非常规表层结构的句子（如宾语居先句）的情况下，层级中的短语论元还必须实现重新排序，这一过程由额下回内的 Broca 区支持（综述见 Friederici，2011）。本书第一章回顾的句法复杂性方面的研究表明，BA44 区和 BA45 区后部都存在激活。可见，对清晰标记的短语进行重新排序主要涉及额下回岛盖部（BA44 区），而对由从属句部分移位而来的论元的再分析则需要与 BA44 区邻接的 BA45 区后部参与。

在句子语义方面，加工系统必须处理不同名词短语论元与动词之间语义和题元关系的适切性。一般而言，语义方面会激活额下回更前端的部分，即 BA47 区和 BA45 区前部，尤其是词汇加工过程受到策略性控制之时（Rodd et al.，2005；Newman et al.，2010），抑或是当句子语义语境被检查之时

（Obleser et al.，2007；Newman et al.，2010；Price，2010）。

为了在额下回实现更高阶的句法和语义过程，作为这些运算基础的信息必须从颞叶皮层前部通过结构连接传递到额下皮层（Hickok & Poeppel，2004，2007；Friederici et al.，2006；Anwander et al.，2007；Friederici，2009a；Weiller et al.，2011）。有两条腹侧纤维束连接着颞叶与额叶皮层——钩束，它连接位于腹-内侧的额叶岛盖和颞叶皮层前部以及颞极；IFOF 连接位于更外侧的 BA45 区、BA47 区与颞叶、枕叶皮层（Anwander et al.，2007；Weiller et al.，2011）。语义信息似乎由颞叶皮层经腹侧通路传递至额下回前部，即通过 IFOF 到 BA47 区和 BA45 区。功能磁共振成像和弥散加权磁共振成像（弥散磁共振成像）的组合研究为这一假设提供了间接证据，而最直接的证据则来自对患者的研究（综述见 Hickok & Poeppel，2004；Weiller et al.，2011）。然而，句法信息则可能通过腹侧连接从颞上回 / 颞上沟前部传递到额叶岛盖，这在一项功能磁共振成像、弥散磁共振成像的组合研究中得到了证明（Friederici et al.，2006a），句法信息从额叶岛盖再传递至进行更高阶句法运算的 BA44 区（Grodzinsky，2000；Friederici et al.，2006；Weiller et al.，2009）。基于这些发现，我们可以假设，在句法加工的颞-额网络中，最初短语句法结构加工涉及颞上回前部，之后涉及在腹侧由额叶岛盖调节的 Broca 区后部（BA44 区）。语义加工的腹侧系统被认为涉及颞中回、颞叶前部和 Broca 区前部（BA45 区）。

关于从 BA47 区到 BA44 区的整个额下回区域作为一个统一空间是否可以支持信息整合已有了一些讨论（Hagoort，2005）。有趣的是，实证研究表明，语义和句法信息的互动、整合不仅仅包括额下回，还涉及颞叶皮层后部（Kuperberg et al.，2000；Friederici et al.，2009；Snijders et al.，2009）。那么，是否每个区域都支持整合？如果是，它们是否以高度互动的方式协同进行整合？这些仍然是有待解决的问题。

4.3.3 自上而下的过程：从额下皮层回到颞叶皮层

在这里，我们假设颞叶皮层后部支持短语与句子中最终的语义 / 句法整合（Bornkessel et al.，2005；Newman et al.，2010；Friederici，2011），因此这个区域必须接收来自作为核心句法脑区的 BA44 区（Kuperberg et al.，2000；Friederici，2011）以及语义脑区（Vigneau et al.，2006），即 BA45 区或 BA47 区（Upadhyay et al.，2008；Newman et al.，2010）、角回（Humphries et al.，2006，2007）和颞中回（Vandenberghe et al.，2002）等区域的信息输

入。这些信息可能通过已有的结构通道进行流动（见第 3 章）。

在句法加工中，BA44 区和颞叶皮层后部在理解句法复杂句时的激活（Bornkessel et al.，2005；Friederici et al.，2009）引出了一个问题，即这些脑区在功能上是如何关联的？有研究认为，BA44 区在句子运算过程中起着特定作用，即创造论元层级（Bornkessel & Schlesewsky，2006；Friederici et al.，2006）。一个长期存在争议的问题是句法复杂句的加工是否需要工作记忆的支持，特别是位于顶叶皮层的"音系工作记忆系统"（phonological working memory system）。目前，有证据表明，句子中对论元的句法重新排序位于 BA44 区，而句子加工中音韵工作记忆的加工则位于顶叶皮层（Meyer et al.，2012）。这些区域之间的必要结构连接由部分上纵束和弓状束（上纵束 / 弓状束）所提供（Makris et al.，2005；Meyer et al.，2012）。额下回后部的一个重要功能可能是为颞叶皮层，即颞上回 / 颞上沟后部传递句子中即将到来的信息的句法和语义预期。

当一个词因给定先前句子语境而其语义可预测性较高时，角回就会在句子加工中被激活（Obleser et al.，2007；Obleser & Kotz，2010）。当一个动词和它的直接宾语论元之间的预期较低，因而词汇整合较困难时，颞上回 / 颞上沟后部就会被激活（Obleser & Kotz，2010）。此外，颞上回 / 颞上沟后部经常被报道与 BA44 区发生脑活动的共变（Obleser & Kotz，2010），而角回则通常与额下回前部（BA47 区）以及左外侧、内侧额上回发生共变（Obleser et al.，2007；Uddin et al.，2010）。另外，在基础的单词组合层面，角回被报道与额下回（BA45 区 /BA47 区）和颞叶前部一同被激活（Bemis & Pylkkänen，2013；Molinaro et al.，2015）。在功能上，这意味着超越单词水平的语义过程可能部分依赖于语义网络，该网络以腹侧通路和一部分背侧通路为基础（Obleser et al.，2007）；相反，基于句法预期的动词-论元关系可能主要涉及背侧通路（Obleser & Kotz，2010）。动词-论元加工与颞上回 / 颞上沟后部的激活相关这一发现与以往研究一致（Friederici et al.，2003；Bornkessel et al.，2005）。然而，到目前为止，文献并没有提供强有力的证据来说明这些后部区域的激活是颞叶皮层内部信息传递的结果，还是由额下回也提供了信息造成的。从结构上看，信息大概可以从初级听觉皮层出发，既可以传递到颞上回前部，也可以传递到颞上回后部，因为颞上皮层内存在两条短程纤维束：一条从听觉皮层走向颞上回前部；另一条从听觉皮层走向颞上回后部。这些纤维束被证明在听觉加工方面存在功能相关性（Upadhyay et al.，2008）。

从初级听觉皮层到颞上回后部的信息传递功能可以在自下而上和自上而下过程的整合中看到。这种基于先前句法信息的自上而下的预期并不考虑特定的一个词，而是考虑一类特定的词（Friederici & Frisch，2000）。这些预期可能通过连接额下回后部（BA44 区）到颞叶后部整合皮层的上纵束 / 弓状束这样的背侧通路来实现自上而下的传递（Rodd et al.，2005；Friederici et al.，2006），该通路既可能是直接的背侧连接，也可能是由顶叶皮层中介的间接的背侧连接（Catani et al.，2005）。

句子加工的动态因果建模有助于判定假设的信息流是否有效。一项采用听觉句子加工实验数据的动态因果建模研究（Den Ouden et al.，2012）提出了一个模型，它以额下回作为输入端，句法复杂度可以调制额下回至颞上沟后部的信息流。另一项采用改变句子句法复杂度的阅读实验数据的动态因果建模研究（Makuuchi & Friederici，2013）表明，存在额下回到颞叶皮层后部自上而下的信息流，其中，一条直接功能连接源自 BA44 区，另一条是源自额下沟、经过顶下皮层的间接连接。

在当前的模型中，语义信息具体如何传送至颞叶皮层后部进行整合还有待研究。至少存在两条可能的加工流：第一，如果假设额下回前部的功能在于调制颞中回词汇表征自上而下的语义提取过程（Lau et al.，2008）是成立的，那么语义信息就可以从 BA47/45 区经由腹侧通路、通过 ECFS 传输至颞叶皮层后部（Saur et al.，2008），其他额外信息则通过中纵束（Saur et al.，2008）在颞中回词汇-语义系统中汇集而来（Tyler & Marslen-Wilson，2008）。第二，语义信息也可能在 BA47/45 区内进行加工，并在额下回 BA44/45 区内同句法信息一起进行整合（Hagoort，2005）。如果情况确实如此，那么语义信息就可以从额下回通过上纵束 / 弓状束传输至角回和颞叶皮层后部。

4.3.4 小结

这里构拟的语言回路被概念化为颞-额网络，其中，在早期，输入驱动的信息从听觉皮层沿着腹侧通路到达额叶皮层，进行自下而上的加工。语义信息抵达额下回前部，句法信息则到达额下回的后部。额下回前部被认为可以调制自上而下至颞中回的受控词汇-语义通达过程，并调制通过顶叶皮层至颞叶皮层后部的语义预期。额下回后部则被认为支持短语与论元的层级化，它也可能经由背侧通路来调制有关动词-论元的预期，该通路通向发生句法和语义信息整合的颞叶皮层后部。

第三部分

在本书的前两部分中，我在阐释语言网络时重点关注的是成熟的大脑。在第三部分，我将把重点放在语言习得与大脑之间的关系上。无论是在出生早期学习我们自己的母语，还是之后晚些时候学习一门外语，我们都会看到习得年龄是语言习得领域探讨的重要议题。

早在 1967 年，语言习得存在关键期的观点由就 Eric Lenneberg 最先提出，自那时开始这个观点一直备受关注。母语习得过程中存在怎样的关键时窗，直到现在仍在争论之中，在第二语言习得领域也是如此。

在接下来的两章中，我们将看到语言习得进程遵循一个“固定程序”，这个程序独立于语言输入的模态，无论是听觉的（如在常规的语言习得条件下）还是视觉的（如在手语条件下），只要手语输入是早期提供的，这种情况就成立。同样，只有在习得年龄较早时，第二语言的习得才能以“母语式”进行发展[①]。我将在第 5 章综述相关证据，并探讨语言习得的关键期和敏感期问题。第 6 章主要探讨语言网络的个体发育，将描述从出生到幼年时期语言发展和大脑成熟之间的关系，并基于这些证据在该章最后提出语言网络的个体发育模型。

① 在当前语境下，“母语式”这一术语指的是二语习得大脑结构与常规语言学习条件下观测到的相似。

第 5 章　语言习得的大脑关键期

语言学习是否存在关键期，许多想学外语的人对此问题很感兴趣。正如我们所知，如果年龄较大时才学习一门外语就会很困难。为什么第二语言学习在出生早期似乎很容易，但随着年龄的增长却变得越来越困难？对于这个问题一直争论不断。我们可以合理地假定，这是由于神经生物学的限制，它决定了大脑可塑性的时间窗口。在这种背景下，相关讨论通常聚焦在出生早期所谓的语言习得关键期，以及如果该关键期存在何时会结束等问题上。

人们认为，婴儿出生后的前三年确实是生命中的一个关键期或敏感期，在此期间人类学习一门语言毫无障碍。在这个关键期之后，语言习得变得困难起来。支持语言习得关键期的论点认为，与成人学习一门新的语言相比，婴儿和儿童的语言学习更为容易。

我们对于语言领域上述行为事实的神经生物学基础所知甚少。感知范畴的这种关键期在动物研究中早已得到证实（Hubel & Wiesel，1962），直到最近，分子水平的动物研究才开始揭示在细胞水平上控制关键期开始和结束的生物机制（Hensch，2005）。对于人类的认知领域，比如，语言，敏感期背后的生物机制却仍然成谜。目前，我们只能立足宏观水平描述上述关键期和敏感期。

在语言领域，Lenneberg（1967）第一个提出了语言习得的成熟化模型，认为语言习得的关键期大概在青春期开始的时候结束。现在的研究者观测到了关键期早在6岁或不迟于6岁时终止，尤其是在句法习得方面。然而，也有学者认为，母语式句法习得的关键期结束得更早，大约在 3 岁（Weber-Fox & Neville，1996；Meisel，2011）。神经生理学和行为证据表明，在出生后 3 年内学了第二语言的人，其长大后在语义或句法任务的表现上与母语学习者没有差别（Weber-Fox & Neville，1996；图 5.1）。那些在青春期后学习第二语

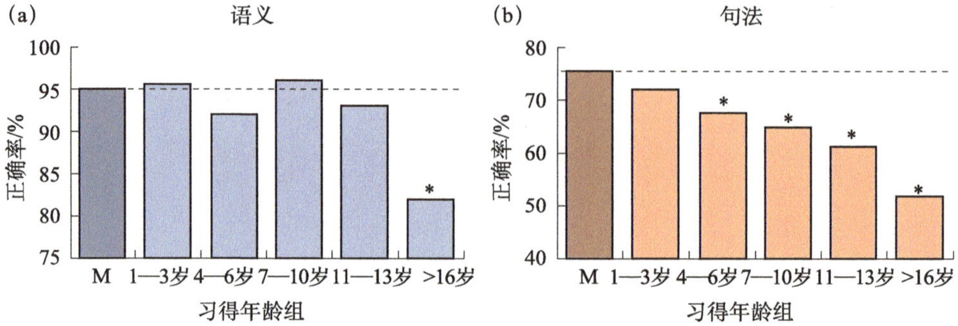

图 5.1 以习得年龄为自变量的行为上的语言表现结果。单语者（M）和不同第二语言（这里指的是英语）习得年龄的双语者在（a）语义任务和（b）句法任务上的行为表现（* 指的是该组双语者与单语者统计上具有显著差异）。改编自 Rösler. (2011). Psychophysiologie der Kognition: Eine Einführung in die Kognitive Neurowissenschaft. Heidelberg: Spektrum Akademischer Verlag; Weber-Fox & Neville. (1996). Maturational constraints on functional specializations for language processing: ERP and behavioral evidence in bilingual speakers. *Journal of Cognitive Neuroscience*, *8*(3), 231-256. © 1996 麻省理工学院

言的人，其成人后在语义任务上与母语者没有显著差异，但是在句法任务上表现更差。3 岁之后习得第二语言的人在所有句法任务中的表现都明显更差（Meisel，2011）。这些发现均符合语言学习存在关键的、最敏感的时期这一假设：①从出生到 3 岁，第二语言的学习在句法和语义方面都与母语相似；② 3 岁以后的习得在语义上与母语相似，但在句法上已不同于母语；③青春期后的第二语言似乎不能按母语的方式习得。这些研究结果表明，人类大脑对语言输入的反应在出生后最初几年的关键期内最为灵敏，无论是一种语言或两种语言，也无论是听觉语言或手语。

5.1 第二语言学习的神经生理学

第二语言学习的相关研究，一方面在于对一般意义上的语言学习关键期的科学论争；另一方面也是为何时以及如何学习第二语言与实施语言教学最为有效等问题提供教育上的解决方案。现有的研究大多以双语成年人为研究对象，因此这些问题的答案仍未确定。

成人双语研究中普遍存在的一个问题是，事实上，想要复原语言学习的

个体历史几乎是不可能的，尽管这一历史可能对其日后的语言熟练度及其神经表征至关重要。对于坚实的科学分析来说，重要的是要知道在什么条件下和在发育的什么时候第二语言被学习、第二语言使用强度有多大以及在出生后的最初几年里语言输入发生了什么变化等。因此，尽管研究人员控制了这些重要因素中的一个或另一个，但他们总不太可能记录所有感兴趣的因素。大多数关于双语的研究或是关注习得年龄这一因素，或是关注熟练度因素，抑或是两者都关注。另外，一些研究为了能够直接控制输入，则考察了成年人对一种全新语言的学习。然而，如前文所述，出生最初几年的语言学习可能与成年时期的语言学习有所不同。因此，对成人语言学习的研究将往往一并采用上述两种方法，并提供了关于大脑发育和成人大脑如何实现语言学习的有趣结果。

电生理学和功能磁共振成像研究都对第二语言加工的大脑基础进行了考察，这些研究阐释了大脑在什么时候与何种条件下能为学习一门外语做好准备[①]。

5.1.1　时间进程：ERP 研究

以双语成年人为研究对象的电生理学研究大多使用了能够在单语者中产生清晰 ERP 效应的语言材料。这些效应包括反映语义违反的 N400，反映词类违反的 ELAN-P600，以及反映形态句法违反的 LAN-P600（见第 1 章）。

Weber-Fox 和 Neville（1996）进行了一项开创性研究，通过比较不同年龄开始习得第二语言（英语）的成年双语者的多个 ERP 成分来探讨语言习得的敏感期。句子加工过程中记录的 ERP 结果显示，习得年龄与句法加工过程之间存在密切的联系：如果儿童在 3 岁以后开始学习第二语言，对句子句法违反的加工就会产生影响，而语义违反受习得年龄的影响较小。这些电生理学研究发现与行为研究结果一致，表明语言中句法和语义的学习存在不同的关键期。

类似的发现在使用不同语言的其他 ERP 研究中也有报告。以日语母语的德语晚期学习者为研究对象，语义违反句明显产生了与母语相似的 N400，而常见于句法短语结构违反产生的典型成分（即 ELAN 和 P600 成分）则没有在晚期学习者身上出现（Hahne & Friederici，2001）。同样地，以俄语母语的德语晚期学习者为研究对象，语义违反产生了 N400（尽管略有延迟和减弱），

① 本节部分参考了 Friederici 和 Wartenburger（2010）的研究。

句法短语结构违反产生了延迟的P600，但没有出现ELAN成分（Hahne，2001）。已往研究证实，ELAN反映的是早期的自动加工，而P600反映的是晚期的控制加工（Hahne & Friederici，1999），因此缺失的ELAN表明晚期学习者句法加工过程并未实现自动化。这一结论得到了一项ERP研究的支持和扩展，该研究区分了被试英语习得的不同年龄，但匹配了其相同的语言熟练度（Pakulak & Neville，2011）。研究发现，与英语母语者不同，晚期学习者没有显示出LAN，只有P600。这些结果表明，句法加工过程神经表征的习得要处于敏感期内，不依赖于日后语言使用上的熟练度。

然而，这一观点受到了来自另一项研究的质疑。该研究大致表明，即使在成年期学习一门新语言，也会产生类似于母语者的ERP模式。在这项研究中，成人接受人工短语结构语法的训练（Friederici et al.，2002），这种语法叫作BROCANTO，其遵循自然语言的语法规则，但每一句法类别（名词、动词、限定词、形容词、副词）内部的成分（即词汇）都非常有限，以便于学习。

这种人工语言的熟练使用者（95%正确率）在规则违反时出现了早期前部负波和P600，而未经训练的使用者则没有出现上述成分。这一发现表明，至少在极为熟练的情况下，其ERP模式看起来会与母语者相似，但并不完全相同。这项研究观测到的早期前部负波并没有左侧化，这更大程度上可能说明了其内在加工过程尽管与母语者类似，但仍有所不同。

通过考察高熟练度和低熟练度德-意双语者的句法违反，有研究发现，在高熟练度的德-意双语者中，较晚学习第二语言的人出现了早期前部负波和P600（Rossi et al.，2006）。同样地，该研究发现的早期前部负波也没有左侧化。一方面，这些结果可能会挑战句法加工习得的关键期较早且短暂这一观点；另一方面，需要注意的是，后两项研究显示的是双侧化的早期前部负波，而不是在母语者中经常观察到的左侧化的ELAN/LAN，因此表明熟练的双语者和母语者之间尽管句法加工过程相似，但不完全相同。

第二语言学习方面不同的ERP研究结果表明，以N400为指标的语义违反加工受到习得年龄和熟练度的影响较小，而句法违反加工及其ERP指标则取决于习得年龄和熟练度水平等多种因素。

另外一些ERP研究使用同样的方法监测了成人的外语学习。其中一项研究表明，与句法方面相比，大脑至少在语义方面具有快速的可塑性（McLaughlin et al.，2004）。研究者观测到，以英语为母语的法语学习者迅速出现了N400成分。仅仅是在14小时的课堂教学后，通过N400效应已发现大脑能区分这门新语言的真词和假词，而行为指标上的学习效应要在 63 小时的课堂教学后才能被首次观测到。Osterhout 等（2006）提出，外语中形态句法方面 ERP 成分的发展取决于母语和第二语言之间的相似性与相关形态结构在语音上的实现。其 ERP 数据显示，最初类似 N400 的反应是由形态句法的违反引起的。然而，随着熟练度的提高，该成分被 P600 取代。这种 ERP 模式的形成可能是因为在学习过程的开始阶段，形态句法结构是以词汇的方式存储的，作为整体单元记忆而非分解式记忆，而基于规则的加工过程直到学习的后期才会发生（Osterhout et al.，2006）。

词汇学习（语义）和规则学习（句法）之间的根本区别已经由 ERP 研究（De Balaguer et al.，2007）和功能磁共振成像研究（见下文）证明。在 ERP 研究中，被试要学习人工语法，其 ERP 模式的变化与被试是否能发现呈现的三音节词背后的结构规则密切相关。一旦学会了这些规则，它们的违反就会引起早期前部负波，随之是晚期正波（P600），这与 Friederici 等（2002）观察到的模式类似。明显的基于词汇的学习效应则反映在对 N400 波幅的调节上（De Balaguer et al.，2007）。

至少对于成人来说，最初的语言学习是基于词汇的，并且反映在类似 N400 的 ERP 成分中。这一观点得到了关于成人学习新语言中句法依存关系的诸多研究的支持（Mueller et al.，2009；Friederici et al.，2013）。这些研究表明，第二语言学习者在短时间学习后句法违反引起的是 N400 成分，但在更长时间的持续学习后则会形成类似于母语者的 N400-P600 模式（Citron et al.，2011）。此外，这一观点也得到了使用功能磁共振成像技术的一项学习研究的支持。该研究表明，在最初的学习阶段，基于项目学习的大脑系统（海马体）参与其中，而后与句法相关的大脑系统（Broca 区）开始发挥作用（Opitz & Friederici，2007，见下文）。

5.1.2 定位：fMRI 研究

在第二语言学习情境下，人们经常会想到这样一个特别的问题：第二语言在大脑中的表征方式是否与第一语言相同？在对成人二语习得进行实验研究时，同样需要考虑两个主要因素——习得年龄和熟练度，因为语言表现和大脑激活显然是这两个因素相互作用的结果。有一些学者的研究分离出了这两个因素并分别加以操纵，但非所有学者都这样做。

关于第二语言加工的首项功能磁共振成像研究主要关注二语者在加工不同语言时是使用相同还是不同的大脑系统。这项研究（Kim et al.，1997）发现，如果第二语言学习较晚，在句子生成过程中两种语言的激活脑区会在左侧额下皮层出现分离，而早期双语者则出现区域重叠。然而，其他研究表明，在控制熟练度后，早期和晚期双语者的大脑激活模式却是相似的，由此可见，熟练度和习得年龄这两个因素在考察第二语言学习的大脑架构时具有至关重要的作用（Chee et al.，1999；Perani et al.，1998）。

在接下来的几年里，许多神经成像研究比较了双语者和单语者的大脑激活情况。这些研究没有系统地改变不同的习得年龄或熟练度。一项功能磁共振成像研究考察了俄语-德语晚期双语者在加工语义和句法违反句时与无违反句加工对比下的大脑激活模式，并将其与德语母语者进行了比较（Ruschemeyer et al.，2005）。在语义条件下，两组被试之间没有激活差异，但发现了激活重叠。然而，在句法条件下，与单语者相比，双语者左额下回的激活程度提高，这表明双语者更强地调用了该脑区。另一项研究呈现的是正确句及句法复杂度不同的句子，结果也发现西班牙语-英语双语者在左额下回（Broca 区）的激活程度显著高于英语单语者（Kovelman et al.，2008）。这些研究表明，双语者比单语者在加工句法方面表现出更多的激活，特别是在左侧额下回。

然而，最近一项研究并没有直接证实这一关于左侧额下回激活的结论。该研究在一项理解实验中使用了两种不同的任务——语义判断任务和语法判断任务，研究对象分别是高度熟练的加泰罗尼亚语-西班牙语双语者和西班牙语单语者（Román et al.，2015）。在这两个任务中，双语者在左侧颞叶皮层比单语者显示了更多的大脑活动，但在左侧额下回两者却没有激活差异。然而，根据 Jasinska 和 Petitto（2013）的研究，上述两项研究在额下回中所得到的不同结果可以通过习得年龄这一因素来解释。这两位研究者发现，与早期双语者（出生时学习第二语言）和单语者相比，较晚的西班牙语-英语双语者（4 岁后学习第二语言）在额下回的激活更多。由此看来，在出生早期学习第二语言的双语者，其大脑激活比在出生晚些时候学习第二语言的双语者更接近于单语者。

除了习得年龄这一因素外，研究中双语者掌握的两种不同语言在类型学上的近似程度可能也起作用。Román 等（2015）的研究考察的加泰罗尼亚语、西班牙语比英语、西班牙语在词汇领域存在更多重叠，这可能导致在前者情况下两种语言之间有更多的干扰。因此，可能需要控制性加工来避免另一语言的干扰。这可以解释为什么与单语者相比，高度熟练的加泰罗尼亚-西班牙双语者比英语-西班牙语双语者在额下回表现出更多的激活。

熟练度是双语研究的另一个关键因素，因为很少有人的第二语言比第一语言更为熟练。大部分情况下，多数研究报告熟练度和大脑激活之间呈负相关；也就是说，熟练度越高（即越像母语者），大脑在加工认知需求较高的第二语言时的激活程度就越低。这体现在一系列不同任务下的额-颞脑区激活，比如，词汇生成任务、语义或韵律匹配任务、句子理解任务（综述见Abutalebi，2008）。熟练度与大脑激活之间的负相关关系，或者说任务需求与大脑激活之间的正相关关系，在其他语言任务中都有体现：任务越困难或越复杂，功能磁共振成像信号越强。

关键的一点是，一些双语研究并没有对语言熟练度和习得年龄进行同等程度的控制。这就意味着高度熟练的第一语言往往会被用来与不太熟练的晚期习得的第二语言相比较。一项设计精巧的功能磁共振成像研究试图厘清习得年龄和熟练度各自的作用（Wartenburger et al.，2003）。该研究发现，词汇-语义加工中的功能磁共振成像激活程度依赖于熟练度水平：对于较晚学习第二语言的双语者来说，低熟练度双语者在左侧额下皮层和右侧额中皮层的激活程度比高熟练度者更高。相反，句法加工则更依赖于习得年龄。在句法条件下，在意大利语-德语双语者的语法判断任务中，与高熟练度的早期双语者相比，高熟练度的晚期双语者双侧额下皮层的激活程度更高。对于学习第二语言较晚的一组，其第二语言显示出比第一语言更大的激活差异；而对于较早学习第二语言的一组，两种语言之间则没有表现出这样的激活差异。尽管习得年龄和熟练度这两个因素都与第二语言的大脑激活有关，但从该研究可以得出，习得年龄（早/晚）对第一和第二语言之间神经相似性的影响比熟练度水平（高/低）更为重要。

同样地，对于词层面不规则与规则句法形态的加工，同等熟练度的晚期双语者在左侧额下皮层Broca区的激活程度比早期双语者更强，这再次表明晚期双语者句法加工调用的神经资源要多于早期双语者（Hernandez，Hofmann & Kotz，2007）。对于非常规句子的加工，高度熟练的晚期双语者也表现出第二语言比第一语言在左侧额下区域有更强的激活，而与之同等熟练度的早期双语者则表现出重叠的大脑激活模式。此外，相关研究表明，观测到的第二语言加工的激活模式既取决于第一语言和第二语言句法特征的相似性，也与两种语言习得的先后顺序有关（Saur et al.，2009；Kovelman et al.，2008）。一项研究（Bloch et al.，2009）还进一步考察了第二语言习得年龄对第三语言学习的影响。第二语言的习得年龄在三语学习研究中似乎也是一个至关重要的因素。较早学习第二语言的被试在语言产生过程中的激活模式表现出较低的变异性[①]，而较晚学习第二语言的被试在对应的语言网络中则表现出较高的变异。这些数据表明，晚期第二语言学习者的多种语言网络之间存在一定的分离，而早期第二语言学习者的多种语言之间存在着一个共享网络。

另一项研究采用静息态功能磁共振成像技术考察了两组被试不同的习得年龄对内在功能连接的影响（Berken et al.，2016）。一组被试从出生起就同时学习法语和英语[②]，另一组被试则是先后学习这两种语言[③]，即先学习一种语言，5 岁后再学习另一种语言。研究发现，对于同步双语者来说，以左侧额下回作为种子点，其与右侧额下回，包括背外侧前额叶皮层、顶下小叶、小脑等负责语言控制的脑区之间，均表现出比序列双语者更强的功能连接。对于序列双语者来说，上述功能连接与第二语言的习得年龄显著相关：越早习得第二语言，功能连接就越强。上述功能连接强调了左侧额下回及其内在功能连接在母语学习中的重要性，而且也凸显了较早学习第二语言的重要性。

在语音层面，一项有趣的功能磁共振成像研究表明，即使在没有持续输入的情况下，幼年学习的语音表征的某些方面多年之后仍然会加以保持（Pierce et al.，2014）。该研究中的 9—17 岁的儿童在其 13 个月大时从中国被领养，后来一直完全沉浸在只有法语的环境下。这些儿童被要求完成一项汉语词汇声调任务，其脑激活模式与中-法早期双语者非常相似，而与法语单语者不同。这些被收养的孩子在 13 个月后就再也没有听到过汉语，然而在完成声调任务时，他们的大脑激活与那些较早学习过汉语和法语的儿童一样。被领养儿童和双语者都激活了左侧颞上回，而法语单语者激活了右侧颞上回。通过与非母语者对比，母语者大脑左半球参与声调语言（如汉语普通话和泰语）中的声调加工这一发现早已在文献中有所报告（Gandour et al.，2000；Klein et al.，2001；Gandour et al.，2002；Wong et al.，2004）。被领养儿童和早期双语者的相似性表明，早期习得的词汇声调的音系知识及其表征在大脑中被保留下来，即使这些信息已不再被有意识地加以使用（Pierce et al.，2014）。

有一项针对两种语言的双语研究十分有趣，这两种语言在声调信息的参数是否与词义相关方面有所区别，这里的声调语言选用的是汉语，非声调语言选用的是英语（Ge et al.，2015）。研究者采用功能磁共振成像技术，基于

---

① 三种语言皆如此，包括第一语言、较早学习的第二语言和较晚学习的第三语言。——译者注
② 即同步双语者。——译者注
③ 即序列双语者。——译者注

动态因果模型进行功能连接分析。结果发现，尽管两种语言的语音加工由一个共同的额-颞网络来支持，但其功能连接模式却存在差异，表现为与英语相比，加工属于声调语言的汉语时，右侧和左侧颞上回之间的相互作用更强。

考察语言学习的另一种方式是监控一种全新语言的学习，这种语言由特定的句法或词汇创制而成。一项功能磁共振成像研究使用的是遵循自然语法（可能的语法）规则的人工语法［如前文所述，类似于 Friederici 等（2002）在 ERP 研究中使用的 BROCANTO］。在这项研究中，我们发现基于规则的学习和基于词汇的学习具有不同的激活模式（Opitz & Friederici，2004）。在最初的训练阶段之后，被试接受两种类型的违反。这里操纵的是两种变换：规则的变换和词汇的变换。在学习这些新的变换形式时，我们对大脑活动进行了扫描。词汇变换引起了左侧海马体前部的明显变化，这一系统被认为对项目学习至关重要；规则的变换引起位于比 BA44 区稍微靠后的左腹侧前运动区激活的增加。该研究中，因响应规则激活的脑区与前人的研究一致，均报告了类似的激活模式，前人的研究包括与不合语法规则相比的合语法规则的习得（Tettamanti et al.，2002）、自然语言中局部规则的违反（Friederici et al.，2003）、自然语言和数学公式加工中层级结构建立时的首层加工（Makuuchi et al.，2012）。Opitz 和 Friederici（2004）的这一研究表明，在第二语言学习中，首先有一个基于词汇的学习阶段，然后是一个基于规则的学习阶段。

在第一项关于纯句法学习的研究中，Tettamanti 等（2001）提出了一个简单的问题：学习合语法的（即可能的）和自然语言中永远不会出现的不合语法的（即不可能的）规则之间是否存在区别？成年意大利语单语者被要求学习一套由意大利语词汇组成的序列，该序列包含可能的和不可能的全新规则，例如，一个可能的规则是这样的——“冠词紧跟在它所指的名词之后”，这虽然不是意大利语的规则，却是其他语言中可能有的一条规则。然而，一条不可能的规则在任何自然语言中都不存在，比如，“冠词紧跟在句子中的第二个单词之后”。只有可能的规则激活了包含 Broca 区（BA44 区）在内的大脑左半球网络，这显示了两种规则类型在激活上有很大差异。在另一项研究中，意大利语单语者需要学习的全新语言由日语词以及可能的和不可能的规则组成（Musso et al.，2003）。同样地，在学习可能规则的这一条件中发现了 Broca 区的激活，而学习不可能的规则没有显示出该激活。

另一项功能磁共振成像研究在扫描时监测了符合语法规则的语言 BROCANTO 的学习过程（Opitz & Friederici，2003）。在这项研究中，我们监测了持续大约 1 小时的学习过程的大脑活动。最初的学习过程显示海马体激活水平高，Broca 区激活水平低，而随后的学习阶段则表现出 Broca 区激活水平升高、海马体激活水平降低的特点（图 5.2）。这些数据表明，一旦以海马体为基础的项目学习这一初始阶段结束，支持程序性加工的额叶系统就开始发挥作用。自然语言学习中上述转变的确切时间进程还有待观察，神经生理学数据表明，这可能需要数月（Osterhout et al.，2006）甚至数年（Hahne，2001；Rossi et al.，2006）的时间。

5.1.3 小结

本节综述的所有关于第二语言学习的研究都表明，当加工不止一种语言时，一个具有大量重叠脑区的单一神经系统参与其中。这一网络在加工第二

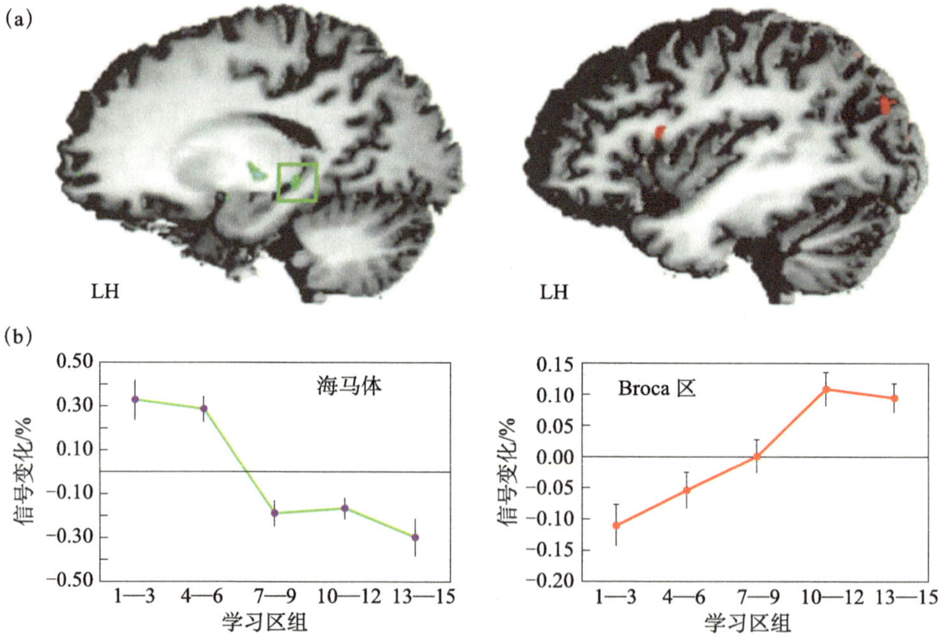

图 5.2 人工语法学习过程中的大脑激活。所要学习的语法称为 BROCANTO，符合自然语法规则。(a) 海马体（绿色）和 Broca 区（红色）的大脑激活位置。(b) 将两个脑区的信号变化作为学习时长的因变量而绘制的图（学习区组从 1 到 15）。在语法学习的过程中，海马体的激活减少，而 Broca 区的激活增加。改编自 Opitz & Friederici. (2003). Interactions of the hippocampal system and the prefrontal cortex in learning language-like rules. *NeuroImage*, *19*(4), 1730-1737. 经 Elsevier 许可

语言时的激活强度取决于习得年龄、熟练度和语言之间的相似性。神经生理学和脑成像证据表明，习得年龄主要影响双语者大脑的句法加工。越早学习第二语言，两种语言之间的神经语言网络就越相似，这对句法加工的影响最大。现有数据表明，语言学习可能会受语言特定要素[①]学习关键期的限制。

5.2 学习的关键期和敏感期：事实和思考

在各种感知觉系统中都可以清楚地观察到关键期。关键期时间窗口内系统是开放的，而且对环境输入的反应最为迅速。人们认为，该系统及其神经生物学基础依赖于负责特定感知或认知领域的神经回路的成熟（Werker & Hensch，2015）。

关键期这一术语指的是一个严格的时间窗口，在此期间，输入对正常的功能发展必不可少（Wiesel，1982），而敏感期这一术语指的是一个相对有限的时间窗口，在此期间，输入是最有效的——就如语言这样的认知功能体现的那样（Neville & Bavelier，1998）。初步证据表明，关键期或敏感期既与大脑的功能和结构变化有关，也与大脑网络水平的功能和结构变化有关。在儿童的认知发展过程中，生物属性上大脑的直接成熟在多大程度上与外部环境经历相互依赖，可以用语言的例子更为充分地予以说明。一开始，人类的语言加工系统是完全开放的，而且一定是如此，因为每个儿童都能学会他或她出生时接触的一门或多门语言。3 岁之前的儿童学会第二语言没有任何问题，如果在 3 岁以后开始学习第二语言，他们就不会以母语的方式学习第二语言的句法（Meisel，2011），这种情况下第二语言与母语的神经加工机制有所不同（Weber-Fox & Neville，1996）。即使第二语言熟练度达到较高的水平，其神经基础仍然与母语存在偏离。尽管语义方面的学习甚至在 3 岁以后也可以非常有效，但语言学习能力在青春期后呈逐渐下降态势。

有趣的是，青春期正是在青少年发育过程中人类大脑里较大神经结构的成熟趋于相对终止的时间节点。灰质——中枢神经系统的主要组成部分——从出生起就不断减少，到 10 岁以后才保持相对稳定。白质——至少是连接各脑区的长程纤维束——从出生起就不断增加，然后在 10 岁以后的几年里仍以较慢的速度继续增加。初步研究表明，灰质的减少（Fengler et al.，2016）和以各向

① 如句法、词汇等。——译者注

异性分数为指标的纤维束功能性的增加，都与语言技能（尤其是句法）的发展高度相关，并可以依此来界定敏感期（Skeide et al.，2016）。目前，还不清楚大脑灰质的减少和白质的增加之间存在怎样的关系，也不清楚这是不是可塑性和学习的一个基本原理。然而，我们知道，人类大脑的成熟程度决定了其在敏感阶段对语言的最佳习得。

在第一语言学习领域，已有研究表明，连接额下回和颞上皮层后部这两个语言相关脑区的白质纤维束的成熟性预测了语言的发展（Skeide et al.，2016）。特别是晚期成熟的连接 BA44 区和颞叶皮层后部的纤维束预测了对句法复杂句理解的表现。此外，句法加工的脑功能激活似乎只是逐渐向成人负责句法加工的脑区 BA44 区转移，只有在 10 岁以后才到达此位置（Skeide et al.，2014）。偏相关分析表明，BA44 区连同颞上回 / 颞上沟后部的激活与白质成熟度（即纤维密度、轴突直径和髓鞘化）都预测了句子理解的正确性，但是只有髓鞘强度额外地预测了句子理解的速度（Skeide et al .，2016）。这些数据将在第 6 章详细讨论。考虑到白质纤维束周围的髓鞘负责电信号的传播，髓鞘强度与句子理解的速度相关也就不足为奇了。

关于髓鞘化的作用，有研究者在最近的一篇关于髓鞘成像的文章中进行了概括（Turner，2015）。有研究表明，轴突的髓鞘化可使动作电位的传导速度加快一个数量级（Waxman，1980），从而降低传输的能量成本（Harris & Attwell，2012）。髓鞘的增加也对神经元结构有影响：它通过抑制神经突的生长来降低突触的可塑性（Ng et al.，1996；McGee et al.，2005）。据推测（与 Klaus Nave 私人交流所得），在神经元发育过程中，随着年龄的增长，髓鞘有两大功能：一是增强已建立的网络内部的传播；二是抑制目标区神经元的生长。基于这种观点，学习应该在没有髓鞘的情况下表现得最好，而确立已学过的东西则需要髓鞘的参与。因此，如果髓鞘处于较低水平，就像在未成熟的大脑中那样，那么大脑对于新的输入将具有开放性和可塑性，学习也会变得相对容易。相反，如果髓鞘水平很高，就像成人系统中的大部分纤维束一样，那么学习新东西就会更加困难。一般情况下的观察如此，语言学习情况下尤其如此。以语言为例，这意味着一旦学会一种语言，此时白质已就位且结构已固定，学习一种新的语言则需要不同的加工过程，会变得更加困难。

此外，学习过程中功能和白质结构之间的直接关系带来了另外一个预测：如果白质的增加与学习时发生的特定加工过程有关，那么我们可以预期，学会的语言不同，成人的白质结构也会有所不同，下一节我们将看到情况确实如此。

小结

白质成熟化的发育轨迹与行为上所反映出来的语言技能之间似乎存在着密切的联系。本节探讨的学习可能依赖于灰质和白质髓鞘强度之间的相互作用，未来的研究有必要证明这种观点是否成立。

5.3　神经语言网络的普遍性

手语可以将作为表征或神经系统的语言同作为输入或输出系统的言语相互分离，因此是用来评估语言和言语的完美检验平台。费迪南德·德·索绪尔（Ferdinand de Saussure）（1857—1913）用三个法语术语对语言和言语原创性地做了基本区分：language、langue 和 parole。Saussure 认为，法语词“language”指的是人类的语言；法语词“langue”指的是一种特定的语言，如法语或德语；法语词“parole”指的是言语。他在《普通语言学教程》（*Cours de linguistique générale*）（1916 年）中提出了这一区分，直到他去世后才发表出来。如今这三个术语之间的主要区别已不再成立，部分原因是有观点认为所有的语言都是建立在管辖一切语言的共同原则这一基础之上的，正如导论中讨论的“合并”。然而，语言和言语（“parole”）之间仍存在着明显的区别——语言指的是语言系统的核心，言语指的是输入 / 输出系统。这一区分具有重要的理论意义，因为它意味着语言作为人类思维的认知系统，独立于其特定模态的具体实现（Berwick et al.，2013）。

5.3.1　手语研究

手语研究为上述主张提供了来自实证研究的证据。手语提供了一种完美的检验平台，因为其输入 / 输出模态完全不同于口语。口语由发音系统表达，并由听觉系统感知。相比之下，手语是通过手部和身体的动作来表达，并由视觉系统感知。深入分析表明，手语和口语一样具有全方位的复杂性。就像口语一样，手语也有许多不同的种类，比如，美国手语、德国手语、法语区魁北克手语等。不同手语的使用者不一定能够理解彼此。这一事实首先表明，手语不应该被误认为是由形象性手势语组成的，手语有独立的抽象音系、词汇和句法。

语言和大脑之间的关系是独立于模态的①，第一个令人信服的证据来自失聪的手语母语者②（native signer）的案例报告，这些手语者是因为中风引起的左半球损伤导致了其语言缺陷（Poizner et al.，1987；Bellugi et al.，1989）。因损伤部位的不同，我们可以观察到不同的语言缺陷。包含 Broca 区的左侧额下皮层损伤会导致不流畅且费力的手语产出，其简化的句子结构有时也类似于失语法症（Poizner et al.，1987；Hickok et al.，1996）。因此，这些出生早期学习过手语的患者的手语产生模式与那些额下皮层损伤、听力正常的患者在口语产出中观察到的模式非常相似。同样，失聪和听力正常的患者在因中风引起的颞叶 Wernicke 区及部分顶下皮层损伤后，相关研究也报告了他们分别对应的手语和口语之间存在一致性（Chiarello et al.，1982；Poizner et al.，1987）。这些患者表现出流畅的手语，但与口语中的语法倒错性障碍特征相似，出现了语法倒错性失语症特征和不合语法的手词序列。

目前，手语研究涵盖了口语研究验证过的诸多语言层面，包括语言发展、第二语言学习，以及语义和句法加工过程的大脑基础等。

发育性手语研究可以告诉我们，不受输入模态影响的语言存在一个生物学上固定的发展程序。研究表明，婴儿的咿呀语不仅与语音相关联，而且也会发生婴儿的手部动作反映手语的情况（Petitto & Marentette，1991；Petitto et al.，2001）。第一项研究将父母失聪的两名失聪婴儿与父母听力正常的 3 名听力正常婴儿进行比较，考察了这些婴儿在 10—14 个月大时的手部动作。失聪婴儿在咿呀学语时用手的形状来表示美国手语的语音单位。虽然听力正常的婴儿和失聪的婴儿产出了差不多数量的手部动作，但只有失聪的婴儿产出了表示咿呀语的手部动作（Petitto & Marentette，1991）。第二项研究比较的是两组听力正常的婴儿：一组婴儿的父母是聋人，另一组婴儿的父母听力正常。该研究记录并分析了这些婴儿在 6—12 个月大时的手部运动，结果显示，只有父母失聪的婴儿才会表现出含有语言意义的手部运动（Petitto et al.，2000）。这些发现表明，语言是以普遍性方式发展的，而且该方式具有生物学基础。更为重要的是，相关数据表明，语言和语言发展肯定不依赖于言语。

在行为层面上，范畴感知被认为是口语中一个关键的感知原则。范畴感知指的是出现在不同的说话人或不同语境下的特定音位，其声学表现存在变异性，而我们对这些语音刺激是以范畴化的方式进行感知的。从实验上来讲，如果连续变化的刺激（从 ba 到 pa）被感知为离散的范畴，并且连续统

---

① 口语或手语。——译者注

② 手语母语者指的是在出生早期就将手语作为第一语言学习的人。

中处于范畴间的相邻刺激比范畴内的区分结果更好，那么则证实了范畴感知的存在（Liberman et al.，1957）。目前，美国手语中具有区别特征的手部动作构形变化也为范畴感知提供了证据（Emmorey et al.，2003）。只有失聪手语母语者（而非听力正常控制组）证实了对有区别特征的手部构形变化的范畴感知。由此可以推断，与语言模态无关，语言相关信息的范畴感知均会得以发展。

在神经生理学层面上，一项早期的 ERP 研究调查了三组人的手语加工，分别是跟失聪父母学会美国手语的失聪手语者、父母失聪且手语为其第一语言的正常听力母语者、正常听力非手语者。实验呈现给他们语义正常和语义异常的句子，结果表明，左半球支持手语的神经系统组织与口语相似，由此可见，神经系统的组织是不依赖于输入模态的（Neville et al.，1997）。我们熟悉的与语言相关的 ERP 成分如下：N400 和左前负波（LAN）（对比 1.5 节和 1.6 节），两者分别表示语义加工过程和句法加工过程，这两个成分在手语母语者中也有报告。相比句尾词语义恰当的句子，句尾词语义反常的句子就会显示出 N400 效应（Neville et al.，1997）。另一项 ERP 研究发现，美国手语中动词一致性的句法违反产生了 LAN 效应，与口语中观察到的效应相似（Capek et al.，2009）。这些发现再次表明，手语只要是从出生起便作为母语来学习，其加工过程就与口语相似。

在脑成像层面，手语研究试图界定支持手语加工的神经网络。手语加工的脑区与口语已界定的脑区是否相同？对以手语为母语的失聪成人进行的功能磁共振成像研究考察了他们观看手语句子时的情况（Bavelier et al.，1998；Neville et al.，1998），结果发现了左半球语言网络的激活，包括左侧背外侧前额叶皮层、中央前下沟和左侧颞上沟前部。然而，右半球的对应区域也发现了激活。另一项功能磁共振成像研究使用两种不同的手语（美国手语和法语魁北克手语）完成两个不同的感知任务：模仿和动词生成任务。当手语者产出有意义的手语时，左额下回被激活；而当观看手语或手语中有意义的片段时，两侧颞上回的颞平面都会被激活（Petitto et al.，2000）。这种激活模式是左半球主导的，类似于在同等实验条件下的听力正常被试。额下回和包括颞平面的颞上回这两个脑区，由此都被视为独立于输入—输出模态的语言脑区。

上述以及另外一些脑成像研究一致报告了手语的左半球激活，这与口语研究所发现的结果相似。手语激活包含的脑区正是那些以听觉和书面语言输入为研究基础界定的神经语言网络的一部分。所发现的激活出现在

Broca 区的额下回、中央前沟、颞上和颞中区及角回（Newman et al.，2002；MacSweeney et al.，2008）。

有一项研究使用两种不同类型的神经科学分析法，比较了手语母语者和听力正常且没有任何手语经验的非手语者的大脑激活和大脑结构模式（Meyer et al.，2007）。兼顾个体总解剖标志的分析发现，只有手语母语者在观看手语时激活了外侧裂周语言区。相比之下，听力正常被试则激活了视觉皮层。在手语母语者中观察到的语言功能性脑网络，与听力正常的人的口语加工相比，一般情况下并没有表现得那么偏侧化。此外，对白质结构的分析显示，与听力正常的非手语者相比，手语者在左侧上纵束后部和左侧钩束的白质减少。这些发现表明，聋人的神经解剖学显示出一个与听力正常的人相似的神经网络，但这个网络根据手语输入而产生了一些微小的结构变化。这个结论很有趣，因为它表明由生物属性决定的普遍语言网络在发展过程中会受到特定语言输入的调节。

早期学习手语的失聪手语者没有接触过口语言语，这为从人类大脑的语言回路中分离出言语提供了独特的机会。在新生儿中，语言网络还没有发展成熟，而我们的问题是：语言网络内部的连接在多大程度上会受到儿童时期使用的语言模态的调节？为了验证这一点，一项研究采用弥散加权磁共振成像来重构神经纤维束和皮层网络（Finkl et al.，投稿中）。该研究对 10 个学语前就失聪的成人手语者与匹配的听力正常控制组进行了连接图谱的定量比较，结果证实，在两组被试中都出现了网络内部的所有主要语言束，并且手语者和控制组之间没有质的差异（图 5.3）。然而，手语组中口语言语解码和产生涉及的通路连接强度较弱。这些结果为语言网络的模态独立性这样的一般概念提供了结构上的证据，并将语言网络从说话和听觉解码必需的输入和输出通路中分离出来。

这一结论与最近一项关于不同语言的结构语言网络的研究结果一致。该研究发现，这些不同的语言都存在一种相似的结构网络，这种网络受各自所使用的语言调节。在这项研究中，我们以汉语、英语和德语三种不同加工需求的语言为对象，考察了不同加工需求的语言是否以不同的方式塑造了语言网络内部的结构连接（Goucha et al.，投稿中）。该研究利用纤维跟踪成像技术对语言加工涉及的关键皮层区域之间的连接进行了比较，结果发现这些语言都存在一个通用的语言网络，但该网络根据这些语言特定的需求而表现出组间差异。以形态句法为主导的德语表现出背侧通路的额-颞连接更强，这与句子结构的加工相关。更明显的是以语义为引导进行加工的英语，英语母

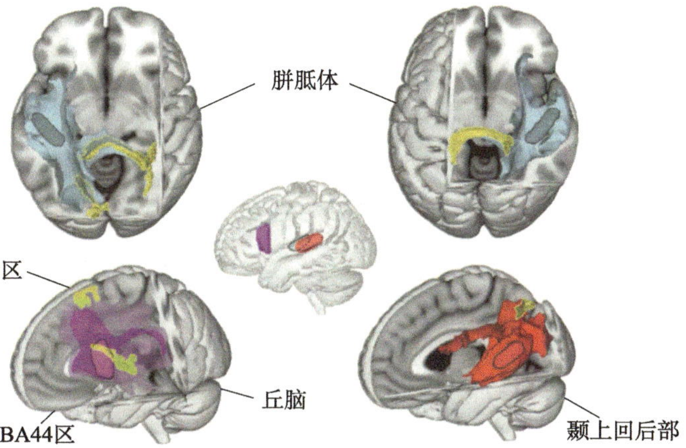

图 5.3　失聪手语者的言语和语言网络。图中显示的是失聪手语者与控制组之间的组间差异。上图：初级听觉皮层（浅蓝色）的连接轮廓与明显减弱的左、右半球各自的半球间连接（黄色）。下图：左侧 BA44 区的连接显示了保留的句法加工网络（紫色）及其与丘脑、前辅助运动区（黄色、左侧）和右半球的颞叶皮层后部（pSTG，颞上回后部）（红色）之间减弱了的连接。改编自 Finkl et al.（submitted）. Differential modulation of the brain networks for speech and language in deaf signers

语者的腹侧通路显示出更强的连接，这与语言内容的加工相关。接下来，是有着独特声调音系学和高频同音字的汉语，显示了颞-顶和半球间回路连接的增强，这与语音的存储和区分有关。更为重要的是，这些结果凸显了特定语言的习得对终生语言使用过程中大脑结构的塑造方式（图 5.4）。这些数据为一个通用的，也许普遍的、受特定语言输入调节的结构语言网络提供了非凡的证据。

5.3.2　小结

通过比较手语母语者加工手语时与正常听力的人加工口语时的大脑活动，研究发现他们在 ERP 模式和大脑激活模式上显示出很大的相似性。构成手语加工语言网络的脑区与加工一般语言的脑区大体相似，但也有细微的变化。此外，在学语前就失聪的手语者身上也发现了公认的、听力正常人群的一般结构网络。这种结构网络也可以在不同语言背景的人身上观测到，尽管会受到特定语言终生使用过程的调节性影响。这些数据都指向了一个普遍的神经语言系统，它在很大程度上独立于输入模态，尽管它会被特定语言的终生使用过程予以细微调节。

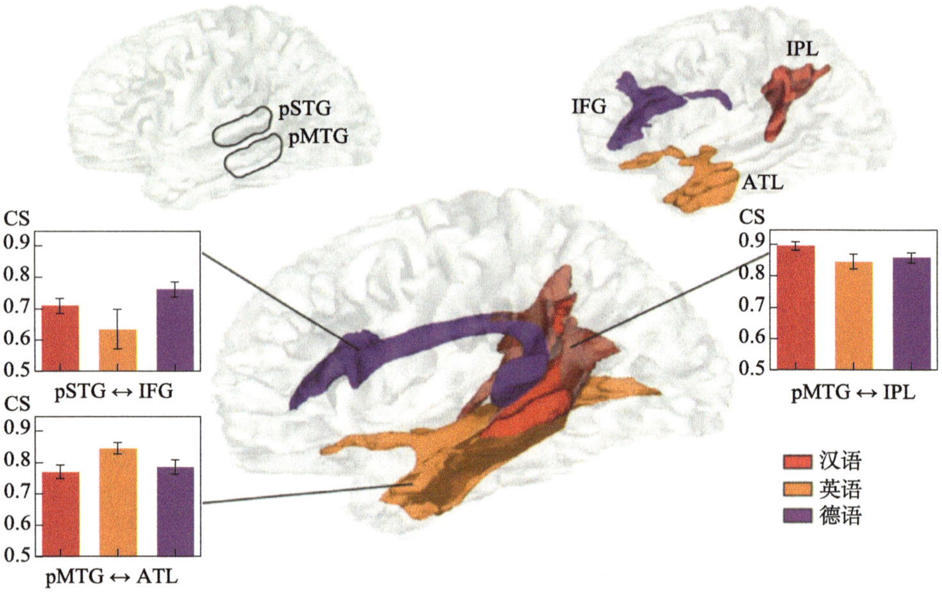

图 5.4　不同语言母语者的白质纤维束：汉语（红色）、英语（橙色）、德语（紫色）。框中显示的是语言相关脑区之间各个纤维束（髓鞘）的强度：颞上回后部－额下回（pSTG-IFG）、颞中回后部－颞叶前部（pMTG-ATL）、颞中回后部－顶下小叶（pMTG-IPL）。引自 Goucha, Anwander & Friederici.（submitted）. Language shapes the brain: Cross-linguistic differences reflected in the structural connectivity of the language network

第 6 章　神经语言网络的个体发育

语言似乎始于新生儿的第一声啼哭。事实上，语言在出生前就开始了，因为胎儿在子宫里就能感知到声音信息。在子宫内，胎儿可感知的声学信息被周围的水分和组织过滤。听觉信息经过约 400Hz 的过滤后到达胎儿处，提供韵律信息，但没有语音细节。因此，胎儿已经学会了母语的韵律模式。研究结果表明，婴儿的第一声啼哭具有语言特定性[①]，这支持了语言学习发生在出生前的观点。例如，法国婴儿啼哭的旋律与德国婴儿不同，各自反映了他们母语的语音旋律（Mampe et al.，2009）。

语言随语言输入而发展，世界各地的语言输入有很大的不同。一个正常发育的孩子甚至能够习得外语者可能觉得非常困难的语言，只要提供足够的语言输入就会如此。一旦语言输入缺失，语言能力就不能正常发展，就像“被遗弃的儿童”那样（Curtis，1977）。除了语言输入外，儿童还必须拥有允许语言习得的系统。这一系统被假设为一个生物系统（Chomsky，1986），它遵循一系列固定的发展步骤，这些步骤被报道与每个儿童的母语无关（Van der Lely & Pinker，2014）。过去的 70 年里[②]发表了数百篇关于语言习得的行为研究，Pinker 的《语言本能》（*The Language Instinct*）（1994 年）一书对当时的语言习得文献进行了详尽分析，并讨论了与 Chomsky 普遍语法观点（1986 年）相关的发现。Guasti（2002）的《语言习得》（*Language Acquisition*）一书涵盖了从儿童出生到 6 岁的语言不同习得的更多近期研究。我建议读者阅读这些书籍，以了解语言习得中语言学和心理语言学方面的知识。

① 即不同语言背景的婴儿的第一声啼哭可以反映相应语言的特征。——译者注

② 指截至 2017 年的过去 70 年。——译者注

值得注意的是，尽管不同个体的语言习得速度有所不同，但不同发展阶段的顺序是不变的。即使是在语言学习上有些发育迟缓的儿童，青春期后通常也不会表现出语言障碍。

然而，在极少数情况下，尽管语言输入充足，有的儿童还是不能正常地发展语言能力，这种发育障碍被称为特定型语言障碍（specific language impairment，SLI），因为它发生在正常儿童身上。它是一种遗传紊乱，伴随着许多影响语言系统不同组成部分的遗传变异。有一种特定的子类型会选择性地影响语法系统，其被称为语法 SLI。伴有这种紊乱的儿童很难解读和产生句法结构，尤其是层级结构（Van der Lely & Pinker，2014）。这种缺陷在行为研究（Van der Lely et al.，1998）和 ERP 研究（Fonteneau & Van der Lely，2008）中都有证据支持。

虽然语法 SLI 青少年与典型发育的青少年对语义异常引起的 ERP 反应——N400 成分相似，但对句法违反的 ERP 反应则不同。对句法违反而言，典型的青少年表现出一种类似于成人的 ERP 模式，即 ELAN-P600 模式，语法 SLI 青少年则未表现出 ELAN，而是一种类似 N400 的反应，它与典型的 P600 同时发生（Fonteneau & Van der Lely，2008）。Van der Lely 和 Pinker（2014）在他们的综述文章中引用了 Ullman 等当时尚未发表的一项元分析，该分析报告了 SLI 的神经解剖基础；他们还引用了一篇更早的文章（Ullman et al.，1997），表明大脑有两个区域受到了影响：Broca 区与其右半球同源脑区，以及基底神经节的一部分——尾状核，这两个区域一同参与语法规则的加工。Van der Lely 和 Pinker（2014）参照了 Friederici 的模型（Friederici，2009a，pp.175-181；2012b），认为包括弓状束在内的背侧语言系统受损可能会导致 SLI。然而，他们承认 SLI 的脑功能和神经解剖学数据仍太粗糙，不能有力地支持“语法 SLI 是由解剖学上定义的背侧系统的缺陷所造成的”这一观点。

下面我将聚焦正常语言习得的神经基础，不仅探讨在什么年龄可以达到语言习得的某些重要里程碑，还将探讨取得这种成果在多大程度上由特定大脑结构的成熟度决定。在我们最近的模型中，语言系统神经基础的发育可以分为两个主要阶段：第一阶段涵盖了生命的前三年；第二阶段则延伸到 3 岁以后，直至青春期（Skeide & Friederici，2016）。

要充分描述语言系统向成人成熟语言系统发展的过程及其神经基础，需要对成人语言系统有相应的认识，因此，这里我将简要总结成人语言模型。要了解更多的细节，请读者参阅第 1 章。

成人语言理解的神经认知模型对包含特定脑区及其连接的不同网络进

行了假设。这些不同的网络支持语言处理的不同方面，如语音、语法和语义。声学言语输入分析由初级听觉皮层和颞平面在 100ms 内完成。语音加工过程是音系学的一部分，涉及左侧颞上回和颞上沟的前外侧区域。在 120—200ms 构建初级短语结构的早期句法过程与 300—500ms 在复杂句法层级中关联不同短语的后期句法过程，分别由腹侧和背侧这两种不同的句法网络支持。左侧颞上回前部通过钩束与左侧额叶岛盖相连，参与两个元素的局部组合，同时腹侧 BA44 区也参与构建局部短语句法结构。复杂层级句法信息在左侧 BA44 区和左侧颞上回 / 颞上沟后部进行运算，这两个脑区由包括弓状束在内的上纵束的较长分支连接。语义过程在 300—500ms 发生，基于由左侧颞上回、颞中回和左侧 BA45 区通过额-枕下束连接构成的颞-额网络。大约 600ms 后，句法和语义信息在左侧颞上回 / 颞上沟后部进行整合。连接颞叶皮层和前运动皮层的背侧束是上纵束较短的分支，它是感觉运动接口的组成部分。颞叶听觉皮层和额叶前运动皮层之间的直接连接在大声复述听到的内容时至关重要。韵律加工过程主要位于右半球（颞上回和额下回的 BA44 区），话语加工过程也是如此（右侧颞上回和额下回的 BA45/47 区）。

与成人研究类似，神经科学方法如脑电图和脑磁图以及磁共振成像也被用于儿童神经基础发展的研究，尽管这些方法被使用于不同的年龄段。脑电图、脑磁图以及近红外光谱技术可以应用于幼儿，但对于清醒儿童而言，功能磁共振成像方法大多只用于 3 岁及 3 岁以上的儿童。这些方法在第 1.1 节讨论成人语言网络时进行了详细描述。需要记住的是，近红外光谱（也称为光学成像）是一种以低空间分辨率记录大脑血流动力学响应的方法，但这比功能磁共振成像更容易在婴幼儿上使用，因为记录系统可以直接安装于儿童的头部。功能和结构磁共振成像可以应用于 3 岁及以上清醒的儿童，但测量的成功与否以及数据质量的好坏关键取决于这些年轻参与者事先对实验程序的熟悉程度。

6.1 在出生后前三年的语言

Skeide 和 Friederici（2016）提出的模型以 ERP、近红外光谱学和磁共振成像的研究为基础，这些研究为解决如下的根本问题做出了贡献，即从语音识别开始，一直到词汇、语义和句法知识的出现，语言加工系统在生命的最初几年直到成年早期是如何发展的？①

① 本节内容基于 Friederici 和 Skeide（2015）及 Friederici 和 Männel（2014）的研究。

6.1.1 婴儿言语感知

在进入“听觉世界”①时，拥有听觉能力的新生儿必须区分言语声音和其他声音，并区分不同的言语语音，这是（婴儿）迈向语言的第一步。

一项对出生后2—5天的婴儿语音识别的近红外光谱研究表明，在左侧颞叶皮层，新生儿对“前向言语”（forward speech）②的血流动力学响应明显强于“后向言语”（backward speech）③（Peña et al.，2003）。研究者总结道，观察到的左半球激活的不对称性反映了语言特异的方面，因此不涉及非语言声音的加工。另一项近红外光谱研究调查了非常年幼的婴儿（妊娠28周）（Mahmoudzadeh et al.，2013）。在这项特别的研究中，研究者发现，该年龄段的早产儿已经能够在一串相同的语音中辨别出异常语音。在双侧颞上皮层后部以及额下皮层中可以观察到大脑的一个失匹配反应，这表明尚未成熟的婴儿使用了一种早期的生物学机制，这使他们能够区分与言语相关的声学参数。

在一项对两天大的婴儿进行的功能磁共振成像研究中，我们发现了双侧颞上回在响应言语时的激活，且最大激活位于右侧听觉皮层（Perani et al.，2011）（图6.1）。这一发现表明，在言语加工过程中，新生儿更多地依赖于右半球加工的超音段（韵律）信息，而不是左半球加工的音段（音系）信息。

有报道称，3个月大的婴儿可以表现出一种不同的、与言语相关的血流动力学活动模式。根据两项功能磁共振成像研究，这些婴儿的脑激活覆盖了双侧颞上皮层的大部分区域，但在左半球最为明显（Dehaene-Lambertz et al.，2002；Dehaene-Lambertz et al.，2006）。然而，当直接对比言语自然顺放和逆序播放时，仅在左侧角回和楔前叶中发现了大脑活动，而颞叶皮层的效应则完全消失。这些数据表明，尽管左侧颞叶皮层在婴儿3个月大时尚未获得其全部语言功能，但成人语言脑区的“前体脑区”④已能支持言语感知⑤。

6.1.2 辨别音系信息

从语言习得的一开始，婴儿就能识别言语输入中的声学和语音线索。为了从听觉输入中提取这些线索和规律，他们必须首先能够在音段和超音段水

① 指通过听觉所了解的世界。——译者注

② 即顺着播放的言语。——译者注

③ 即倒着播放的言语。——译者注

④ 即最终会发展为成人语言脑区的这些区域。——译者注

⑤ 然而，请注意，Dehaene-Lambertz等（2000，2002）对其研究数据的解释表明，加工言语的系统在出生后不久就已经到位。

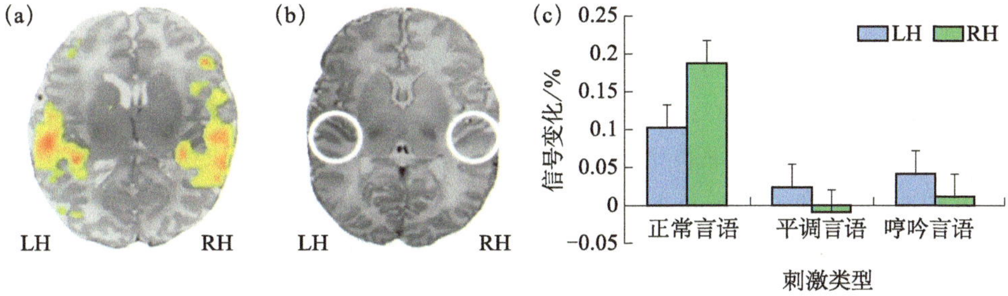

图 6.1　新生儿大脑语言的神经分布。(a) 新生儿正常言语的脑激活（n=15，随机效应组分析，在体素水平显著性阈值 p<0.05，未校正）覆盖在个体新生儿的 T2 加权图像上。橙色 / 黄色显示了与静默状态相比，言语状态下更为活跃的区域。(b) 在初级听觉皮层与次级听觉皮层对三种不同的听觉条件进行了感兴趣区分析：正常言语；过滤后只有音段的语音信息，而没有超音段的韵律信息的言语（平调言语）；经过滤后只有韵律信息，而没有音段信息的言语（哼吟言语）。(c) 大脑左半球和右半球定义的 ROI 激活的信号变化百分比（b 中圈出的区域）显示了三种听觉条件（正常言语、平调言语和哼吟言语）。直方图显示了在三种刺激类型中，左右 ROI 的信号变化百分比。改编自 Perani et al. (2011). The neural language networks at birth. *Proceedings of the National Academy of Sciences of the United States of America*, *108*(38), 16056-16061

平上区分不同的音系参数。此外，婴儿必须具有听觉感知记忆，该听觉记忆允许存储听觉信息，以便被映射到新输入的听觉信息上并由此可以“识别语音”。关于这种早期听觉记忆的、令人印象深刻的证据来自一项近红外光谱研究。该研究表明，新生儿能够在听到一个单词至少 2 分钟后记住该单词的声音，并能将其与音系上相似的单词区分开（Benavides-Varela et al.，2012）。

大量的 ERP 研究调查了婴儿出生后第一年的音系能力。在这些研究中，一种已被证明在研究婴儿区分语音特征能力上特别有效的 ERP 范式被称为“失匹配负波”范式。在这一范式下，一个较少出现的偏差刺激呈现在一系列标准刺激[①]之中，偏差刺激和标准刺激通常在一个关键特征上有所不同。在成年人中，这两种刺激类型的区别体现为负偏向，峰值潜伏期为变化开始后的 100—200ms。这种负偏向被标记为失匹配负波（综述参见 Näätänen et al.，2001，以及该书的第 1.2 节）。失匹配负波的波幅主要受辨别的难易程度以及偏差和标准刺激之间物理差异的调节。失匹配负波的潜伏期主要取决于偏差的起始时刻，并且与感觉辨别的认知需求有关（综述参见 Näätänen et

① “标准刺激”即经常出现的一系列相同条件下的刺激，与另一条件下的偏差刺激相对。——译者注

al.，2001，2007；Garrido et al.，2009；Picton et al.，2000）。

对音系变化刺激的负向失匹配反应已在婴儿甚至早产儿中被报道（例如，Cheour et al.，1997；Morr et al.，2002）。然而，新生儿的负反应通常并不像成人失匹配负波那样表现出急剧的负偏向，而是会呈现为持久的负波或出现时间较晚（Cheour-Luhtanen et al.，1995，1996；Cheour et al.，2002；Martynova et al.，2003）。若干研究甚至还报告了婴儿 ERP 在偏差刺激上呈现出一种广泛的正反应（Dehaene-Lambertz & Dehaene，1994；Leppänen et al.，1997；Dehaene-Lambertz，2000；Dehaene-Lambertz & Peña，2001；Friederici et al.，2002）。有几种原因可能会影响观察到的失匹配反应偏向的正负，包括婴儿警觉状态的不同（Friederici et al.，2002）、方法上的差异（如数据滤波）（Trainor et al.，2003；Weber et al.，2004），以及两种类型失匹配反应的共存或重叠（He，Hotson & Trainor，2007）。总之，现有研究表明了这样一种发展转变：从早期发展阶段中失匹配引发的正偏向转变为后期发展阶段中的负偏向以及失匹配负波。鉴于幼婴和成人的失匹配反应的 ERP 模式不同，二者对信息的辨别过程可以被视为存在质的不同，可能在发展的早期主要以声学信息为基础，而在后来以音位为基础。若不考虑这些，失匹配反应在功能上可以用来指示听觉领域对听觉信号的辨别情况。

辨别与语言相关的不同声音（它们可以提示失匹配负波反应）在不同语言（例如，芬兰语、德语和英语）的语音特征上被观察过，这些特征既涉及元音的对比（Cheour et al.，1997；Leppänen et al.，1999；Pihko et al.，1999；Friederici et al.，2002），也涉及辅音的对比（Dehaene-Lambertz & Baillet，1998；Rivera-Gaxiola et al.，2005；Mahmoudzadeh et al.，2013）。不同研究表明，婴儿在 1—4 个月甚至在妊娠的第 28 周早产时就可以区分不同的音素，且与目标语言无关。特定语言的音位区别似乎建立于 6—12 个月（Cheour et al.，1998；Rivera-Gaxiola et al.，2005）。6 个月和 7 个月大的较年幼婴儿能区分不同的音素，这些音素既可以与婴儿的目的语相关，也可以与之无关；11 和 12 个月大的婴儿却只能区分与他们的目标语言相关的音素对比。这些结果与研究婴儿 1 岁中的后半年[①]特定语言反应的行为数据一致（Aslin et al.，1981；Werker & Tees，1984）。足月婴儿和早产儿的比较表明，在这一发育时期建立音素识别技能的时间点由生理驱动的大脑成熟因素决定，而非言语输入的起始时刻（Peña et al.，2012）。一项对 4 个月大婴儿的 ERP 研究显示了针对单词重音模式的特定语言的大脑反应（Friederici et al.，2007）。当给

① 即 7—12 个月时。——译者注

德国和法国婴儿提供双音节假词时，他们会根据母语的主要重音模式做出反应。德国婴儿对重音在第二个音节上的词项反应更为强烈，这是他们的目标语中很少出现的重音模式。相比之下，法国婴儿对重音在第一个音节上的词项的反应更为强烈，该重音模式在他们的目标语中很少出现（图 6.2）。因此，

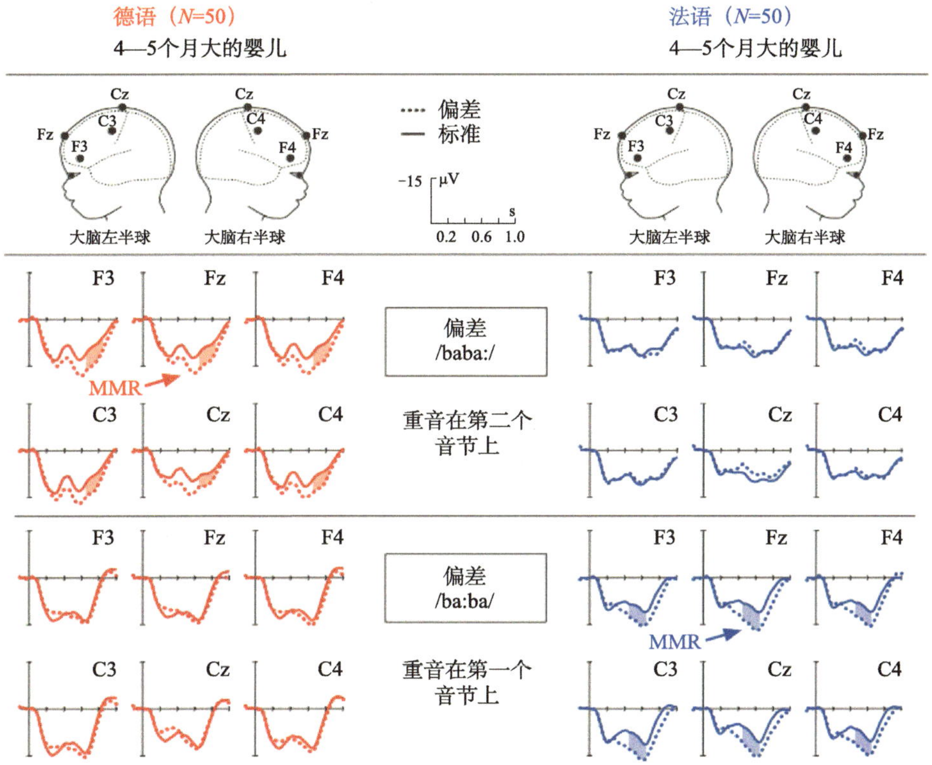

图 6.2　婴儿对特定语言重音模式的感知。4 个月大的德国和法国婴儿的（ERP）。刺激是双音节词，重音在第一个音节（典型的德语双音节词）或第二个音节（典型的法语双音节词）上。婴儿会听到一系列高频的标准词项，以及穿插其中的其他偏差词项。每人都接触两个条件：要么第二个音节重音的项目作为偏差，要么第一个音节重音的项目作为偏差。图中呈现了每种条件下的平均 ERP（标准：实线；偏差：虚线），每个语言组（德语：左侧；法语：右侧），以及偏差项目类型：重音在第二个音节（上）和重音在第一个音节（下）。阴影区域表示为统计分析选择的时间窗口，在此时间窗口中，效应具有统计学意义。MMR= 失匹配响应。数据表明，两个语言组的反应不同，反映了特定语言的效应。改编自 Friederici, Friedrich, & Christophe. (2007). Brain responses in 4-month-old infants are already language specific. *Current Biology*, *17*(14), 1208-1211. 经 Elsevier 许可

这些数据为 4 个月大婴儿在单词水平上的特定语言大脑反应提供了证据，结果清晰地表明了婴儿在发育早期对音系特征的敏感性。

6.1.3 从听觉输入到语义学意义

在下一步中，婴儿要学习单词及其意义。要做到这一点，婴儿必须从听觉流中切分出单词。在建立词汇知识之前，可以通过给定语言的韵律知识及其潜在的词形知识，例如，单词的主导重音模式或者合理的音系结构（如可能的开头与结尾），来帮助其进行单词切分。

根据眼动研究，韵律可以帮助 6 个月大的婴儿从连续言语中切分出听觉词形（Shukla et al., 2011）。只有当词与音系短语边界对齐时，听觉词的形式才能快速映射到视觉对象上。行为研究表明，用于言语切分的重音信息在大约 7.5 个月（Jusczyk et al., 1999）到 9 个月（Houston et al., 2000）时会被使用。在英语或荷兰语等主导重音在第一个音节上的语言中，切分言语输入中重音在第一个音节的双音词的能力在婴儿 7.5 个月大时就已被发现，但重音在第二个音节上的双音词的单词切分效应只在 10.5 个月大的时候才被报道（Jusczyk et al., 1999；Kooijman et al., 2009；Polka & Sundara, 2012）。

神经生理学数据可以总结如下：早在 4 个月大时，当单词单独呈现时，婴儿就对重音信息很敏感（Friederici et al., 2007）。然而，在言语感知过程中，使用单词重音进行单词识别的能力只在10个月大的婴儿中被观察到（Kooijman et al., 2005）。一项进一步的 ERP 研究评估了音系重音（即重读）在何时、何种程度上对单词识别起唯一作用，以及单词的重复是否也可能起到这样的作用（Männel & Friederici, 2013）[①]。该ERP研究表明，句子语境中婴儿识别词汇的能力会随着发育过程而改变，其中，重读和单词重复在不同的发育时点上起着关键作用。在 6 个月大的时候，婴儿只能识别那些先前听到过重读的单词；9 个月时，重读和重复都会起作用；12 个月时，只有重复有效。这些数据表明，在婴儿的单词学习和识别中，输入敏感期非常狭窄且具有特异性，重读会在重复之前起效。该实验的发现十分有趣，因为当跟婴儿说话或在儿向言语中使用新词时，父母经常使用单词重读和重复的方法来提高婴儿的注意力。

6.1.3.1 从词汇形式到词义

一旦能够识别词汇形式，就必须进而获得词汇知识，这意味着婴儿必须

① 原文所引用文献有误，已修改。——译者注

学习词形和语义之间的关系。在建立这样一种明确的关系之前，且在儿童能够将“音系词形”识别为指代某个特定意义之前，可能存在一个可以被描述为对音系形式加以熟悉的阶段。

行为学研究无法确定婴儿知道母语构词音系规则的确切年龄，但神经生理学研究可以使用 ERP 测量来确定。在 ERP 中可应用的相关成分是 N400，即一个在 400ms 左右达到峰值的负波。在关于成人的研究中，在词汇形式方面以及词汇意义方面都观察到了 N400 效应。在给定的语境中，假词的 N400 波幅大于真词的波幅，语义不一致词的 N400 波幅大于语义一致的词（综述参见 Kutas & Van Petten，1994；Lau et al.，2008）。因此，N400 可在音位和语义两个层面上用于研究与词汇相关的知识。

一些 ERP 研究表明，幼儿在 11 个月大的时候就能把语言的声音映射到意义上。反映这种映射的基础是，11 个月大的幼儿在听到熟悉和不熟悉的单词时，研究者观察到了刺激起始后约 200ms 的负偏向（Thierry et al.，2003）。尽管该研究存在方法上的问题，对研究者的解释提出了挑战，但它提供了首个假设。使用图片-单词启动范式对 12 个月、14 个月和 19 个月大的幼儿进行的考察发现，在所有年龄组中，听觉单词与图片一致与不一致条件的对比会在 10—400ms 出现一个与熟悉性相关的早期额-中央负波（Friedrich & Friederici，2005a）。但这种效应出现过早，不宜被认为是语义 N400 效应的代表，因此它被解释为一种音系-词汇启动效应，反映了看到物体图片后建立的音系（词形）预期的实现。

为了评估幼儿掌握词汇知识的时间和程度，下一项研究采用了儿童母语中在音系上合法（可能）和非法（不可能）的词汇。单词加工过程中记录的 ERP 显示，对于 12 个月和 14 个月大的幼儿而言，已知单词和音系非法单词之间存在差异，而已知单词和音系合法单词之间则没有差异（Friedrich & Friederici，2005a）。因此，在早期发育阶段，幼儿似乎已经习得了一些词汇知识和可能的词形[①]的知识，但词形和相应意义之间的关系可能还没有被明确定义，这允许语音相似的词仍然被认为是可能的候选词。在 19 个月大时（而非更早的时候），幼儿才能够区分音系上合法的单词和真词，这可以被看作是在 14—19 个月发育变化的迹象。这些数据支持了词汇知识发展过程中存在从熟悉阶段到识别阶段的转变。

① 即符合目标语言音系规则的单词形式，不一定是真词。——译者注

6.1.3.2 单词层面的语义

一些早期词汇-语义加工的ERP研究考察了幼儿在实验前已知或未知词义的单词加工，发现13—17个月的幼儿对不认识的词会产生双侧负波，而20个月的幼儿则表现为左半球偏侧化的负波（Mills et al.，1997），该结果被解释为左半球专司语言加工的发育变化。在另一项使用单词学习范式的研究中，20个月大的幼儿须学习新词，这些词或是与新的物体配对出现一同被学习，或是单独呈现（Mills et al.，1997）。在新词搭配物体的学习条件下观察到的N200—500与词义加工相关联。有数据显示，成人的语义效应（N400）通常在（儿童）发育后期才被观察到，因而此类数据挑战了将这一早期效应解释为语义效应的做法。Mills等（1997）报道的幼儿中出现的这种早期效应可能是由幼儿词汇量相对较少而造成的音系效应。词汇量少会导致符合音系规则的可替换词形较少，这使得大脑能够在听到某个单词的第一个音素后便立刻做出反应。

为了研究词汇语义的习得，需要一种既适合成人又适合幼儿的范式，例如，在一个物体（如鸭子）的图片中同时呈现听觉刺激。这个听觉刺激可以是一个匹配物体名字的词（如鸭子）或一个不匹配物体名字的词（如灯），抑或它可能是一个音系上合法或非法的假词，也就是说，遵守或不遵守某一语言的语音规则。使用这一范式，我们观察到了12个月、14个月和19个月大的幼儿与成人相比的发育变化（Friedrich，Friederici，2005a，2005b）（图6.3）。只有在幼儿19个月大时，研究者在语义不匹配的词和符合音位配列的假词（而非音位配列不合法的假词）上发现了表示词汇加工的类似成人的N400效应。在幼儿14个月大时，语义不匹配的单词出现了类似于N400的一个晚期负波效应，这表明语义表征的开始。

有研究对词汇学习和词汇记忆能力在9—16个月大的幼儿中进行了评估（Friedrich et al.，2015）。在单词-图片映射范式中，幼儿学习了物体的名称，并在1.5小时后进行测试。与那些保持清醒的幼儿相比，在学习与测试中间阶段小憩过的幼儿能够更好地记住特定单词的含义，而且能成功地将词义泛化到同类的新词上。小憩期间测量到的睡眠纺锤波表明，它们支持幼儿“睡眠依赖的大脑可塑性”。这些发现证明，词汇学习依赖于睡眠中的巩固，并在巩固的过程中得到加强。

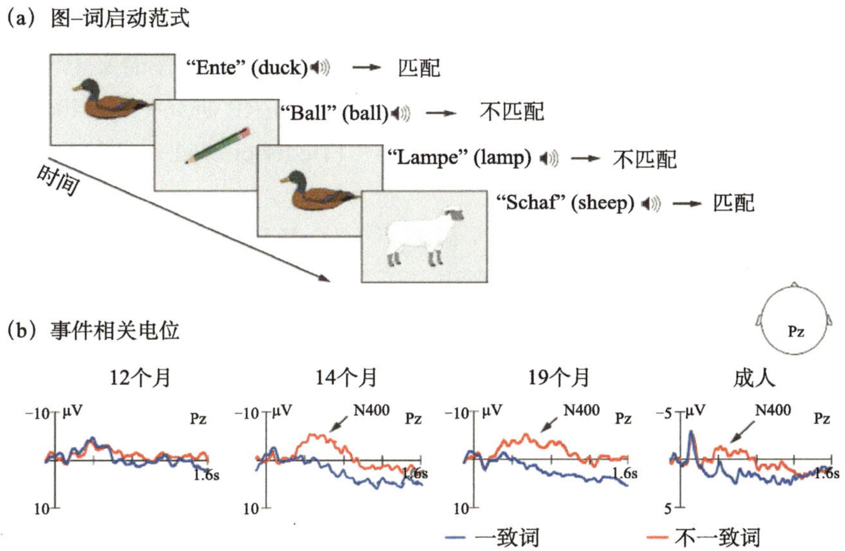

图 6.3 幼儿词汇层面语义的加工。词汇层面的词汇－语义信息加工的事件相关电位。(a) 采用图片－文字启动范式，呈现出协调或不协调的词－图片组合。(b) 不同年龄组的 ERP 平均值。不同年龄组的不匹配词（红色）和匹配词（蓝色）的 N400。注意不同年龄组的微伏标度不同。改编自 Friedrich & Friederici. (2005b). Phonotactic knowledge and lexical-semantic processing in one-year-olds: Brain responses to words and nonsense words in picture contexts. *Journal of Cognitive Neuroscience*, *17*(11), 1785-1802, © 2005 麻省理工学院。Friedrich & Friederici. (2005a). Lexical priming and semantic integration reflected in the ERP of 14-month-olds. *NeuroReport*, *16*(6), 653-656

6.1.3.3 句子层面的语义

1.6 节和 1.7 节讨论的句子层面上的语义加工过程需要的不仅仅是识别每个单词的语义意义。要理解一个句子的意思，我们作为听话者必须具备名词、动词及其相应关系的语义知识（关于名词和动词加工之间发展差异的神经基础，参见 Li et al., 2006；Tan & Molfese，2009；Mestress-Misse et al., 2010）。要研究儿童是否已经在句子语境中加工了词义和语义关系，可以运用语义违反范式，它含有语义正确和错误的句子，如 "The pizza was eaten"（"披萨饼被吃了"）和 "The radio was eaten"（"收音机被吃了"）（Friederici, Pfeifer & Hahne，1993；Hahne & Friederici，2002）。这个范式使用 N400 作为语义整合能力的指标，较大的 N400 波幅反映了更多的整合努力（对于在给定语境中语义不合适的单词而言）。例如，“The radio was eaten”违反了可能的句子结尾的语义预期，因为句子结尾的动词（eaten）在语义上与句子开始处的名词（radio）建构的意思不匹配。在成人 ERP 研究中，N400 被发现会响应这种语义上不符合预期的句子结尾（Friederici et al.，1993；Hahne & Friederici，2002）。

Friedrich 和 Friederici（2005c）研究了 19 个月和 24 个月大的幼儿在语义恰当和不恰当的句尾词中的 ERP 反应。语义上不正确的句子包含违反前面动词选择限制的宾语，比如，“The child drinks the ball”（“孩子喝球”）和“The child rolls the ball”（“孩子滚球”）的对比。在这两个年龄组中，语义不正确的句子结尾在 ERP 中引起了类似 N400 的效应，该效应在头皮央-顶电极处达到最大值（图 6.4）。与成人数据相比，幼儿的负波大约在同一时间开始

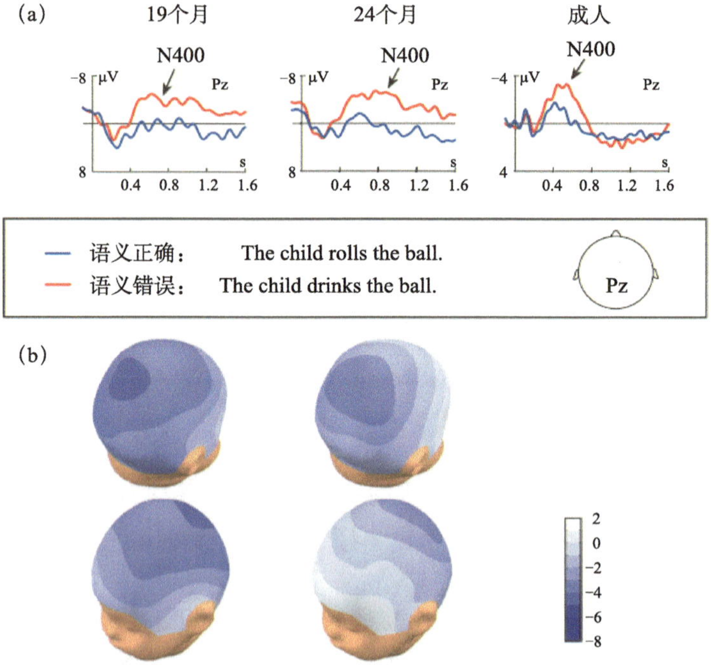

图 6.4 幼儿句子层面的语义加工。句子层面词汇语义信息加工的事件相关电位。(a) 电极 Pz 显示的 ERP 数据和 (b) 语义违反范式下，19 个月、24 个月大的幼儿和成人对句尾语义正确（蓝色）和错误（红色）反应的差异地形图（错误 / 正确）。例句显示在图中间的方框中。改编自 Friedrich & Friederici. (2005c). Semantic sentence processing reflected in the event-related potentials of one- and two-year-old children. *NeuroReport*, *16*(6), 1801-1804. 经 Wolters Kluwer 许可

（即大约在单词呈现起始后 400ms 之时），但持续的时间更长。这表明违反了前面动词选择限制的、在语义上不符合预期的错误名词激发了与成人类似的幼儿语义整合过程，但这种整合努力比成人维持的时间更长。ERP 发展数据表明，在 19 个月和 24 个月大的时候，幼儿就能够像成人一样加工句子中单词之间的语义关系。

Silva-Pereyra 等的 ERP 研究发现，当句子结尾在语义上违反前面句子短语时，会在 3 岁和 4 岁儿童中诱发若干头皮前部分布的负波峰值（Silva-Pereyra et al.，2005；Silva-Pereyra et al.，2005）。这些研究揭示了较年幼的儿童对语义上的错误句和正确句的不同反应，但这些负波的分布与通常在成人中见到的 N400 最大值在央-顶区域的分布模式并不匹配。其他关于句子词汇-语义信息加工的 ERP 研究也报道了年龄较大的儿童，即 5—15 岁的儿童，对语义错误句的类似 N400 反应（Holcomb et al.，1992；Hahne et al.，2004；Atchley et al.，2006）。

一般来说，句子层面的语义过程，如类似于 N400 效应反映的，原则上在儿童 2 岁末期就已存在。然而，该效应的时间和空间分布表明，还需要几年时间，这些过程背后的神经网络才能形成近似成人的脑网络连接模式。

6.1.4 从听觉输入到句子结构

除了词的词汇-语义知识，儿童还必须掌握句法规则，遵循这些规则，单词才能在句子中建立结构上的关联。为了做到这一点，儿童必须将听觉输入结构化，形成相关单元（如短语），而且需要识别听觉输入中的规律，因为这使得他们可以确定句子中元素之间基于规则的依存关系。

6.1.4.1 从韵律线索到句法

从听觉输入中提取结构信息的一种可能的办法基于如下事实，即句法短语边界和音系短语边界在很大程度上是重合的。每一个音系短语边界都是一个句法边界，但不是每一个句法边界都有韵律标记。声学音系短语边界由三个参数加以标记：边界前音节的长度；音高；停顿。有研究认为，韵律信息可能有助于对句法单位以及它们之间关系的习得（Gleitman & Wanner，1982）。行为研究表明，6 个月大的英语母语婴儿使用汇总的线索来切分小句，或是同时使用音高和停顿线索，或是一同采用音高和边界前音节长度信息（Seidl，2007）。

在使用电生理学方法研究成人语音感知过程中对韵律信息的处理时，一个特定的 ERP 成分被发现与韵律边界（即语调短语边界）的加工相关。该 ERP 成分是一个出现在语调短语边界上的正漂移，称为中止正漂移，位于顶下叶（Steinhauer et al.，1999）。在成人中，这一 ERP 成分不仅在以边界前长度、音高和停顿标记的语调短语边界上可以被观察到，而且存在于当声学线索、停顿线索被删除之时（Steinhauer et al.，1999）。对音段和超音段信息都存在的口头句子而言，ERP 中的中止正漂移分布于左、右顶部记录点上；对于哼吟出来的、只有超音段信息的句子来说，中止正漂移则会偏侧化到右半球（Pannekamp et al.，2005）。这表明，超音段信息主要在右半球进行加工，该观点得到了成人功能磁共振成像研究的支持（Meyer et al.，2002；Meyer et al.，2004；Sammler et al.，2010）。

在婴儿中，使用近红外光谱成像对正常言语与平调言语[①]进行比较的一项研究发现，3 个月大的婴儿在加工句子韵律时出现了一种类似成人的、主要在右半球的激活（Homae et al.，2006）（图 6.5）。这一发现表明，在发育过程中，加工韵律信息的神经机制似乎很早便已就位。

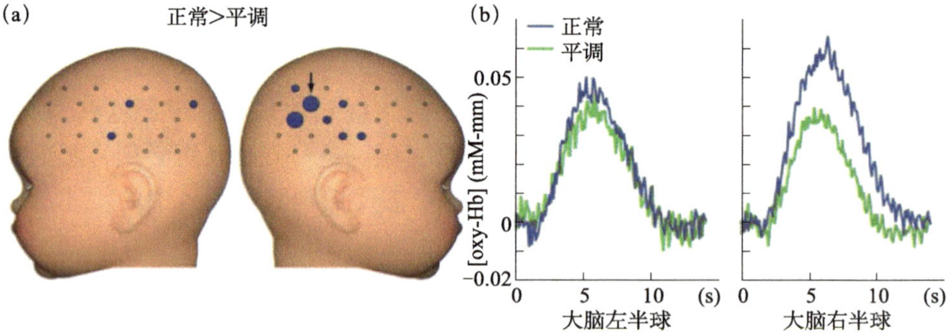

图 6.5 婴儿韵律的加工。采用近红外光谱（NIRS）技术测量了 3 个月大婴儿的韵律加工。图中为正常言语和平调韵律的比较。(a) 正常条件 / 平调条件的直接比较。大填充和小填充的圆圈分别表示 $p<0.005$ 和 $p<0.05$ 的测量通道（chanel，CH）。箭头表示右半球的 CH16。(b) 在正常（蓝色）和平调（绿色）条件下，左 CH16 和右 CH16（激活）变化的平均时间过程。改编自 Homae, Watanabe, Nakano, Asakawa, & Taga. (2006). The right hemisphere of sleeping infant perceives sentential prosody. *Neuroscience Research*, *54*(4), 276-280. 经 Elsevier 许可

① 经过特殊处理的无语调变化的言语，其中，正常言语中的语调变化被处理为统一的平调。——译者注

在研究婴儿对韵律边界的大脑响应时，Pannekamp 等（2006）发现，8 个月大的婴儿（图 6.6）在语调短语边界上呈现出明显的 ERP 效应，它看起来与中止正漂移类似。Männel 和 Friederici（2009）对 5 个月大婴儿的研究中也发现了相似的效应。后一项发现引出了一个问题：在婴儿身上观察到的效应是否是一种类似于成人的中止正漂移效应？在成人中，该效应的诱发可以独立于最显著的声学线索（即停顿）。一项后续研究表明，在婴儿身上不能诱发出与成人类似的、独立于低水平声学干扰线索（停顿）的中止正漂移，该成分只有在 3 岁大的儿童中才会出现，此时儿童已习得了初步的句法知识。

这一发现特别有趣，因为它表明对语调短语边界的充分识别强烈依赖于句法的发展。Männel 和 Friederici（2011）通过测量 21 个月、3 岁和 6 岁儿童的相关 ERP 成分，研究了句法习得不同阶段的韵律边界加工。这种方法的基本原理是，由于儿童在 2—3 岁习得了大量的句法知识，3 岁特别是 6 岁的儿童拥有关键的句法知识，而 21 个月大的儿童则没有。该研究向 21 个月、3 岁和 6 岁的儿童呈现含有和没有语调短语边界的句子，对于 21 个月大的儿童，ERP 分析揭示了一个响应语调短语边界的应有声学成分（由停顿诱发），但没有中止正漂移成分。这表明在该年龄段，儿童只能根据低水平的声学加工过程来侦测言语边界。相比之下，3 岁和 6 岁的儿童同时呈现出应有的听觉

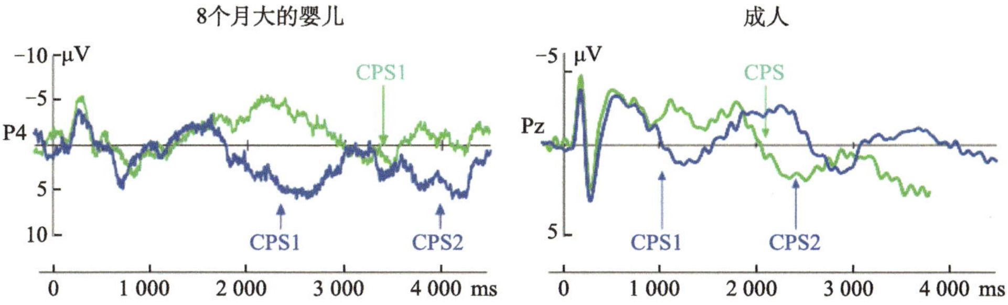

图 6.6 婴儿和成人语调短语边界的加工。语调短语边界加工过程中的事件相关电位（ERPs）。中止正漂移（CPS）作为婴儿和成人语调短语边界（IPh）加工的指标。右图：成人在电极 Pz 处的平均 ERP 值。左图：8 个月大婴儿在 P4 电极处的平均 ERP 值。垂直线表示句子的起始。2-IPh 句子用蓝色显示，1-IPh 句子用绿色显示。箭头表示 CPS。改编自 Friederici. (2005). Neurophysiological markers of early language acquisition: From syllables to sentences. *Trends in Cognitive Sciences*, 9, 481-488. 经 Elsevier 许可；也改编自 Steinhauer, Alter & Friederici. (1999). Brain potentials indicate immediate use of prosodic cues in natural speech processing. *Nature Neuroscience*, *2*(2), 191-196

成分和响应语调短语边界的类似成人的中止正漂移。此外，在没有停顿的情况下，也表现出了中止正漂移。综上所述，这些研究的结果表明，语调短语边界加工的发展变化取决于句法习得的水平。只有在儿童具有更高级的语言能力，获得一些句法（短语结构）知识的时候，才能在没有明显停顿的情况下观察到响应语调短语边界的中止正漂移。

6.1.4.2 从句法规律到句法

为了学习出生后接触语言的结构，婴儿必须识别言语输入中元素的位置规律。行为研究表明，到 8 个月大时，婴儿会在微型人工语法中计算出三音节词串①中的过渡概率（Saffran et al.，1996）。然而，一项针对 7 个月大婴儿的研究表明，在该年龄段学习的婴儿可能超出了统计学习的范围，或许已经涉及代数规则的提取和表征（Marcus et al.，1999）。通过采用较为复杂的人工语法，过渡概率的学习在 12 个月大的婴儿中得到了证明（Gómez & Gerken，1999）。在自然语言中，关键的语法信息不一定在相邻的元素之间进行编码，例如，主语-动词一致性［对比 “he looks”（“他看起来”）和 “we look”（“我们看起来”）］，学习系统必须忽略中间干扰的动词词干来识别代词（he/we）和屈折形式（+s/–s）之间的关系。

在人工语法-学习范式中，我们业已证明，即使是 3 个月大的婴儿，如果他们的听觉加工系统已经对音高信息十分敏感，这些婴儿也可以在三音节词串的 AxB 模式中学到类似（主语-动词一致）的非相邻依存关系（Mueller et al.，2012）。在一项使用自然语言的语言学习研究中（Friederici et al.，2011），其 ERP 模式表明，来自德语单语家庭的 4 个月大的德国婴儿能够学习新语言中的助动词和动词屈折形式之间的非相邻依存关系，这一新语言即意大利语（sta verb-are vs. puo verb-ando），其中这些组合是正确的。助动词和动词屈折之间的这种依存类似于英语中 is 和-ing 在 “is running” 中的依存关系。当对比句子中助动词与动词屈折的不正确、正确组合时，ERP 反映了对这些不相邻依存关系的学习（图 6.7）。不正确的组合引发了央-顶正波，这些结果清楚地表明，4 个月大的婴儿已经能学会新语言中的这种不相邻依存性。不过，他们可能通过将助动词与相关动词屈折形式进行匹配，从而把这种语法相关关系当作 “音位上的依存关系” 来加以学习。

与这些学习研究相反，针对自然语言习得，一项行为研究报告称，只

① 该研究中指由若干无意义三音节单词构成的词串。——译者注

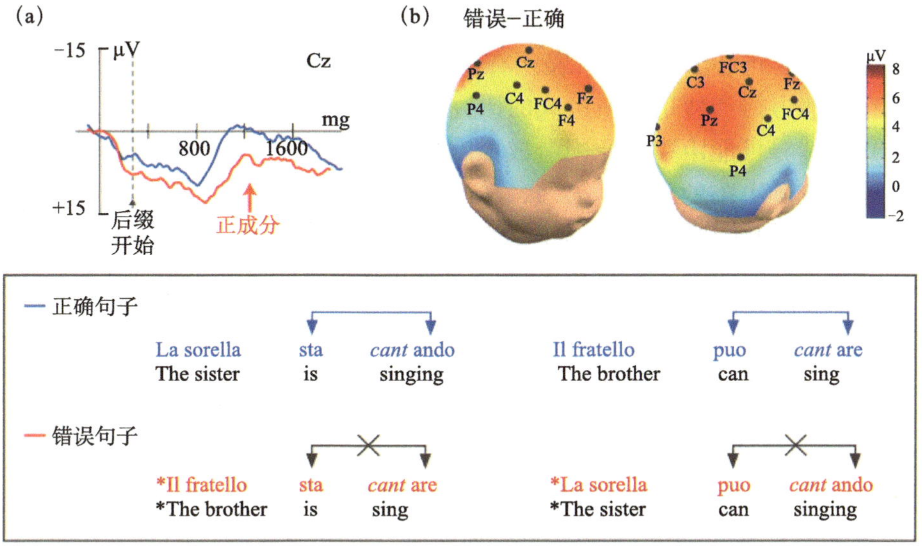

图 6.7 婴儿学习基于音系的句法依存。德国婴儿学习意大利语句子时基于音系的句法依存的事件相关电位。意大利语刺激句的结构和示例（图底部的方框）。方框显示了助词（sta/is 和 puo/can）和相应的意大利语动词屈折变化（-ando 和 -are）之间的语法依赖关系。第一行显示了 sta 和 -ando 以及 puo 和 -are 之间正确的语法关系结构，最下面一行显示了 sta 和 -are 以及 puo 和 -ando 之间错误的语法关系结构。关键的非相邻元素之间的关系用箭头表示。* 表示句子错误。(a) 4 个月大的婴儿在 4 个测试阶段对动词加工的事件相关电位平均值。错误条件（红线）的加工与正确条件（蓝线）的加工相对应。刻度图上的实垂线表示动词的开始，虚垂线表示后缀（动词词形变化）的起始。负极向上绘制。(b) 显示了该效应头皮分布的等电压图。正的差值用红色表示。改编自 Friederici, Mueller & Oberecker. (2011). Precursors to natural grammar learning: preliminary evidence from 4-month-old infants. *PLoS ONE*, *6*(3), e17920

有 18 个月大的幼儿学习英语时才能了解到 is 和动词-ing 之间的关系（例如，正确：is digging；错误：can digging）（Santelmann & Jusczyk，1998）。然而，Tincoff 等（2000）的研究表明，在 18 个月大的幼儿中，助动词和进行体（-ing）之间的关系只体现在特定的词（is_ing）之间，而不能推广到其他组合中（are_ing 或 were_ing）。此外，有证据表明，儿童识别非相邻依存的能力取决于他们对位于两个依存元素之间的材料的语言分析能力。19 个月大的德国幼儿只有在干扰材料被清楚标记时（例如，在英语中，副词由派生形态-*ly* 标记，如“energetically digging”）（译者注：副词词缀“-ly”应该是派生词缀，原书为“屈折”，疑有误），才能够识别依存关系，在缺乏清晰的形态标记的情况下则无法识别（Hóhle et al.，2006）。因此，行为研究表明，自然语言中的非相邻依存是（儿童）在18—19个月大这一特定时期习得的。

在自然习得和使用学习范式的研究中，观察到的成功加工非相邻依存关系的年龄差异可能由多种原因造成：第一，学习研究中的刺激材料会比自然语言输入受到更多的限制；第二，学习研究反映了依存关系的瞬时而非长时记忆。拥有与此问题相关的ERP数据将格外有趣，因为鉴于存在与特定句法过程及其子过程相关的专有ERP成分，这些数据可能有助于识别儿童行为表现下潜在的加工机制类型。

查阅ERP数据时我们发现，对于成年人来说，与句法诸过程相关的不同ERP成分会反映特定的子过程。对句子的句法违反而言，早期左侧前部负波（ELAN，100—200ms）与局部短语结构违反有关，稍晚的左侧前部负波则被发现与形态句法违反有关（例如，主语-动词一致中的错误形态）。这两种负波都反映了对结构违反的自动侦测，通常紧随其后的是一个晚期正波（P600），它反映了句子层面的不一致性（Friederici，2002，2011；本书第1章）。

对于儿童而言，现有的ERP研究表明，这些ERP效应原则上可以在2岁儿童的自然语言习得过程中被观察到。根据Bernal等（2010）的研究，24个月大的儿童听口语句子时，会针对词类违反表现出较早的左侧化ERP反应。对于德国儿童来说，我们在24个月大的儿童中观察到了局部短语结构违反的晚期正波（P600），但这一阶段并不存在早期负波（Oberecker & Friederici，2006，图6.8a）。只有在儿童32个月大时，早期前部负波（儿童特有的ELAN）和晚期的正波（P600）才同时响应简单主动语态句子中局部短语结构的违反（Oberecker et al.，2005；图6.8b）。这些数据表明，德国儿童在24—32个月存在向更自动化的短语结构加工过程的发展转变。

对于英语中不相邻依存关系的违反（例如，“will matching”，而非“is matching”），即使在30个月大的英国儿童中也没有引起显著的晚期正波，只有在36个月大的儿童中才出现（Silva-Pereyra et al.，2005）。与德语研究相比，年龄差异可用以下事实来解释：德语研究（Oberecker & Friederici，2006）测试的是局部依存关系［词类违反，例如，“The lion in-the roars”而非“The lion in-the zoo roars”（“狮子在动物园里咆哮”），这比英语研究中测试的非局部依存关系（情态动词-屈折形态一致，如“will matching”）更容易加工］。ELAN效应在发展过程中出现的时间比P600稍晚，这一点并不奇怪，前者被认为反映了高度自动化的短语结构构建过程（Friederici，2002），而后

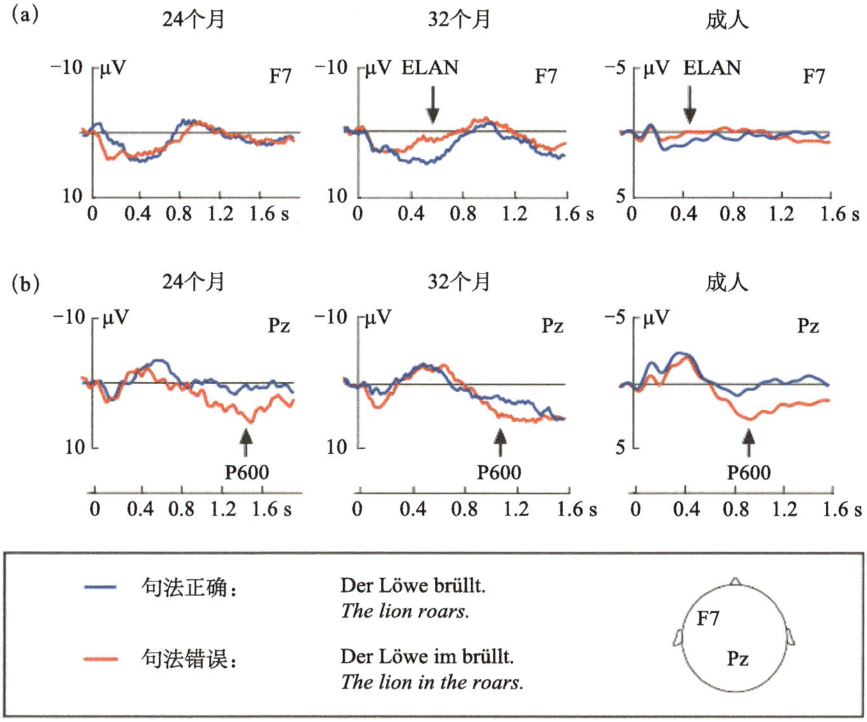

图 6.8 幼儿对句法违反的加工。反映句法词类违反的事件相关电位（ERP）。图底部的方框中显示了例句。众所周知，ELAN-P600 模式可以表示句法过程。ELAN 代表早期左前负波，而 P600 代表晚期中 - 顶正波。在选定电极（F7、Pz）处，不同年龄组的总平均 ERP 展示在（a）ELAN 效应和（b）P600 效应之中。注意幼儿和成人之间不同的微伏尺度。改编自 Friederici. (2006). Syntactic event-related potential components in 24-month-olds sentence comprehension. *NeuroReport*, *17*(10), 1017-1021. 经 Wolters Kluwer 许可；也改编自 Oberecker, Friedrich & Friederici（2005）. Neural correlates of syntactic processing in two-year-olds. *Journal of Cognitive Neuroscience*, *17*(10), 1667-1678. 经麻省理工学院许可

者被认为反映了句法整合过程。因此，似乎在儿童 2.5—3 岁才可以确定句法加工过程中的第一个 ERP 证据①。另外，这些数据还表明，在发育中局部违反会比非相邻依存违反被更早地侦测到。

6.1.5 语言敏感脑区的功能发展

到目前为止，我已经讨论了关于儿童早期语音、语义和句法加工方面的

① 这里指 ELAN。——译者注

ERP 研究，了解这些过程背后的神经网络在生命的最初几年是如何发展的会很有趣。近年来，一些神经影像学研究有助于我们了解语言网络中脑区的发展动态。研究结果表明，虽然婴儿在语言加工的基础上已经形成了一种类似于成人的功能活动模式，但功能网络中领域特异的皮层选择性[①]是逐渐形成的，直至儿童成长晚期才完全确立。

Peña 等（2003）对 2—5 天大的新生儿语音识别的近红外光谱研究表明，新生儿在左侧颞叶皮层对前向言语的血流动力学反应明显强于后向言语。研究者总结认为，观察到大脑左半球激活的不对称性与特定语言的声音有关。然而，在对 2 天大的新生儿的功能磁共振成像研究中，我们发现双侧大脑对正常言语的反应位于颞上回，但在右侧听觉皮层的反应最大（Perani et al.，2011）。由于成年人在加工超音段信息时主要使用大脑右半球，这一发现表明，在语音处理过程中，新生儿似乎更依赖于超音段（韵律）信息而不是音段（语音）信息。

这一观点得到了 Homae 等（2006）研究的支持。他们采用近红外光谱成像技术探究了 3 个月大婴儿的韵律加工，将正常言语与经实验操纵的平调言语进行比较，后者与我们的一项成人功能磁共振成像研究中的操纵非常相似（Meyer et al.，2004）。Homae 等（2006）发现，婴儿加工音高的韵律效应定位在右侧颞-顶区，这类似于成人加工音高等超音段信息的韵律效应。

如上所述，两项功能磁共振成像研究调查了 3 个月大的婴儿被动地听口语句子的情况，结果发现，婴儿的双侧颞上皮层的大部分区域都出现了激活，激活最明显的区域是大脑左半球（Dehaene-Lambertz et al.，2002，2006）。然而，当直接对比前向和后向言语时，颞叶皮层的这种效应就消失了。这些数据表明，左侧颞叶皮层在这个年龄还没有形成完全的语言功能。

新生儿（Perani et al.，2011）大脑右半球对语言加工的强烈参与和成人大脑左半球对语言加工的强烈参与引发了一个基本问题：在发育过程中，左半球的语言偏侧化是何时、在何种情况下发生的？Minagawa-Kawai 等（2011）就该问题给出了一个可能的答案。他们提出了一种发展场景，其中，语言的偏侧化是由生物学上既定的偏向于迅速变化声音，如音素的半球化（倾向于在左半球中加工），以及偏向于频谱上具有丰富性的声音，如句子韵律的半球化（倾向于在右半球进行加工）之间的相互作用而产生的。随着婴儿通过与词汇学习相关的不同语音类别来逐步学习语言时，左半球的激活会

① 即指某皮层区域会选择性地响应于某一特定领域。——译者注

越来越大。最后，随着句法的习得，左半球几乎完全参与其中。

6.1.6 小结

本节回顾了神经认知研究的现有数据，它们提供了一致的证据证明，婴儿很早就能够从听觉输入中提取与语言相关的信息。婴儿似乎具备识别与目标语语音相关的语言声音的能力，能够感知韵律线索，使他们能将输入的内容切分为短语，并且能够识别对目标语的句法至关重要的位置规则和依存关系。此外，联系学习使婴儿能够快速获得物体和动作的名称以及它们之间的关系，所有过程主要涉及两半球的颞叶皮层，并伴有随着年龄的增长脑区激活向左半球的转化。

6.2 3 岁以后的语言

在 3 岁之前，语言的主要方面已经就位。一个孩子已经掌握了其母语语音方面的知识，并学会了很多单词。在 2—3 岁，儿童获得了初步的句法知识，这从法语（Bernal et al.，2010）和德语（Oberecker et al.，2005）儿童的简单句加工中词类违反诱发的左前负波可得到体现。但在语言上达到成人状态之前，儿童的语言能力尚需进一步发展。

除了每天学习新词外，儿童还必须掌握不同类型句法结构的知识，包括补语小句、关系小句、宾语居先句、被动句、疑问句等结构知识。这些结构大多不遵循简单的主谓结构，因此在产生和理解句子时需要额外的运算步骤。我们对神经语言网络向成人状态发展的大脑基础的认识还不透彻，但基于过去十年的 ERP 研究和功能磁共振成像研究，一个初步的图景已经浮现。

6.2.1 时间进程：ERP 研究

ERP 研究初步刻画了对时间敏感的句法加工过程向成人状态发展的轨迹。在成人中，句法词类违反的侦测被认为是一个非常快速的过程，反映为 ERP 中的 ELAN 效应和之后的 P600 效应。ELAN 效应被用来指示早期自动的短语结构构建，而 P600 则被用来指示整合过程。在成人的加工模型中，早期加工被列入初步加工阶段，而之后的加工则被列入晚期加工阶段[①]。

① 本节部分基于 Friederici 和 Männel（2015）。

在一些 ERP 研究中，我们调查了儿童对句法违反的加工。我们考察了简单陈述句中儿童对短语结构违反的反应［“The lion roars”（“狮子怒吼”）］。在 2.5 岁时，简单句中的短语结构违反（“The lion in-the roars”）诱发了双相 ELAN-P600 模式（Oberecker et al.，2005）。我们还研究了句法更复杂的句子短语结构违反的加工（例如被动句，“The pizza was in-the eaten”）。在这些被动句中，第一个名词并非句子的主语①，这使得被动句比主动句更难理解（Hahne et al.，2004）。当被动句中出现句法违反时，儿童在 7—13 岁之前还不会形成 ELAN-P600 模式，6 岁儿童只能表现出 P600 效应。这两项研究的综合结果得出了两个结论：首先，由 ELAN 反映的自动句法加工过程在语言发展过程中出现的时间晚于 P600 反映的过程；其次，在侦测简单主动句和复杂被动句的句法违反方面存在明显的发展差异。在儿童 2.5 岁和 7 岁时，主动句句法加工（ELAN-P600）的发展差距相当大。这就引发了如下问题：造成这种差异的可能原因是什么？是不是由遗传决定的习得发展程序决定的？如果的确如此，我们能否找到与之相关的神经基础？

当观察行为研究时，有趣的是，ERP 的发现与行为研究一致：儿童只在 5 岁之后才能处理非常规句子，并且依赖于句法结构的能力只有在 7 岁左右才能被观察到（Dittmar et al.，2008）。德语中非常规宾语居先句的一个例子是：

Den［宾格］Hund zieht der［主格］*Vogel*.

The dog pulls the bird［字面义，“狗拉着鸟”］.

The bird pulls the dog［句义，“鸟拉着狗”］.

对这些儿童来说，这类宾语先行句尤其具有挑战性，其中，由宾格标记的宾语-名词短语位于句首位置，而由主格（施事）标记的主语-名词短语位却处于句末位置。在这类句子中，名词短语的格标限定词（der，主格；den，宾格）对于确定名词短语的语法角色，进而为解读句子必须进行的题元指派至关重要。主格指派给句子的主语，从而分配其句子的施事角色；而宾格指派给句子的宾语，分配其受事或“经事”（undergoer）角色。

有两项采用德语格标记句进行的 ERP 研究。第一项研究使用了一种违反范式，即采用含有两个主格标记名词短语或两个宾格名词短语的句子（Schipke et al.，2011），从而违反了被称为“题元准则”的语法原则（Chomsky，1981，1986）。这一原则认为，一个句子中的每个名词短语只能分配一次题元角色。由于施事角色分配给主格名词短语，而受事角色分配给

① 这里研究者认为被动句的第一个名词是动词的宾语，所以说它不是主语。——译者注

宾格名词短语，一个句子中的两个主格名词短语或两个宾格名词短语明显违反了题元准则。对于这两种违反类型，成人表现出双相 N400-P600 的 ERP 反应，反映了题元语义和句法加工过程。对于双主格违反类型，3 岁儿童表现出一种成人式的加工模式。对于双宾格违反类型，ERP 结果表明，即使是 6 岁儿童也没有表现出成人模式，这说明宾格的语法功能习得较晚。第二项 ERP 研究比较了常规主语居先句和非常规宾语居先句的加工（Schipke et al., 2012），该研究中各年龄段的 ERP 模式均不同于成人。研究操纵了德语主句中的词序和格标记。在宾语居先结构内的第一个具有宾格标记的名词短语中，成人的 ERP 表现出了负波。与成人相比，儿童的 ERP 显示出许多其他的 ERP 效应，表明每个年龄组的儿童使用了不同的策略，这些策略可以反映他们不同的发展阶段。虽然 3 岁儿童似乎能察觉到两种句子结构的差异，但尚不能将这些信息用于句子理解；4.5 岁儿童则主要使用一种词序策略，以相同的方式加工两种情况下的话题化的宾格标记名词短语，从而导致在句子中的第二个名词短语处侦测格标记线索的困难；6 岁时，儿童能够使用格标记线索进行理解，但在正确指派题元角色时仍需要更大的努力。这些数据反映了 3—7 岁儿童从识别到使用格标记信息的发展过程。

6.2.2 功能表征的出现：MRI 研究

在个体 3—7 岁时，加工非常规句子所需的全部句法能力发展得相当缓慢。在不同研究中观察到的 ERP 模式还不像成人，因此，这提出了一个假设：这些加工过程背后的神经网络必须达到类似成人的成熟状态，才能表现出成人式的行为。多项神经影像学研究似乎都支持了这一假设。

在一项针对 5—6 岁儿童的功能磁共振成像研究中，研究人员使用句法违反范式研究了大脑发育过程中句法加工的神经网络（Brauer & Friederici, 2007）。类似于早期 ERP 研究中使用的句子材料，实验句是包含短语结构违反的常规句。正确句子和语义错误的句子加工导致了双侧颞上回、额下回和额中回的激活，而句法错误的句子则特定地激活了左侧 Broca 区。与成人相比，这种激活模式的偏侧化程度更低、特异性更弱、范围更广。对正确句和错误句的大脑外侧裂激活的时间进程分析也发现了发展上的差异。与成人相比，儿童额下皮层的反应要晚于颞叶皮层（图 6.9）。此外，跟成人相反，儿童在右半球的激活时间上表现出相比左半球的优势（Brauer et al., 2008），表明他们在听觉句子理解过程中严重依赖于右半球的韵律加工。这与以下观点基本一致，即年幼的孩子比年长的孩子更多地依赖右半球的超音段韵律加工。

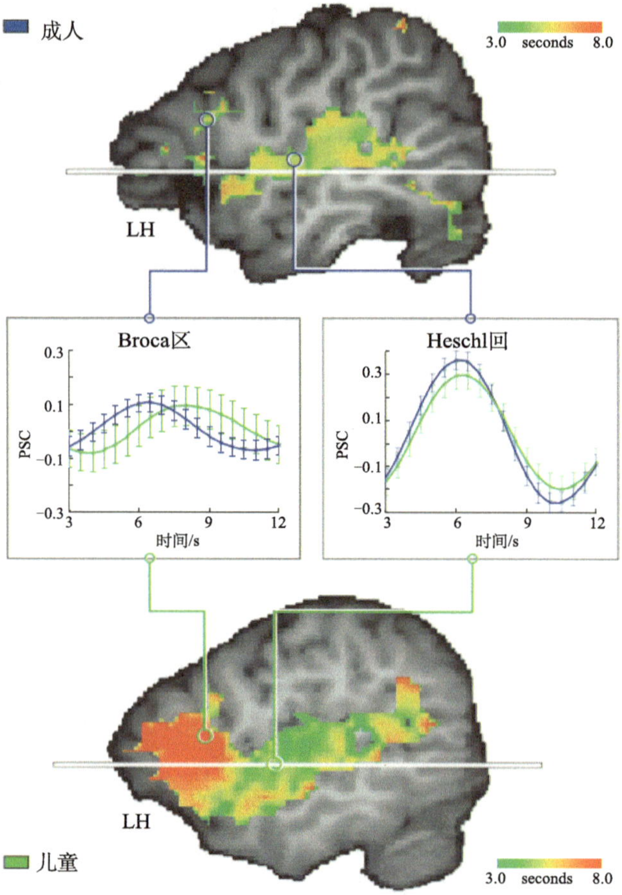

图 6.9 听觉句子加工过程中大脑激活的时间进程。听觉理解句子时皮层激活的时间组构。成人（上）和儿童（下）的大脑激活，分别位于矢状截面（x=−50）和水平截面（z=2）。数据在 z=2.33 处为随机效应激活图所掩盖，并用颜色编码了激活体素出现峰值的时间（3.0—8.0s）。白色的水平线表示对应剖面的切割。注意儿童额叶下皮层非常晚的反应和他们在这个区域的半球差异。中：统计图显示了成人（蓝色）和儿童（绿色）在 Broca 区和 Heschl 回句子理解的激活示例。改编自 Brauer, Neumann & Friederici (2008). Temporal dynamics of perisylvian activation during language processing in children and adults. *NeuroImage*, *41*(4), 1484-1492. 经 Elsevier 许可

对 5—6 岁儿童和成人句子语义加工的神经网络的对比分析[①]，为儿童和成人的神经网络差异提供了一些证据（Brauer & Friederici，2007）。儿童在加

① 原文为“neural work”，疑为笔误，应为“neural network”，即神经网络。——译者注

工正确句和语义错误句时，大脑颞上回、额下回和额中回出现了双侧激活，而成人的语言网络则更偏侧化，更特异于语言加工的不同方面，且涉及双侧额下皮层中的额外区域。另一项功能磁共振成像研究考察了 7—10 岁儿童和成人对于语义一致和不一致句子的词汇语义判断（Moore-Parks et al.，2010）。总的来说，结果表明，在 10 岁末期，儿童使用了与成年人相似的皮层网络加工词汇语义，包括左侧额下回、颞中回和双侧颞上回的激活。然而，结果也揭示了发展上的差异，成年人在左侧额下回、左侧缘上回、左侧顶下小叶以及运动相关区域表现出更大的激活。

在最近一项功能磁共振成像横向研究中，我们考察了三组 3—10 岁的儿童和一组成人在理解句子时的大脑激活（Skeide et al.，2014）。该研究中的句子在语义（语义合理性）和句法（常规的主语居先和非常规的宾语居先结构）等因素上发生变化，合理性主要考虑真实世界知识［合理的句子是指高的动物（狐狸）抱着小动物（甲虫），而不合理的句子是指小动物（甲虫）抱着高的动物（狐狸）］。这项研究的功能磁共振成像数据提供了如下证据：由激活模式可知，与成人相比，3—4 岁和 6—7 岁的儿童的句法加工不能独立于语义，语义和句法在颞上皮层相互作用。有趣的是，直到 10 岁末，儿童的左侧额下回才表现出对句法的神经选择性，与语义相分离且独立于语义，与成人大脑的激活模式相似。因此，与加工较不复杂的主语居先句相比，直到青春期早期，加工较复杂的宾语居先句才可以在大脑层面观察到领域特定的句法选择性。

Yeatman 等（2010）在一项针对 10—16 岁儿童的功能磁共振成像研究中，通过系统地改变句法复杂性来研究句子加工，并观察到了大脑额叶、颞叶、颞-顶叶和扣带回区域的广泛激活模式。不依赖于句子长度、句法上更复杂的句子在左侧颞-顶联合区和右侧颞上回的激活更强，而在额叶区域则不然。在他们的研究中，额叶区域的激活变化与标准语言发展测试中的句法感知测量和所测词汇相关。

对语言加工过程神经基础的充分描述，需要更多有关大脑结构与功能之间关系的信息，对相关语言区域的灰质和连接这些区域的白质纤维束来说都是如此。早期关于大脑结构成熟（以灰质的变化为标志）与语言发展之间关系的研究表明，5—11 岁儿童接受和产出音系信息的技能与所测得的左侧额叶下回灰质概率相关（Lu et al.，2007）。另一项研究发现，12—17 岁青少年的左侧缘上回和左侧颞叶后部灰质与词汇知识相关（Richardson et al.，2010）。一般来说，灰质密度在高阶关联脑区随发育而降低（Gogtay et al., 2004; Brain Development Cooperative Group, 2012)。具体来说，参与成人句子加工的额-顶叶脑区的灰质体积在 7—12 岁呈下降趋势（Giedd et al., 1999; Sowell et al., 2003）。

一项近期研究关注了语言网络的灰质及其与句子加工和言语工作记忆的关系（Fengler, Meyer & Friederici, 2016）。特别是对于句法复杂句的加工，有人认为这可能需要良好的言语工作记忆能力（Felser et al., 2003），且这种能力与儿童对复杂句的加工最相关（Montgomery et al., 2008; Weighall & Altmann, 2011）。因此，在句法加工的后期功能发展研究中，我们考虑了不同年龄组（5—6 岁、7—8 岁和成人）的三个方面：第一，加工逐渐复杂的句子时的功能性大脑活动；第二，语言相关区域（BA44 区和左侧颞-顶叶区域）的大脑结构；第三，理解复杂句的行为表现和独立言语工作记忆测试的行为表现（Fengler et al., 2016），这三个因素共同导致了儿童和成人在加工复杂中心内嵌句时的发展差异。首先，在儿童和成人全脑分析中，大脑功能数据揭示了一个性质相似的神经语言网络，涉及左侧 BA44 区、左侧顶下叶和颞上回后部（顶下叶 / 颞上回后部）、辅助运动区和小脑。虽然额下回内的 BA44 区和顶下叶 / 颞上回后部的激活预测了各个年龄段儿童的句子理解能力，但只有成人在这些脑区会对较复杂的句子显示出功能选择性。其次，BA44 区和顶下叶 / 颞上回后部对复杂句的功能选择性的协调可由特定区域的灰质减少预测。最后，后一区域（顶下叶 / 颞上回后部）的协调性还可以通过言语工作记忆能力来预测。这些数据首次表明，大脑结构的成熟和言语工作记忆的扩展都会促进复杂句的有效加工。

一项重要研究结合了功能和结构的 MRI[①] 方法（Skeide et al., 2016），重点关注语言网络的白质，以评估灰质和白质在语言加工中的贡献。其中有两个子网络被定义：①背侧语言网络，由位于额下回的 BA44 区（额下回岛盖区）和通过背侧纤维束弓状束连接的颞上回后部组成；②腹侧语言网络，由额下回的 BA45 区（额下回三角区）和通过 IFOF 连接的颞上回前部构成（比较图 6.13）。3—10 岁儿童和成人都接受了功能磁共振成像扫描，在扫描中，他们需要完成常规主语居先句和非常规宾语居先句的句子理解任务。构成背侧语言系统的两个区域，即额下回岛盖部 BA44 区和颞上回后部的功能激活，随着年龄的增长而显著增加；构成腹侧语言系统的两个区域，即额下回三角部（BA45 区）和颞上回前部，其激活增加的程度则要小得多（图 6.10）。

① 原文为“MRT”，应为笔误，这里改作“MRI”，即磁共振成像。——译者注

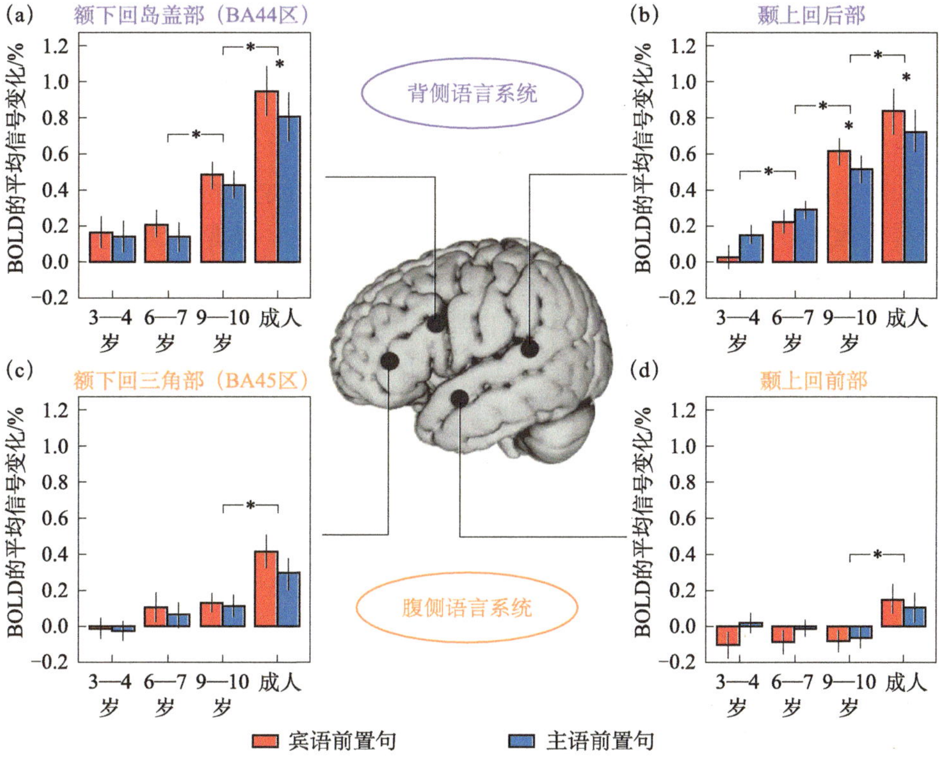

图 6.10　大脑发育过程中语言相关区域的功能激活。4 个与句法相关的感兴趣区域（ROI）的功能激活。(a) 额下回岛盖部（BA44 区），(b) 颞上回后部（pSTG），(c) 额下回三角部（BA45 区），(d) 颞上回前部（aSTG）。在 4 个年龄组中显示了简单主语居先句（蓝色）和复杂宾语居先句（红色）的大脑激活（BOLD 的平均信号变化）。构成背侧语言系统的两个位于背侧的 ROI（a、b）显示了两种类型句子相对于基线的主效应，只有额下回岛盖部（BA44 区）显示了两种类型句子之间的差异。在构成腹侧语言系统（c、d）的腹侧 ROI 中，仅在额下回三角部（BA45 区）检测到宾语居先句的主效应。星号表示条件之间的差异显著，误差条表示均值的标准误。引自 Skeide, Brauer & Friederici. (2016). Brain functional and structural predictors of language performance. *Cerebral Cortex*, *26*(5), 2127-2139. 经牛津大学出版社许可

对于相同的个体，其纤维束的白质成熟度可由弥散磁共振成像确定。反映纤维束髓鞘密度的测量值——各向异性分数，特别是连接到 BA44 区的背侧纤维束的各向异性分数会随着年龄的增长而提高。使用包含灰质和白质信息的偏相关分析表明，两者都与语言发展有关。我们发现，灰质激活的增加可以预测理解表现的准确性，而背侧纤维束的白质密度则可以预测句子理解

的准确性和速度（Skeide et al.，2016）。这些数据为“是什么决定加工句法复杂句的能力在晚期出现？”这一问题提供了答案。这项研究首次证明，语言发展中某些里程碑式的成就（例如，句法复杂句的加工）取决于大脑结构的成熟状态（详见 6.3 节）。

髓鞘化程度与行为表现之间的关联方向仍有待确定。是复杂句法的使用增多导致连接到 BA44 区的背侧纤维束髓鞘化的增强，还是生物学上决定的该纤维束髓鞘化的增强提高了句法水平？如果前一观点成立，则对 6 岁以下儿童进行句法训练应该可以对背侧白质纤维束产生积极影响；如果后者成立，就不会如此。到目前为止，仍无法给出明确的回答，尽管已经有了初步的尝试。在我看来，生物成熟度和语言训练是相互作用的，并且神经生物学程序也许包括一些时窗，在每个时窗内，大脑对某种输入具有专门的可塑性，从而可以进行训练，这已在感官系统及一般语言习得中得到了证明（Werker & Hensch，2015）。因此，这一观点可能还适用于语言的特定方面，尤其是复杂句法和连接到 BA44 区的白质纤维束的成熟度。

6.2.3 小结

在这里回顾的电生理发现揭示了 3 岁及以后的发展阶段之间句法加工过程的清晰发展变化。磁共振成像数据显示，语言能力的全面发展依赖于灰质和白质的成熟变化。虽然语言相关区域中的灰质随年龄的增长而减少，但这些区域之间的白质连接会随年龄的增长而增加。这些发现提供了一个有启发性的证据，即只有大脑完全成熟后才能达到完全的语言能力。

6.3 发展过程中的结构和功能连接

在前一节中，我提到了儿童结构语言网络的发展及其与语言功能的关系。在这里，我将以婴儿数据和成人数据为背景，在现有少数关于语言发展的功能连接研究中对此[①]进行讨论。

神经语言网络功能的一般框架由额-颞白质纤维束的成人式的结构成熟度确定（请参阅第二部分）。鉴于功能网络中脑区之间的功能连接不能完全独立于各脑区之间的结构连接，我们假设结构连接的成熟会对语言网络的功能连接产生影响。

① 即指大脑发展与语言功能的关系。——译者注

对于结构连接而言，新生儿弥散加权磁共振成像数据表明，通过上纵束 / 弓状束把额下回与颞上回相连接的、在成人文献中与复杂句法加工相关（Friederici，2011；Wilson et al.，2011）的这条背侧连接在婴儿出生时尚未髓鞘化（Perani et al.，2011），在 1—4 个月大时也未髓鞘化（Leroy et al.，2011）。但另一条连接前运动皮层和颞上回的、在成人中支持声音感知到发音的感觉-运动映射（Saur et al.，2010）的背侧通路在出生时就已经存在（Perani et al.，2011）[①]，并在 1—4 个月大的婴儿中得到了证实（Dubois et al.，2009）。如图 6.11 所示，新生儿和成人的弥散加权数据在连接颞上回后部和额叶皮层的背侧通路上有所不同，两组均存在到达前运动皮层的通路，但新生儿到达 Broca 区的通路却尚未成熟。

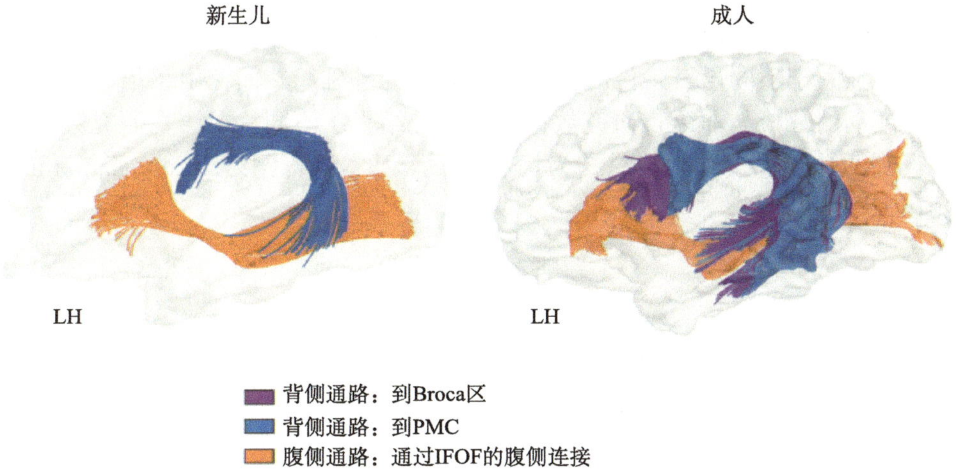

图 6.11 新生儿和成人的纤维束通路（结构连接结果）。新生儿和成人言语相关区域弥散张量成像数据的纤维追踪，种子点在 Broca 区和中央前回 / 前运动皮层（PMC）。成人有两条背侧通路：一条通过弓状束（AF）和上纵束（SLF）连接颞叶皮层至额下回，即 Broca 区（紫色）；另一条通过 AF 和 SLF 连接颞叶皮层到中央前回，即前运动皮层（蓝色）。在新生儿中，只能侦测到通往中央前回的通路。在成人和新生儿中存在通过额 – 枕下束（IFOF）连接额下回腹侧与颞叶皮层（橙色）的腹侧通路。改编自 Perani et al. (2011). The neural language networks at birth. *Proceedings of the National Academy of Sciences of the United States of America*, *108*(38), 16056-16061

① 然而，Dubois 等（2016）报告了新生儿和年轻人白质的结构相似性，其中包括弓状束。研究者承认，白质纤维束在额叶的终点上存在差异，部分是由于纤维束的交叉造成的。他们提供的新生儿数据显示了弓状束的端点位于中央前回，这与 Perani 等（2011）提供的婴儿数据相似。

因此，成人中与支持层级句法加工过程相关的上纵束 / 弓状束在婴儿中尚未髓鞘化（Perani et al.，2011），其必须在儿童时期逐渐发育。结构数据表明，上纵束 / 弓状束在儿童时期会缓慢成熟（Brauer & Friederici，2007），并能预测儿童句法能力向成年句法能力发展的程度（Skeide et al.，2016）。

考虑到语言相关区域之间结构连接强度的这些变化，我们预期功能连接也会出现变化。功能连接可以提供在功能上大脑中特定区域是否以及如何与其他脑区协作的信息，但只有很少的发展研究回答了这个问题。BA44 区和左侧颞上回 / 颞上沟后部之间尚未成熟的结构连接伴随着这些区域之间功能性连接的缺失。在新生儿中，只有左侧 BA44 区和右侧 BA44 区之间，以及左侧颞上回 / 颞上沟后部与右半球同源脑区之间存在功能连接（Perani et al., 2011）。当比较婴儿和成人 BA44 区和颞上回 / 颞上沟后部的功能连接时，只有成人呈现出显著的功能连接，请参见图 6.12 和 Lohmann 等（2010）的研究，在成年期，结构连接已完全成熟。这些功能连接分析以语言加工研究分析的、独立于不同语言条件的低频波动数据为基础。然而，由于语言研究中低频波动的分析与非语言研究数据的分析（结果）不同，在语言研究数据上观察到的功能连接因此被总结为代表了一个基本语言网络（Lohmann et al., 2010）。

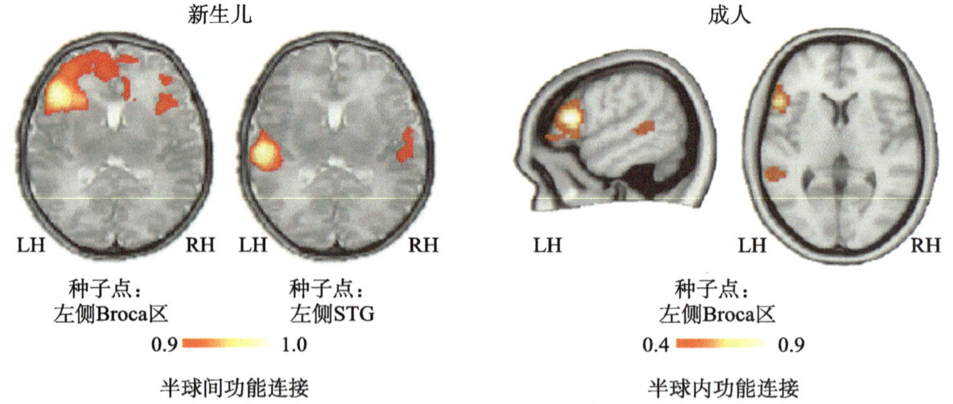

图 6.12 新生儿和成人的功能连接。通过分析新生儿和成人语言实验中 Broca区和左侧颞上回（STG）后部种子点低通滤波残差相关值揭示的功能连接。新生儿表现为两个大脑半球之间的功能连接，而成人则表现为左半球内的功能连接。改编自 Perani et al. (2011). The neural language networks at birth. *Proceedings of the National Academy of Sciences of the United States of America, 108*(38), 16056-16061

从结构上看，连接颞上回后部和额下回岛盖部（BA44 区）的背侧纤维束作为背侧语言系统的一部分，在儿童 3—10 岁时会慢慢成熟，这由各向异性分数的增加来表示（图 6.13a 和图 6.13b）（Skeide et al.，2016）。这种成熟度的提升与加工宾语居先句的行为表现（同时包括正确率与反应时）相关（图 6.13a）。但对于腹侧通路，即 IFOF，却没有观察到这种相关性（图 6.13c 和图 6.13e）。

首个针对 3 岁和 6 岁儿童、与任务相关的功能连接研究（Vissiennon et al.，2017）结合了功能激活和功能连接分析。该研究采用功能磁共振成像和行为测量方法研究了 3 岁和 6 岁儿童在理解句子时的功能激活和功能连接。具有不同词序（主语居先和宾语居先）并带有格标记的德语及物动词句采用听觉呈现，两个年龄组在左侧颞上回后部均表现出词序的主效应：与主语居先的句子相比，宾语居先句的激活更大。然而，在左侧颞上回后部和左侧额下回 BA44 区之间的功能连接中观察到了年龄差异。与 3 岁组相比，6 岁组左侧颞上回后部和左侧额下回中的 BA44 区之间的功能连接显得更强，而 3 岁组的左侧颞上回后部同左侧 BA45 区之间的功能连接强于其与左侧 BA44 区之间的连接。该研究表明，虽然任务相关的大脑激活在两个年龄组中具有可比性，但不同年龄组之间的行为差异可以反映在正在发展的神经语言网络的功能组织上。

另一种了解功能连接和语言功能之间关系的方法是评估静息态功能磁共振成像的数据与语言任务的相关性。静息态功能磁共振成像测量了参与者“不做任何事情”（即被试不参与某项任务）时的大脑活动（Biswal et al.，1995）（见“导论”和 4.2 节）。该方法被应用于成人研究之中，用来描述患有不同认知疾病参与者（Alaerts et al.，2015；Tadayonnejad et al.，2015）和不同水平认知表现的参与者固有功能连接的变化（Zou et al.，2013）。

静息态功能磁共振成像也被用来描述儿童大脑的发展变化。有研究分析了德国 5 岁儿童和成人的静息态功能连接数据。对于儿童，静息态功能连接数据与句子加工的表现相关（Xiao et al.，2016a）。成人在左侧额下回和左侧颞上回后部之间表现出很强的半球内功能相关性，儿童则在左侧额下回和其右侧同源脑区之间表现出很强的半球间功能相关性。儿童静息态功能磁共振成像与句子加工能力的相关分析表明，左侧颞上沟后部和左侧额下回之间的长程功能连接与成功加工句法复杂句相关。因此，尽管儿童和成人的语言系统之间仍然存在显著的差异，但到 5 岁时，左半球语言网络中似乎已经存在一条固有的功能连接。

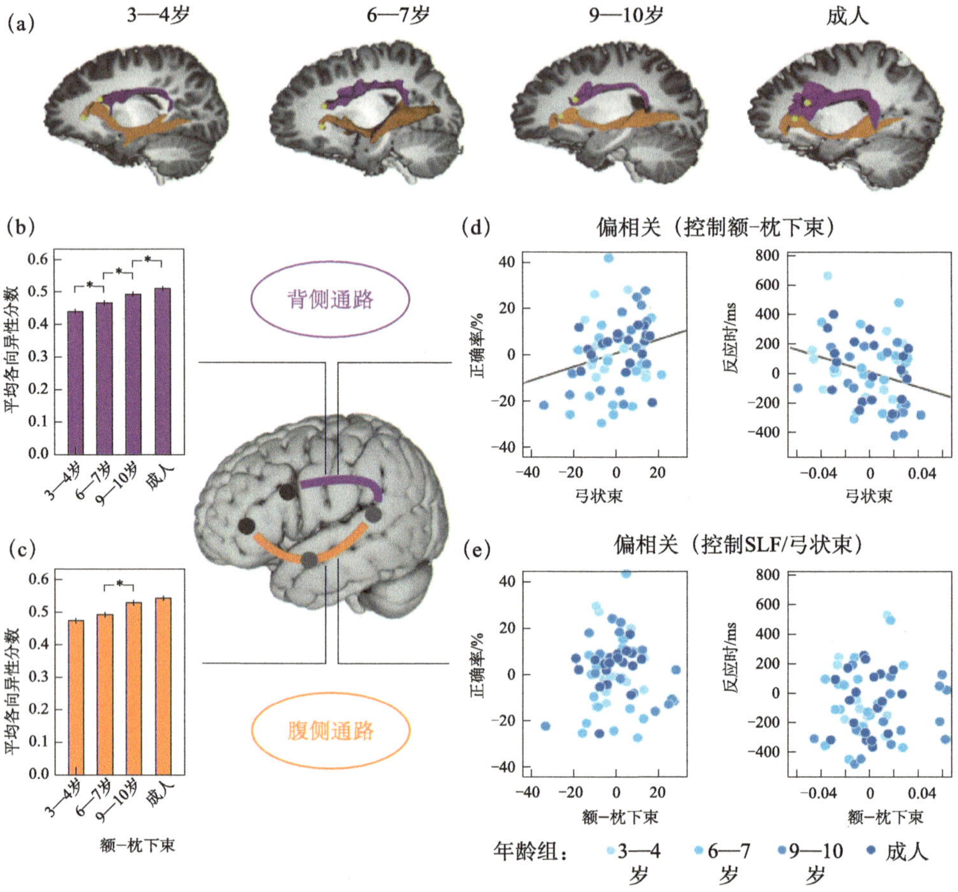

图 6.13 背侧和腹侧纤维束通路的成熟。背侧和腹侧纤维通路的成熟及其在句子加工中的作用。(a) 以左侧额下回（IFG）岛盖部（BA44 区）为种子点重构左侧弓状束（AF）（紫色），在左侧额下回三角部（BA45 区）重构左侧额–枕下束（IFOF）（橙色）。图中描绘了每个年龄组所有纤维束的三维图。(b、c) 纤维束平均各向异性分数在各年龄组的差异，AF 在 3—4 岁和 6—7 岁儿童、6—7 岁和 9—10 岁儿童、9—10 岁儿童和成人之间存在差异，IFOF 在 6—7 岁和 9—10 岁之间有显著差异。(d、e) 当通过偏相关性分析调整相应的其他纤维束的影响时，个体背侧纤维束 FA 值与个体在宾语居先句上的表现显著相关，而在腹侧纤维束上则不相关。星号表示年龄组之间的差异显著，误差条表示均值的标准误。改编自 Skeide, Brauer & Friederici. (2016). Brain functional and structural predictors of language performance. *Cerebral Cortex*, *26*(5), 2127-2139. 经牛津大学出版社许可

另一项静息状态功能磁共振成像研究（Xiao et al.，2016b）采用纵向方法，展示了德国 5 岁和 6 岁学龄前儿童的发展效应。基于体素的网络测量被用来评估整个大脑中与年龄相关的连接差异。为了探讨连接的变化，该研究以左侧颞上回 / 颞上沟后部为种子点进行了功能连接分析。静息态功能连接和通过标准德语理解测试所得的语言表现之间的相关分析显示，语言能力的发展在整体上与左侧颞上回 / 颞上沟后部和右侧额下沟、扣带回后部之间的静息态功能连接呈正相关，特别是加工句法复杂句的较高水平的表现与左侧颞上回 / 颞上沟后部和左侧额下回之间的功能连接呈正相关。

小结

本节回顾了若干研究发现，它们表明语言能力的提高与大脑左半球语言相关区域（如额下回和颞上回 / 颞上沟后部）之间的结构和功能连接增强相关。具体来说，我们已经知道，连接额下回 BA44 区和颞叶皮层后部的背侧纤维束对达到（成人似的）完备句法能力而言十分关键。

6.4 语言网络的个体发育：一个模型

人类的大脑天生就含有神经元之间以及脑区之间的连接，学习一门语言需要根据言语输入来调节并部分重组这些连接。在人出生时，颞叶皮层的听觉感知系统就已经具备了处理语音输入的功能，更高阶的语言加工系统的功能发展得较晚，而连接语言加工相关脑区的长程纤维束的功能发展也是如此。

Skeide 和 Friederici（2016）基于大脑的语言习得模型回顾了现有数据，并提出了两个主要的发展阶段：第一个阶段涵盖了生命的前 3 年，在此期间，自下而上的加工过程主要基于颞叶皮层和腹侧语言网络在起作用；第二个阶段是从 3 岁至儿童晚期，其中，自上而下的加工过程在作为背侧语言网络一部分的左侧额下回句法功能特异化及其功能连接增加的影响下逐渐出现（图 6.14）。

在第一阶段，在言语感知过程中，主要是婴儿的双侧颞叶皮层得以激活。新生儿右侧颞上回中、后部的血流动力学活动强于左侧（Perani et al.，2011）。在婴儿 3 个月大的时候，与反向言语相比，正常言语会激活其左侧颞叶皮层（Dehaene-Lambertz et al.，2006）。早期的言语切分和音系词形的侦测在婴儿 6 个月大的时候就可以观察到（Bergelson & Swingley，2012）；

9个月时，婴儿已能将词义归纳到词汇类别之中（Friedrich et al.，2015）；在12—18个月大的时候，也就是儿童每天学习大量单词的阶段，词汇-语义加工过程中出现了明显的N400这一ERP效应（Friedrich & Friederici，2010）。N400效应位于颞叶，即从左侧颞上回延伸至颞下回的颞区中部和后部（Travis et al.，2011）[①]。

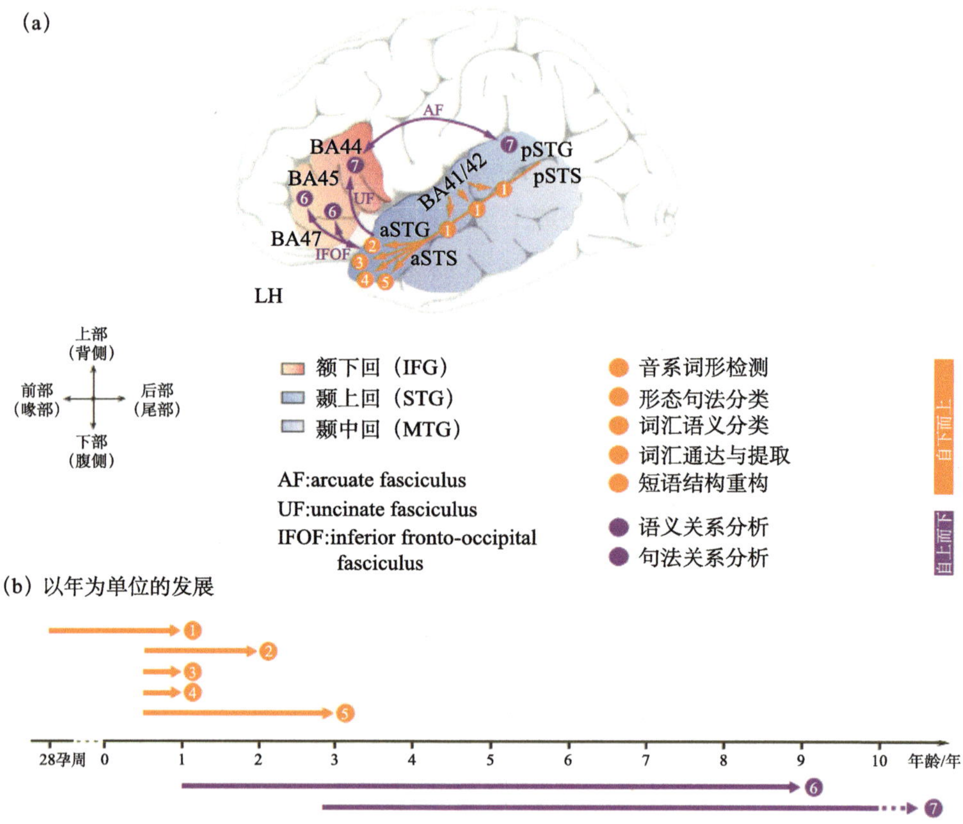

图 6.14 语言网络的发展。在发育过程中逐步发展的语言理解大脑皮层回路。(a) 主要加工步骤（1—7）在两个半球神经基础上的实现，这里将其仅投射到成人大脑的左半球上予以示意。(b) 语言习得时间表（年龄，以年为单位）。在组水平上呈现了语言发展的最早阶段（线的起点）与首次出现成人（语言）形式的时间（线的终点）。改编自 Skeide & Friederici. (2016). The ontogeny of the cortical language network. *Nature Reviews Neuroscience*, *17*, 323-332

① 在言语感知过程中，额下回的激活也有报道（Dehaene-Lambertz et al.，2006；Perani et al.，2011），但其功能仍然难以确定。

为了从连续语流中提取词汇元素和可能的短语，言语输入必须在 5 个月大的时候被切分成子部分。言语输入可以基于主要的声学线索，即停顿，组块化为“音系短语”（Männel & Friederici，2009），但是直到 3 岁，儿童才能在没有这种声学线索的情况下识别音系短语的边界（Männel & Friederici，2011）。该能力与当时获得的初步句法知识有关。虽然声音线索是在颞叶皮层加工的，但必须将句法知识对这些过程的影响视作前额叶在此期间发展形成的自上而下的加工过程。在 2.5 岁时，可以发现儿童句法加工过程中的第一个神经生理学指标。当这个年龄段的儿童在介词短语中遇到词类违反时，他们表现出与成人相似的 ERP 响应模式，这反映在 ELAN 和 P600 的双相模式中（Oberecker & Friederici，2006）。ELAN 已被发现发源于左前颞区（Herrmann et al.，2011），还可能以额下区域为源头（Friederici et al.，2000）。在儿童中，这些过程以及句法短语的构建由腹侧语言系统支持，涉及颞叶皮层和通向额下回腹侧部分的腹侧通路。

在第二个发展阶段，自上而下的加工发挥了越来越大的作用。加工句子涉及识别词和短语之间的语义和句法关系，并对这些信息进行有效的利用。在 3—7 岁的儿童中，语义和句法相关的血流动力学活动大部分重叠（Brauer & Friederici，2007；Nunez et al.，2011）。此外，从统计学上看，句法和语义因素在左侧颞上回的中部及后部存在互动。直到 9—10 岁，语义和句法领域才可以分化为不同的神经网络。左侧额下回特定脑区对句法的功能选择性在 9—10 岁的儿童中被首次发现（Skeide et al.，2014）。但在这个年龄段，该选择性模式仍然不同于成人。在成人中，BA44 区被发现对复杂的句法加工过程具有选择性，而在 9—10 岁的儿童中，在 BA45 区出现了这种功能选择性。这表明在该年龄段，BA44 区还无法全效加工句法。

在句子水平上对短语进行排序以实现理解的操作涉及左侧额下回和左侧颞上回 / 颞上沟后部，它们由位于背侧的纤维束连接（Wilson et al.，2011）。这个背侧语言系统（特别是连接颞上回 / 颞上沟后部和 BA44 区的背侧纤维束）的成熟，对于处理句法复杂的非常规句而言至关重要（Skeide et al.，2016）。

虽然这个模型基于一个数据较少的实证数据库，但语言的第一阶段似乎主要基于自下而上的加工过程，使用颞叶皮层；第二阶段采用自上而下的过程，因此涉及额叶皮层及其到颞叶后部皮层的后向投射。有一种观点认为，与成人相比，婴儿最初是从语言输入中学习语言的，而不涉及位于前额叶皮层的自上而下的过程，支持该观点的有力证据来自一项对婴儿和成人语言学习的比较研究。在该研究中，健康成人必须在两种条件下学习一种新的语言：正常的听力条件和已知控制加工过程所在的前额叶皮层被神经刺激抑制的条件。这项研究采用了之前用于婴儿的语言学习范式（Friederici et al.，2011）（图 6.7）。婴儿和成人之间的比较揭示了正常听力条件下 4 个月大的婴儿和成人之间的明显差异：婴儿表现出声学-音系结构学习的 ERP 效应，而成人则没有（Friederici et al.，2013）。成人只有通过神经刺激来下调左侧前额叶皮层的活动时，才表现出类似于婴儿的结构学习 ERP 效应。因此，正如在婴儿中观察到的那样，当来自前额皮层的控制加工过程不以自上而下的方式影响声学-音系加工时，音系学习似乎更成功。

小结

当前的神经语言网络发展模型认为，在生命最初的几个月中，语言加工主要是输入驱动的，这由颞叶皮层和语言网络的腹侧部分支持。3 岁以后，当自上而下的加工过程开始起作用时，左侧额下皮层和语言网络的背侧部分会更多地参与其中。

第四部分

在本书的最后一部分，我将通过基于行为和神经解剖学方面物种之间的比较，来考虑语言网络的演化。这些数据有力地表明了人类与非人类灵长类动物之间的区别：人类可以容易地学习和使用语言；非人类灵长类动物只能学会简单序列而学不会复杂的句法序列。关键的神经解剖学差异似乎是Broca区后部的神经构筑结构，即BA44区，以及它与颞叶皮层后部结构的连接。我们已经看到，这些结构都参与了句法加工过程。

第 7 章 语言的演化

从历史上看，关于语言演化的争论可以追溯到柏拉图。在一次对话中，他质疑语言是否是一个任意符号系统，或者说单词是否与它们指代的事物有着内在联系。这个问题已经存在多个世纪，并且仍在语言演化的背景下被讨论着。如果词汇是任意的，那么它们从何而来？

达尔文的《人类起源》(*The Descent of Man*)(1871 年)一书比较了人类和非人类灵长类动物的认知能力，将这一哲学问题变成了生物学问题。对主要语言演化理论的简单回顾将为这个讨论提供一些见解。

7.1 语言演化理论

几个世纪以来，哲学家和其他科学家一直在思考语言的起源，形成了各种不同的理论，这些理论中只有少数在当时“幸存”了下来。历史上，关于这个主题的最早论文之一来自 Herder(1772 年)，他向柏林科学院提交了一篇题为《论语言的起源》(*Treatise on the origin of language*)的论文，柏林科学院曾授予这篇论文语言起源主题的最佳论文奖。在 Herder 的文章中，他声称语言是人类创造的产物。人类最初的词汇是意识的起源，这些词汇的音系形式主要与它们表示对象的声音相近，即它们是拟声的。随着人类的发展，词汇和语言也在发展，且变得越加复杂。在他看来，语法并不是语言的起源，因为“语法只不过是一种关于语言的哲学”，是“一种使用语言的方法”，它是在人们越来越需要谈论抽象的实体时才发展起来的。Herder 的理论与 Chomsky 等认为语法是语言核心的现代观点形成了直接对比。

在《人类起源》一书中，达尔文（1871 年）提出了他的人类语言理论。他明确指出，语言使得人类区别于其他灵长类动物，造成关键差异的原因不是发音而是大脑。他认为，语言不是一种真正的本能，因为它必须进行学习，但人类有一种本能倾向来学习语言。虽然他认可手势在这方面的作用，但他反对语言的手势起源；相反，他认为音乐可能是有关的方面。这是一个有趣的想法，因为韵律，即语言的句子旋律，已被证明可以用来支持语言学习。

许多语言演化理论都没有考虑到任何有关大脑的方面。在《语言的演化》（*The Evolution of Language*）一书中，Fitch（2010）将早期人类语言描述为"词汇原始母语"。出现在《语言与物种》（*Language and Species*）（Bickerton，1990）、《人类认知的文化起源》（*The Cultural Origins of Human Cognition*）（Tomasello，1999）、《梳毛、八卦及语言的演化》（*Grooming, Gossip and the Evolution of Language*）（Dunbar，1996）以及《语言的基础》（*Foundations of Language*）（Jackendoff，2002）等著作中相关理论的精彩论述请读者参见 Fitch（2010）的研究。

Rizzolatti 和 Arbib（1998）在语言演化的大脑相关理论的背景下，将他们的理论建立在非人类和人类灵长类动物的实验工作之上。他们称语言是由动作手势演变而来的，这基于一项研究中的发现：猕猴看到抓握动作时，不仅视觉皮层的神经元会被激活，手部运动皮层的神经元也会被激活，从而对视觉刺激做出反应（Rizzolatti et al.，1996）。这些神经元后来被称为镜像神经元。随后，类似效应在人类大脑系统层面（而非单个神经元）被观察到，相应的大脑系统被称为镜像系统（Iacoboni et al.，1999，2005）。人类的镜像系统涉及 Broca 区，该区域与视觉输入系统和顶叶皮层一起被激活，这三个脑区构成了模仿的皮层机制（Iacoboni et al.，1999）。由于 Broca 区是该机制的一部分，有人提出非人类灵长类动物和人类的镜像系统可能是两者之间的关键演化纽带，这意味着从手势到语言的直接进步。然而，这一结论引发了一场至今仍在进行的争论，其中包括以下两个反驳观点：①手势不是任意的，而语言中的词汇却是（Hurford，2004）；②语言中包含的功能词和句法允许将一个元素移出语言序列，但这在手势序列中却无法实现（Moro，2014）。

动作和语言神经基础之间的关系可以表述如下：尽管动作模仿和语言都涉及 Broca 区的 BA44 区，但一项元分析表明，这两个领域涉及 BA44 区内不同的子神经簇（Clos et al.，2013）。此外，在语言领域，我已经论证过（Friederici，2002），并回顾了大量证据（Friederici，2011），证明在包括颞上回 / 颞上沟后部在内的神经网络中，Broca 区也是其一部分，但该网络并不适用于手势。我承认 Broca 区也涉及加工诸如音乐和动作等其他领域的序列，但我认为 Broca 区的领域特异性来自包含它的各个领域的网络[①]。神经网络因功能领域而异，因此动作和语言网络之间也有着明显的不同。

自达尔文提出人类语言演化理论以来，人们就一直在讨论语言的演化，主要关注非人类灵长类动物及其与人类相比的认知能力。由于难以在非人类灵长类动物中找到类似人类的句法能力的证据，对语言种系演化的描述仍颇具挑战性。今天，寻求解决该问题的方法有两种。第一种方法聚焦功能模型，该模型不考虑相近物种的连续性。这种方法将鸣禽用作语言学习的动物模型，因为这些动物表现出有声学习的能力，并且能够学习听觉序列。第二种方法关注我们的近亲，即非人类灵长类动物。在近期的一篇综述中，Petkov 和 Jarvis（2012）提出，在追溯口语（即言语）的起源时，应同时考虑有声学习者（鸣禽）和非声音学习者（猴子）。虽然鸣禽可以用作有声序列学习的模型，但作为我们最近亲属的猴子可以提供有关更一般的学习认知能力（包括记忆和注意力）演化的信息。

小结

过去和当前关于语言演化的观点都集中在一个关键问题上：是什么使人类具有语言方面的能力？它是否可以通过从非人类灵长类动物到人类的种系发生连续性来解释？本书提出的观点认为，人类和非人类灵长类动物的区别在于其大脑结构，特别是白质纤维束连接相关脑区的方式。

7.2 鸣禽对结构化序列的加工

由于结构化序列的加工被认为是加工句法的前身，许多研究考察了其他动物在多大程度上可以学习并加工基于规则的结构化序列。有两种动物被视作语言学习的非人类模型进行了检验：鸣禽和非人类灵长类动物。在这里，我将简要地回顾鸣禽听觉序列加工的研究，并在 7.3 节讨论非人类灵长类动

① 即 Broca 区作为网络节点，在不同领域网络内起着相应的、特异于该领域的作用。——译者注

物的相关研究。

鸣禽显然不是我们的直系祖先，在演化树上与我们相去甚远，但它们拥有一种有声学习系统，这种系统据说与人类系统有一定的相似性。鸟类的鸣声学习和人类的言语学习都有两个阶段：听觉学习阶段和感觉-运动有声学习阶段。在行为上，研究表明人类婴儿和鸣禽都是通过将某种特定倾向和听觉输入加以组合而进行学习的，且听觉-有声学习具有一个敏感时期。此外，无论是人类婴儿还是幼鸟，它们都经历了从一个年幼个体发声到逐渐接近成年发声的阶段，这个阶段在人类中被称为“咿呀学语”，在鸣禽中则被称为“雏声试啼”（Bolhuis & Moorman，2015）。

听觉-有声学习系统允许鸟类按照一定的时间顺序学习元素序列（Berwick et al.，2011，2013；Bolhuis et al.，2014）。这些序列可能受到某种句法规则的支配（Okanoya，2004），因此这些规则被称为“韵律句法”（Marler，1970）。这种韵律句法能力并不意味着鸟类能够获得上下文无关句法规则，从而生成自然语言特有的层级结构。然而，有研究人员声称，鸣禽甚至可以获得此类上下文无关句法规则（Gentner et al.，2006；Abe & Watanabe，2011）。基于这些研究中使用的刺激材料，该观点备受争议（Beckers et al.，2012；Ten Cate & Okanoya，2012）。

Gentner 等（2006）以及 Abe 和 Watanabe（2011）报告说，鸣禽能够加工 A^nB^n 语法。然而，尽管 Abe 和 Watanabe（2011）使用的语法可以被描述为类似于自然语言的不对称层级结构，但原则上对实验中错误序列的侦测可以基于以下无需构建层级的运算：在侦测到中心元素后，把后续出现的相邻元素序列同初始序列进行反向匹配（图 7.1）。因此，用于加工 A^nB^n 语法的底层机制对于这两个鸣禽研究来说都仍是推测性的（Gentner et al.，2006；Abe & Watanabe，2011）。

不过，从这些数据可以清楚地看出，鸣禽可以学习简单的、基于规则的序列。在鸟类中，这种能力的神经解剖学基础包含听觉系统（次级听觉区域），由皮层下区域介导的对感觉运动学习至关重要的前脑前部通路，以及涉及鸣声产生的鸣声运动通路。有研究已经证明，任何一个系统的损伤，特别是中介通路的损伤，都会导致鸣禽的鸣声学习缺陷（综述见 Bolhuis & Moorman，2015）。这表明，从感觉-听觉系统到运动-输出系统的通路是鸣声学习的关键。从听觉系统到运动系统的类似通路在人类婴儿出生时就已经存在，为人类的听觉学习和咿呀学语提供了良好的基础。这条通路是连接颞上回后部和前运动皮层的背侧通路（Perani et al.，2011），必须与以 BA44 区为

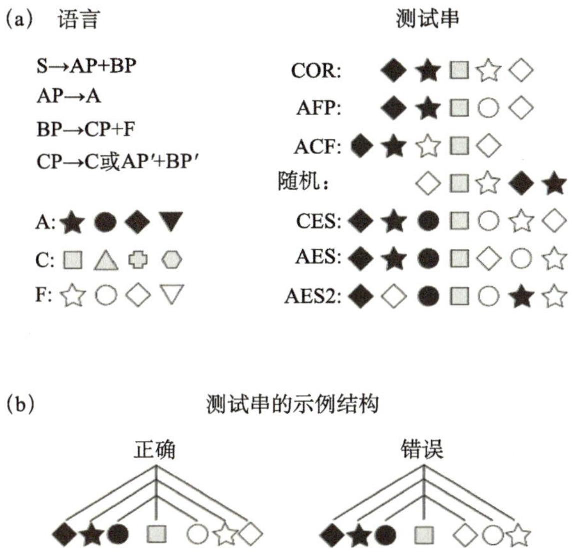

图 7.1　鸣禽研究中使用的人工语法。(a) 左侧：对能够生成中心内嵌结构的语法及其类别成员（A、C 和 F）的描述。右侧：测试串示例；测试串也可以用不同的方式进行描述。(b) 中心内嵌结构（CES）的对称描绘以及测试串的违反（AES 和 AES2）。在图（a）与图（b）中，中心元素由灰色方块表示。改编自 Friederici. (2012). Language development and the ontogeny of the dorsal pathway. *Frontiers in Evolutionary Neuroscience*, *4*, 3

端点的有关句法的背侧通路区分开来。

小结

在语言的演化过程中，有两种重要的能力必须得到演化：第一，感觉-运动学习；第二，加工层级结构的能力。基于简单规则序列的感觉-运动学习是鸣禽已有的能力，然而在鸣禽中并不存在加工层级结构的能力。因此，可以相信，加工结构层级的能力应该被认为是迈向语言机能的关键一步。

7.3　猴子与人类的比较

近年来，大量研究在行为水平，以及从细胞构筑到网络水平等各种神经科学水平上比较了人类和非人类灵长类动物。在以下小节中，我们将看到两者之间在行为以及大脑结构上的差异。

我将回顾不同物种成功的序列学习，并讨论可能的潜在神经基础。这些研究的数据表明，上述语法学习机制可能与两种不同的神经回路有关。第一条回路连接颞叶皮层的听觉系统和额叶皮层的运动系统，从而促进感觉到运动的映射。这条回路可以支持（AB）^{n} 语法的学习，也可以支持不需要构建结构层级的人工语法的学习。第二回路连接颞叶皮层后部和额叶皮层 Broca 区的后部（BA44 区），可能为学习具有层级结构的自然语言句法所必需，后者也许只在人类中起作用。正如以往研究结果所示，自然语法（综述见 Friederici，2011）和需要建立句法层级的人工语法（Musso et al.，2003；Opitz & Friederici，2004）会激活 BA44 区。

7.3.1 行为差异

一些研究集中在灵长类动物——人类和非人类的行为上。这些研究表明，人类和非人类灵长类动物之间的主要区别在于将单词或有意义的元素组合成更大序列的能力。一项研究（最早的行为研究之一）证明了人类与黑猩猩在产生单词序列能力上的不同（Pearce，1987）。与黑猩猩相比，听力正常的儿童和聋童的话语长度都显示出了明显的增加（图 7.2）。

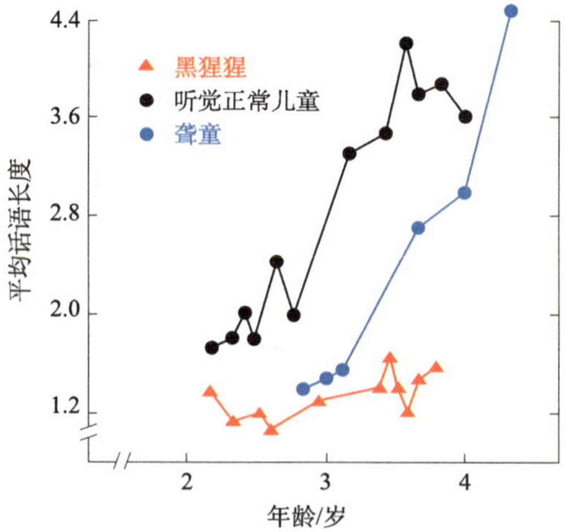

图 7.2 物种间的话语长度。平均话语长度：2—4 岁听觉正常儿童（黑色）、聋童（蓝色）、黑猩猩（红色）。术语“话语”指听觉正常儿童的言语反应、聋童的手势以及黑猩猩使用的视觉符号。改编自 Pearce. (1987). Communication and Language (Chapter 8). In *An Introduction to Animal Cognition*, pp.251-283. Lawrence Erlbaum Associates

灵长类动物序列加工的核心问题不仅仅是序列是否可以习得，更重要的是什么类型的句法序列可以被习得。

本节对两种语法类型进行了根本区分，即遵循（AB）^{n} 规则的有限状态语法和遵循 A^nB^n 规则的短语结构语法（Hauser et al.，2002；Fitch & Hauser，2004）。这两种语法之间的重要区别是，基于（AB）^{n} 规则的序列包含 A 元素和 B 元素之间的相邻依存关系，而基于 A^nB^n 规则的序列则可以导致不相邻的依存关系（两种规则序列的比较见图 1.6）。

这些语法类型的语法序列学习至少有三种可能的机制：①如在（AB）^{n} 语法中的相邻依存关系，可以通过从听觉输入中提取音系规则并记住它们，以备之后使用这样的方式来学习。②在 A^nB^n 人工语法中，若要在 A 和 B 之间构建不涉及高阶层级的不相邻依存关系，则可以通过与①相同的机制进行学习。③然而，自然语法中的 A^nB^n 依存关系需要通过合并运算来保证层级的建立，合并是将两个元素绑定为一个最小的层级结构的运算（Chomsky，1995b），这是加工具有高阶层级结构的自然语法的基本机制。

Fitch 和 Hauser（2004）首次使用有限状态语法和短语结构语法研究了人类和非人类灵长类动物的语法学习。他们通过一项行为上的语法学习研究，测试了绒顶柽柳猴和成年人类，发现人类可以轻松地学会这两种语法类型，而猴子则只能学得具有相邻依存关系的有限状态语法。绒顶柽柳猴这种能力的神经基础尚不清楚，因为还没有对这类猴子进行功能性或结构性的脑成像研究。

有研究也利用人工语法学习范式，分别在两种与人类演化距离不同的猴子身上进行了探究：狨猴和猕猴（Wilson et al.，2013）。在演化上，猕猴比狨猴更接近人类，因此对它们进行比较可以让我们追踪语法学习可能的种系发生轨迹。在实验中，两个物种都必须学习一种具有不确定单词过渡概率[①]的人工语法。狨猴只对序列中的简单违反敏感，而猕猴对更复杂的违反表现出敏感性。这表明了一个关于猴子的有趣演化结果，即那些与我们关系更近的猴子比那些在演化上与我们关系更远的猴子表现出了更高级的人工语法加工能力。

然而，在加工音高信息方面，与猕猴相比，在演化上离人类更远的狨猴却表现出了与人类相当的音高处理能力（Song et al.，2016）。音高加工与狨猴有关，是因为音高信息是它们发声的一部分，也因此是它们交际的一部

① 即一个单词后出现，哪个单词的概率不确定。——译者注

分。这两项研究的数据表明，音高处理作为一种声学加工机制可能在演化过程中出现得较早，而允许加工复杂听觉序列的机制则是后来才演化出来的。

人类和非人类灵长类动物在加工复杂的、基于规则的序列上具有明显不同的能力。截至目前，尚无证据表明除了人类以外的任何其他物种可以加工并习得出现在自然语言句法结构中的层级结构序列。人类和非人类灵长类动物之间的遗传基因差异不到 2%，且在基本的神经解剖学上也只有微小的差异。然而，这些微小的差异却可能极为重要，值得我们在大脑结构和大脑功能层面进行更深入的观察。

7.3.2 大脑结构的差异

关于大脑结构，我们必须考虑大脑的灰质（及其具有脑区特异性的细胞构筑）和白质连接（它保证了不同脑区之间的信息交流）。

Buckner 和 Krienen（2013）讨论了人类和非人类灵长类动物中的神经联合网络整体体积的演化，并指出人类大脑皮层的体积是黑猩猩的 3 倍多，联合皮层（包括前部和后部脑区）的增长很不均衡，尤其是那些涉及人类语言的区域。

首个关注前额叶皮层白质的跨物种对比研究为我们提供了启发，人类和非人类灵长类动物前额叶皮层白质的发育是理解人类复杂认知能力演化的关键。在猕猴和人类之间，代表前额叶皮层内部连接及其与后部相互连接的白质的发育模式存在显著差异（Fuster，2002；Knickmeyer et al.，2010）。与人类相反，猕猴在青春期前已经显示出类似成年的成熟模式。而对于我们谱系最近的黑猩猩而言，情况并非如此，黑猩猩在青春期前的白质体积发育与人类相似但仍有不同。人类在婴儿期的发育速度比黑猩猩快（Sakai et al.，2011），这表明人类和他们最后的共同祖先表现出前额叶皮层白质的较晚成熟，意味着前额叶皮层白质的发育会受到出生后经历的影响。与黑猩猩相比，人类前额叶白质成熟得更快，这可能有助于促进人类复杂认知能力的较早发展（Sakai et al.，2013）。

针对从人类角度定义的语言相关结构的跨物种比较研究，可以使我们得出更具体的结论。人类与语言相关的脑区是额下回和颞叶皮层，特别是颞上回。有研究对后一种结构的体积和白质在 11 种灵长类动物（包括猿、猴子和人）中进行了分析（Rilling & Seligman，2002）。对于整个颞叶，人类的总体积、表面积和白质体积明显大于非人类灵长类动物，研究者将这些数据解释为反映了支持不同灵长类动物“物种特异交流”的神经生物学适应情况。

在人类中，语言呈现出大脑左半球偏侧化分布。在神经解剖学上，长期以来一直有报道称，人类大脑的左侧颞叶皮层后部比右脑大（Witelson，1982）。颞平面位于 Heschl 回后方，涵盖了 Wernicke 区，该区域长期以来被认为支持言语和语言加工。人类颞平面的大脑半球不对称性一直被予以报道（Geschwind & Levitsky，1968；Steinmetz et al.，1989；Watkins et al.，2001）。近年来的一项元分析表明，颞叶皮层后部的解剖学不对称性对于最佳的言语表现而言十分必要（Tzourio-Mazoyer & Mazoyer，2017）。一项对黑猩猩和其他三种非人类灵长类动物（包括猕猴）的跨物种比较研究关注了颞平面的灰质不对称性，分析表明只有黑猩猩表现出与人类相似的颞平面不对称性（Lyn et al.，2011）。这体现出在大脑演化[①]过程中，颞平面的不对称性是我们与亲缘关系最近的黑猩猩分化之前就已经形成的。颞叶皮层中的颞平面是我们在 1.1 节讨论的支持听觉语言处理的脑区，另一个与语言相关的重要区域是位于额下皮层的 Broca 区。

Broca 区对人类的句法加工能力而言至关重要，也值得进行详细的神经解剖学评估。有研究通过细胞构筑分析证明，在成人大脑中，Broca 区具有左向不对称性（Amunts et al.，2003），而在成年黑猩猩中则未发现 Broca 区中 BA44 区或 BA45 区的这种不对称性（Schenker et al.，2010；图 7.3）。这些研究所观察到的人类和非人类灵长类动物大脑之间，以及在 BA45 区和 BA44 区的发展轨迹上的神经生物学差异，或许可以被视为语言演化的关键参数。

在人类中，这种不对称性在 Broca 区的前部（BA45 区）和后部（BA44 区）有着不同的发展轨迹。BA45 区左大右小的不对称性出现在 5 岁左右，而 BA44 区的这种不对称性则出现在 11 岁左右。这是一个有趣的观察，因为 BA45 区和 BA44 区在成人大脑中有不同的语言功能，BA45 区支持语义加工过程，BA44 区则支持句法加工过程，这些过程在儿童语言发展中也有不同的行为和神经生理轨迹。语义加工过程比句法加工过程建立得更早，而后者在更晚的时候才能达到成人的行为表现（Friederici，1983；Dittmar et al.，2008），并且用于加工复杂句法的神经生理模式要在 10 岁之后才会像成人一样［参见 Hahne 等（2004）的电生理学数据；参见 Skeide 等（2014）的功能磁共振成像数据］。

另一个功能相关的神经解剖学参数是神经元呈现出来的树突结构。树突

① 原文为“evolution brain”，疑词序有误，已修改。——译者注

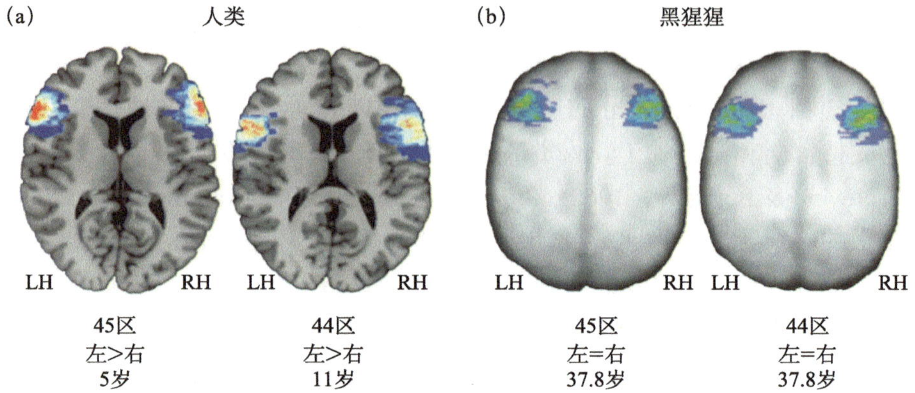

图 7.3 人类和黑猩猩 Broca 区的细胞构筑地图。BA44 区、BA45 区位置的细胞构筑概率图：(a) 在人类大脑中（Amunts et al.，1999），以及 (b) 在黑猩猩（脑）模板上（Schenker et al.，2010）。BA44 区和 BA45 区的轴位序列如图所示。颜色表示该区域被感兴趣区所占据的个体数量。越暖的颜色（更红）表明重合个体数量越多，越冷的颜色则表明重合个体数量越少。左右半脑无差异由 "=" 表示，左向不对称性由 ">" 表示。不对称性产生的年龄信息摘自 Amunts 等（2003）的研究。图 (a) 由 Makuuchi 基于 Roland 和 Zilles（1998）的研究数据提供，"大于""小于" 的指示取自 Amunts 等（2003）的研究。图 (b) 改编自 Schenker et al.(2010). Broca's area homologue in chimpanzees (pan troglodytes): Probabilistic mapping, asymmetry, and comparison to humans. *Cerebral Cortex*, *20*(3), 730-742. 经牛津大学出版社许可 .

结构指的是神经元的分支投射，通过这些投射神经元可以接收到来自其他神经元的电信号，这些结构便构成了微观层面信息传递的基础。一项非常早期的组织学研究考察了人类 Broca 区的树突结构。该研究分析了 47—72 岁个体尸体解剖后大脑左、右半球 Broca 区及其相邻的中央前回运动皮层的第三层神经元树突结构（Scheibel，1984）。研究者的假设是：语言所需的处理能力越复杂，大脑皮层的第三层就会生长出越复杂的 "树突树"。事实上，树突结构在 Broca 区的后部最为复杂，左侧额下回岛盖部（BA44 区）胜过其右半球对侧脑区，而中央前回的口面部区域（BA6 区）在左右半球的情况也是如此，因此支持了研究者的假设（图 7.4）。但基于当前的数据尚无法确定，左侧额下回岛盖部（BA44 区）更复杂的树突结构是终身语言加工的结果，还是它得到了预先编程并在发展的早期阶段就已经出现。

对树突生长发育过程的进一步分析为该问题提供了答案。这些结果表明，在生命的第二年和第三年，Broca 区（额下回）岛盖部（BA44 区）和三

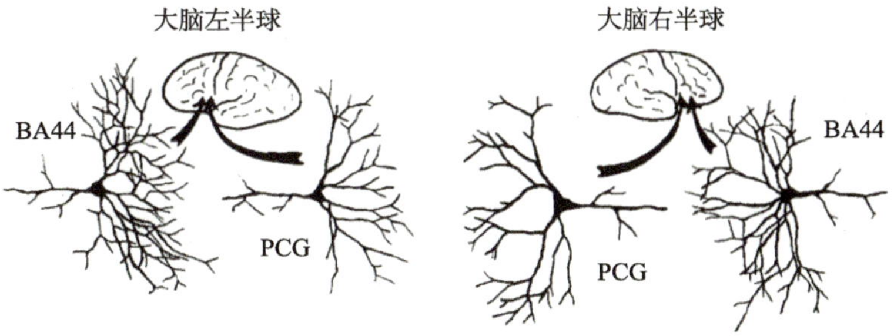

图 7.4 人类 Broca 区（BA44 区）的树突结构。左半球和右半球细胞的典型树突状集群示意图。箭头指示所研究的区域。注意左侧额下回岛盖部（BA44 区）高阶节段较之其他区域有所增加，右侧额下回岛盖部（BA44 区）和中央前回（PCG）区域在第二、第三阶分支上的长度相对较大。转自 Scheibel. (1984). A dendritic correlate of human speech. In *Cerebral Dominance：The Biological Foundations*, ed. Norman Geschwind and Albert M. Galaburda, pp. 43-52. Cambridge: Harvard University Press, Copyright © 1984 哈佛大学

角部（BA45 区）的树突系统开始超过邻近运动皮层（BA 6 区），并在随后的几年中处于领先地位（Simonds & Scheibel，1989）。到 3—6 岁时，“左半球的神经元在树突总长度和远端段长度上似乎都占主导地位”。这一观察结果可以映射到行为学和功能神经生理学数据中，它们揭示了语言习得过程中的两个关键时期。第一个时期是从出生到 3 岁，在此期间，语言可以按母语的方式进行学习；第二个时期在 3—6 岁，此时的语言学习仍然很容易，尽管不一定以同样的母语学习方式进行（见第 5 章和第 6 章）。这些数据表明，BA44 区在树突水平上具有一定的特异性，可能对语言习得产生影响。遗憾的是，关于非人类灵长类动物相应区域树突结构的数据暂时阙如。

不过，有许多关于猕猴、黑猩猩和人类长程白质连接的结构成像研究表明，人类和非人类灵长类动物之间存在有趣的不同（Catani et al.，2002；Anwander et al.，2007；Rilling et al.，2008；Sauret al.，2008；Makris & Pandya，2009；Petrides & Pandya，2009）。这些研究显示，连接额叶和颞叶等已知与人类语言加工有关区域的纤维束在强度上存在跨物种差异。在人脑中，Broca 区通过背侧白质通路与颞上回 / 颞上沟后部相连（Catani et al.，2005；Rilling et al.，2008）；而在非人类灵长类动物中，这条背侧通路比人类弱得多（Rilling et al.，2008；图 7.5）。此外，人类和非人类灵长类动物之间的直接对比揭示了如下区别：猕猴和黑猩猩显示出强大的腹侧通路和较弱的背侧通路，而人类则显示出强大的背侧通路和发育良好的腹侧通路。因

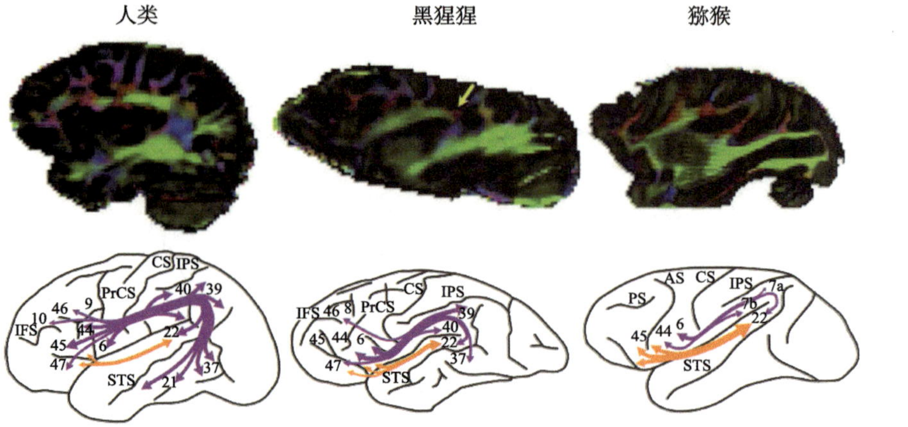

图 7.5 物种间的白质纤维束。顶部图片：活体人类、死后黑猩猩和死后猕猴大脑中主要扩散方向的彩图。黄色箭头指向黑猩猩大脑中由内向外的纤维。底部图片：结果概要。引自 Rilling 等（2008）的图 2（a）。投射在“蒙特利尔神经研究所坐标系” $x=\pm48$ 上的人类 MTG 重心坐标为：$x=-48$，$y=-42$，$z=-3$ 和 $x=48$，$y=-36$，$z=-7$。数字指示 Brodmann 区。改编自 Rilling et al. (2008). The evolution of the arcuate fasciculus revealed with comparative DTI. *Nature Neuroscience*, *11*(4), 426-428. 经 Nature 出版集团许可

此，有研究认为，背侧通路是支持成年人类语言能力的重要连接（Rilling et al.，2008；Rilling et al.，2012）。

这些纤维束强度的差异在一项人类功能成像研究中具有特别意义（Friederici et al.，2006）。该研究使用了类似于 Fitch 和 Hauser（2004）行为研究中采用的人工语法类型，并分析了结构连接。在人类中，加工 $(AB)^n$ 语法及其相邻依存关系可以激活额叶岛盖，而加工更复杂的 A^nB^n 语法，则额外地运用了种系发生上较年轻的 Broca 区（Friederici et al.，2006）。结构成像分析以功能激活峰值点作为纤维追踪的种子点，发现运算 $(AB)^n$ 语法的额叶岛盖通过腹侧通路与颞叶皮层相连。相反，运算 A^nB^n 语法的 Broca 区后部则通过背侧通路与颞叶皮层后相连（Friederici et al.，2006）。这些数据表明，Broca 区后部（BA44 区）及其与颞叶皮层的背侧连接尤其支持与语言相关的高阶层级结构序列的加工。

7.3.3 大脑功能的研究

目前，有许多对比人类和非人类灵长类动物大脑功能数据的研究，这些研究采用了电生理和功能磁共振成像等测量技术。

在电生理研究中，我们直接比较了人类语前婴儿和非人类灵长类动物的序列加工（Milne et al.，2016），这些研究关注对听觉序列中基于规则的非相邻元素依存关系的加工（Mueller et al.，2012）。最简单形式的非相邻依存关系是AxB结构，其中A和B是恒定的，而x则不断变化（例如，在音节序列中le no bu，le gu bu）。人们认为学习这种非相邻依存关系的能力是学习自然语言语法依存关系的先导。对3个月大的婴儿和成人进行的首项研究表明，AxB序列的违反由失匹配负波反映（Mueller et al.，2012），违反以声学要素（音高违反）或规则（音节序列违反，用AxC代替AxB）为基础。在婴儿中，声学条件（音高）下的ERP响应可以预测基于规则的音节条件，这表明侦测声学违反的能力与侦测基于规则音节序列中的违反的能力之间存在相关性。

正如我们在第6章中了解到的，婴儿以BA44区为靶点的背侧纤维束强度明显不同于成人。因此，我们可以得出结论：他们处理AxB结构的能力不可能基于该纤维束。猴子的背侧纤维束也不发达（Rilling et al.，2008），所以猴子可能无法处理复杂的句法，但与婴儿类似，它们也许能加工简单的AxB结构。

为了研究人类前语言婴儿和非人类灵长类动物在何种程度上表现出加工的相似性，第二项以猕猴为对象的脑电图研究使用了如上所述的与人类婴儿和成人相同的刺激材料（Mueller et al.，2012）。在这项研究中（Milne et al.，2016），研究者在猕猴中测试了两种不同刺激类型的非相邻依存（AxB结构）的加工：一是在听觉域（音高）；二是在规则域（规则）。在这个范式中，正确序列和带有音高或规则偏差的错误序列均以听觉方式呈现。猴子对错误元素响应的ERP结果揭示了与人类婴儿相似的ERP模式，但区别于成年人类（图7.6）。这些数据支持了这样一种观点，即猴子对基于规则的序列加工能力代表了一个可与人类婴儿相当的阶段。

另一项跨灵长类的对比研究重点关注人类和猕猴在音调序列加工过程中的功能激活模式（Wang et al.，2015）。这些序列或者关注音调的数量，或者关注音调的重复模式。除了一些物种间的相似性，数据显示，与猴子相比，人类的额下区域（主要是BA44区）和颞上沟后部[①]显示出序列中数量和序列变化的相关效应。研究者认为“该结果最符合这样一种假设：演化赋予人类

① 原书为“posterior temporal sulcus”，怀疑有误，经查Wang等（2015）的研究可知，应为“posterior superior temporal sulcus”，即“颞上沟后部”。——译者注

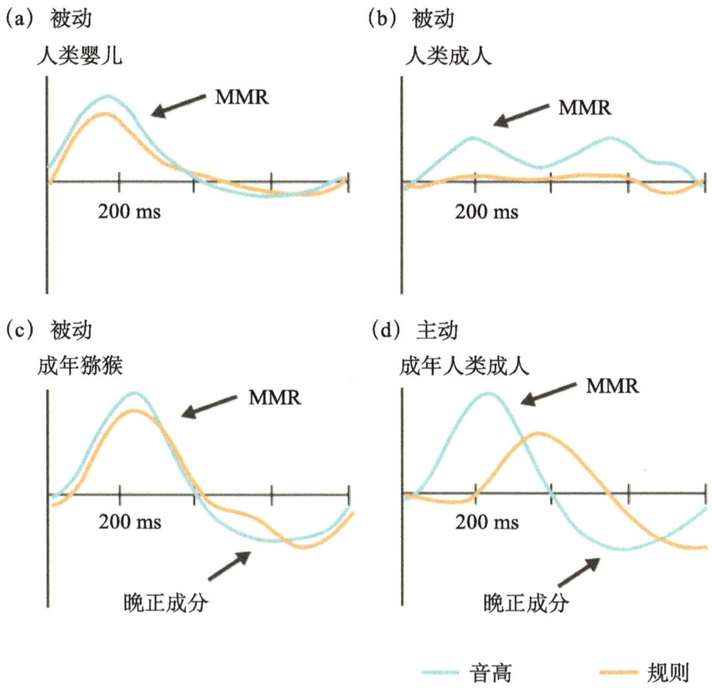

图 7.6 物种间 ERP 成分图示。来自 Mueller、Friederici 和 Männel（2012）人类事件相关电位（ERP）结果的示意图，描绘了（a）通过被动适应习得非邻近规则的婴儿的成熟 ERP 成分，（b）被动暴露后的成人 ERP 成分，以及（d）通过主动任务习得非邻近规则的成人 ERP 成分。（c）猕猴的 ERP 成分是在研究后期阶段发现的。猕猴在大约 200ms 内对音高偏差产生了失匹配响应（MMR）。只有婴儿和猕猴对规则偏差与音高偏差的 MMR 相似。在被动条件下，成人没有规则效应的 MMR（b），在成人主动学习规则条件下可以观察到一个负波，由 N2 成分证明，它晚于 MMR（d）。发生在成人和猕猴 ERP 中的晚期正波也可以在规则和音高违反条件（c 和 d）下被观察到，但这在婴儿的结果中不明显（a）。讨论见正文。引自 Milne et al. (2016). Evolutionary origins of non-adjacent sequence processing in primate brain potentials. *Scientific Reports*, *6*, 36259

大脑新的额下皮层和颞上皮层回路，这些回路能够表征[1]规则序列模式……而且这种增强的学习能力与额下回到 pSTS 的回路有关”（Wang et al.，2015，p.1972）。在解剖学上，这些区域由背侧纤维束连接，它在人类中很强壮，但在非人类灵长类中却很弱（Rilling et al.，2008）（比较图 7.5）。

① 原书缺少该动词，查 Wang 等（2015）的研究可知，这里缺失的是“representing”，在此译为“表征”。——译者注

一项功能磁共振成像研究对猴子和人类的简单规则序列加工进行了评估（Wilson et al.，2015），大脑左、右半球中的额叶岛盖皮层腹侧、Broca 区（BA44、BA45 区）记录了这种激活差异。猴子显示出岛盖皮层和 Broca 区的激活，而成人只激活了岛盖皮层，却未激活 Broca 区。这一人类激活模式可与 Friederici 等（2006）的报告相关联，该报告也揭示了在加工简单的基于规则的序列时额叶岛盖而非 Broca 区的激活。

对人类和黑猩猩的静息态大脑活动的比较发现了两个物种间的一些相似之处，但也存在有趣的区别（Rilling et al.，2007）。与黑猩猩相比，人类在已知涉及语言和概念加工过程的左半球皮层区域显示出更高的激活水平。结合功能数据可知，在演化过程中，一个连接语言相关区域的新回路在种系发生过程中逐渐出现。由此可见，额下回的 Broca 区和颞叶皮层后部是由猴脑向人脑演化的关键部位，这两个区域在结构上由一条背侧纤维束连接，其强度在种系发生过程中也得以提高。

还有一项跨灵长类的比较研究报告了功能连接数据（Neubert et al.，2014）。除了物种间的一些相似之处，这项研究还揭示了功能连接方面的有趣差异。人类颞叶皮层后部到额下回腹侧（含 Broca 区）的连接系统性地强于猕猴中（从颞叶）到额叶皮层腹侧几乎所有区域的连接，特别是到 Broca 区（BA44 区）的连接，该区域在人类中涉及句法层级的构建。

综上所述，这些数据表明，就连接两个句法相关脑区——Broca 区后部和颞上回 / 颞上沟后部——的背侧通路的强度而言，灵长类动物间的演化轨迹较为清晰。这一种系发生的变化平行于从新生儿（Perani et al.，2011）经过童年到成年（Skeide et al.，2016）（图 7.7）的背纤维束［连接 Broca 区后部（BA44 区）和颞上回 / 颞上沟后部）］逐渐增强的个体发育轨迹，该纤维束已被证明在加工句法复杂句中起着关键作用（Skeide et al.，2016）。

7.3.4　小结

人类和非人类灵长类动物大脑之间的跨物种比较揭示了 Broca 区细胞构筑分析和 Broca 区与颞叶皮层连接等方面的差异。第一，细胞构筑分析表明，人类额下回中的 Broca 区呈左脑偏侧化，但非人类灵长类中则没有；第二，Broca 区内的 BA44 区与颞上皮层之间的背侧连接在人脑中比在非人类灵长类大脑中更强。这些结构可能通过演化来支持人类加工句法的能力，而该能力是人类语言机能的核心。

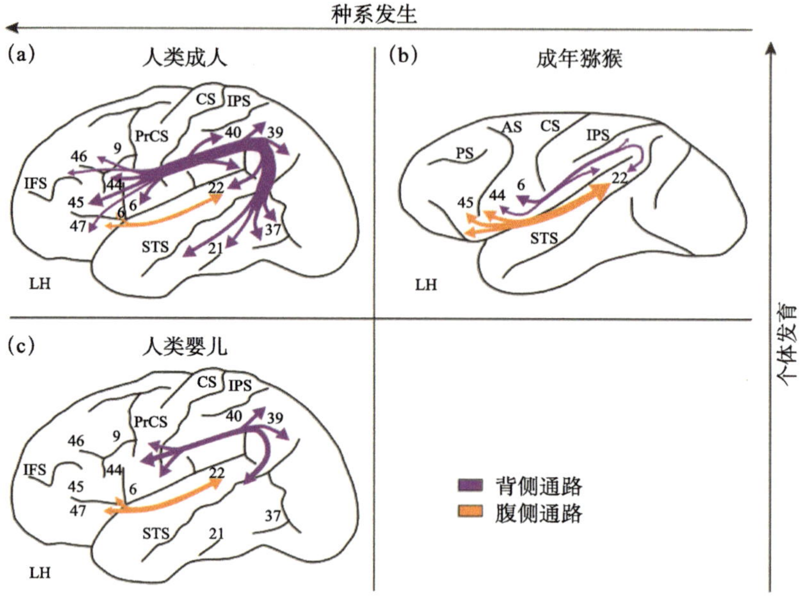

图 7.7 种系发生与个体发育的白质纤维束示意图（结构连接图）。种系发生（a，b）和个体发育（a，c）的示意。紫色为背侧白质纤维束，橙色为腹侧白质纤维束。(a) 成年人类。(b) 猕猴。投射在"蒙特利尔神经研究所坐标系" $x=\pm 48$ 上的人类 MTG 重心坐标为：$x=-48$，$y=-42$，$z=-3$ 和 $x=48$①，$y=-36$，$z=-7$。改编自 Rilling et al. (2008). The evolution of the arcuate fasciculus revealed with comparative DTI. *Nature Neuroscience, 11*(4): 426-428. 经 Nature 出版集团许可。(c) 人类婴儿言语相关区域的纤维束追踪弥散张量成像的示意图，请比较本书中的图 6.11。新生儿背侧通路（紫色）只以中央前回而非 Broca 区（BA45/44 区）为靶点。新生儿有一条腹侧通路，经由极囊束（橙色）连接额下回腹侧与颞叶皮层。改编自 Perani et al. (2011). The neural language networks at birth. *Proceedings of the National Academy of Sciences of the United States of America, 108*(38), 16056-16061

7.4 大脑发育的古人类学思考

在没有任何直接证据证明我们祖先脑组织的情况下，有关人类在演化过程中大脑发育的信息只能从来自内部颅骨模型的骨骼化石中获取（Holloway，

① 经查文献可知，原文错添了负号，译文已改正。——译者注

1978；Falk，1980，2014；Holloway et al.，2004），这些模型提供了关于大脑规模和形状的证据。此外，这些重建的印记还能提供有关脑回（即大脑表面突出的褶皱）的信息，该方法使得这一领域早期的大多数研究都只关注相对于身体尺寸而言的大脑规模的发展。考虑到这些数据，我们可以得出以下结论，即至少在 60 万年前，大脑体积的增长与身体尺寸的增长是相关的，只有在那之后，大脑体积的增长才独立于身体的大小（Hublin et al.，2015）。

在个体发育过程中，人类大脑的大小在早期发育过程中增加，达到成人大小则要晚于其他灵长类动物（Leigh，2004）。大脑的主要发育发生在出生后与环境的高度互动中，发育涉及灰质（Gogtay et al.，2004）和白质（Miller et al.，2012），并持续到青春期晚期（Lebel et al.，2008；Brauer et al.，2011）。特别是长程和局部网络上的白质使人类可以区别于猕猴，这一点已在不同物种的前额叶皮层中得到了证实（Sakai et al.，2011）。

来自零散的化石颅腔模型的信息正在增多，随着新方法的应用，这种信息可能在未来几年内进一步增加。最近已经有研究就人类和非人类灵长类大脑中特定脑沟的细节进行了讨论，因为这些脑沟被印在颅腔模型之中。其中之一就是所谓的“月状沟”，它标志着枕叶的前界，该区域与初级视觉皮层相对应（Smith，1904；Falk，2014）。一些研究人员认为，在种系发生过程中，顶叶和颞叶皮层的演化扩张导致了该脑沟的转移，这可能引起了人类颞-枕叶联合皮层的扩大（Holloway et al.，2004）。然而，其他研究者对这些结果和结论提出了争议。研究者对脑沟结构——特别是“额中沟”——的跨物种差异也在前额叶皮层中进行了讨论（Teffer & Semendeferi，2012；Falk，2014），人们在此观察到的差异被认为是人类前额叶皮层扩张的表现。

小结

现有的古人类学发现表明，在种系发生过程中，大脑会发生重组，而且由于人类个体发育时间的延长，大脑可能会因环境输入而发生重塑。不过这一观点仍在讨论之中。

第 8 章　语言的神经基础

语言是我们日常生活不可分割的一部分。我们能毫不费力地使用它，且当我们这样做的时候，通常思考的是我们想说什么，而不是如何以语法正确的方式去说，因此我们会自动地使用语言。一个耐人寻味的问题是，是什么让我们人类能够如此学习和使用语言？我在本书的开篇说这归因于天生的语言机能。通读本书可知，很明显，语言系统是一个复杂系统。

在自然科学中，复杂的现象和系统通常被分解为基本元素或操作，以便使它们易于理解。一旦确定了这些基本元素，就可以把它们整合在一起，从而解释一个复杂系统。例如，在化学中，我们处理的是不同的基本元素，这些元素可以进一步还原成许多原子，但也可以与其他元素组合在一起，建立更复杂的结构。在这本书中，我采取了类似的方法，把复杂的语言系统分解成元素和基本操作，即词汇元素和句法规则。这种方法在句法领域很有效，因为它采用了一种阐释明晰的语言理论，该理论定义了一种最基本的运算，即合并（Chomsky，1995b），这种运算以个体间高度一致的特性存在于大脑之中。对于词汇和句子语义领域，这种语言分解的办法却难以运用，部分原因来自词义不确定性，这是由不同个体对同一个词具有不同“心理联想”造成的。语言学理论可以描述在特定语言中名词和动词之间语义关系的选择限制，这种限制适用于所有使用该语言的个体，但它无法描述跨个体水平上的语义心理联想，因为这些联想在很大程度上往往因人而异。有鉴于此，语义加工的脑定位结果呈现出很大的个体差异也就不足为奇了。

我还指出，语言是人类独有的特征，它能够生成和处理具有层级结构的句法序列，这使得我们有别于非人类灵长类动物。因此，与跟我们亲缘关系较近的物种进行对比，可以让我们更深入地了解这种差异。这种比较可以在不同的层面开展，如行为层面、大脑层面抑或基因层面。

就基因水平而言，已知人类和非人类灵长类动物之间的基因差异不到 2%，但到目前为止，我们还不知道是哪方面的基因决定了语言机能。有研究提出，FOXP2 基因在言语和语言中起着重要作用，因为就是在一个有言语和语言问题的家族中发现了该基因的突变（Fisher，Lai & Monaco，2003），尽管该家族成员更多地呈现出与言语相关的而非语言上的问题。不过，这一观点也因若干原因而受到质疑。一个原因是 FOXP2 也可以在非人类灵长类动物、老鼠、鸟类和鱼类中找到，但这些动物都不能"说话"（Scharff & Petri，2011）。第二个原因是人们发现 FOXP2 可以调节大量的其他基因，从而调节蛋白质编码（蛋白质编码是详细基因分析的一个紧密相关的方面）。基因分析的新方法可以告诉我们人类演化的时间轨迹，从而有可能告诉我们语言的浮现时间。通过这样的分析，我们可以发现，FOXP2 编码了尼安德特人体内的一种特殊蛋白质，这种蛋白质与现代人体内的蛋白质相同，但与黑猩猩体内的蛋白质不同（Krause et al.，2007；Prüfer et al.，2014）。这些发现表明，语言的遗传基础是在人类早期演化中奠定的，这个时间在人类与黑猩猩分化之后，但在尼安德特人出现之前，为 30 万—40 万年前[①]。

时至今日，遗传学家一致认为，语言机能的出现无法追溯到单个基因，而是一系列相关基因共同作用于神经通路的结果，这些神经通路对大脑的正常成熟或语言的发展都至关重要。对于大脑发育而言，众所周知，基因程序有助于在发育过程中引导神经元分化、迁移和连接，它与环境中的经验依赖一同产生作用（Fisher & Vernes，2015）。这些结果为基因和大脑发育之间的关系提供了一般证据，但它们与语言的遗传学并不直接相关。近期研究表明，在特定的脑区中，包括 Broca 区在内，有一个基因专门控制其中脑回的数量（Bae et al.，2014）。通过遗传学和脑成像结合的方法，研究者检测了 1000 名个体的皮质折叠形态。他们发现来自 3 个不同家庭的 5 名个体都有智力和语言方面的障碍，但均无运动障碍。基因分析发现，GPR6 基因的调控

---

① 注意，在本书中，我并未讨论阅读与书写，它们构成的是听觉语言系统的辅助系统。阅读和书写在演化过程中发展较晚，大约在公元前 6000 年出现了象形文字和表意文字系统，而在今天的字母系统中，一个形素指代一个基本语音是大约在 3000 年前才发展起来的。读、写在种系发生上出现得较晚，因此不太可能演化出一种特殊的大脑系统，因为这种发展可能需要几千年以上的时间。因此，有研究认为，原本为其他过程演化的某个脑区或脑回路可能出现了"神经循环（利用）"（Dehaene & Cohen，2007）。在阅读上，可能的情况是，起初涉及物体识别的脑区逐渐被调整为可以对字母和单词进行识别，例如，左侧颞下回中的视觉词形区（Dehaene et al.，2005）。

区域发生了异常突变；GPR6 编码的是一种具有神经导引作用从而影响皮层成熟的蛋白。该研究首次揭示了遗传学、Broca 区脑结构与语言行为之间的关系，这是一个很有前景的案例，它反映了基因-大脑-行为之间的三重关系如何有助于确定语言的生物学基础。

在本书中，我认为结构语言网络由基因预先决定。在这个假设下，人们可以期待最有可能从大脑结构参数的角度找到基因、大脑、语言的关系。Bae 等（2014）的研究为如下假设提供了证据，即语言在基因尚需确立阶段的演化过程中出现，而这一过程在人类大脑中留下了痕迹。

因此，下一步的讨论和提出的观点将被限定于大脑-行为层面。在下一节中，我会对前几章讨论过的不同研究领域的证据进行汇总。我将跨越不同神经科学水平，综合考虑来自人类和非人类灵长类动物的实验数据，从而试图提出一个语言网络的综合性观点。

8.1 语言网络综合观

我在这里提出的语言网络神经基础综合观并不主要考虑人类语言系统中句法和语义的整合，而是尝试在与生物学相关的两个维度上对语言相关数据进行整合：一个是神经生理维度；另一个是演化论维度。神经生理维度将聚焦人类大脑，并试图在人类大脑中识别不同神经生理水平的，即从神经元到大规模神经网络的特定参数在何种程度上可以描述特定语言大脑结构。演化论维度将对比人类和非人类灵长类动物，并考虑灵长类动物之间大脑结构和功能的变化，以确定对语言至关重要的可能差异。然而，由于所需的数据仍显稀疏，目前形成的这种观点仍待完善。不过，现有数据特别是句法领域的确提供了有趣的信息。

从神经生理学维度看，本书的讨论集中于核心语言系统及其人脑表征，这引导我把更多的精力放在功能和宏观结构水平之上，且进一步在跨层次的神经科学分析水平上——由神经元到大规模网络——思考语言的神经基础。

在这里，我将汇总前几章讨论过的主题。从系统水平开始，我描述了不同语言的功能，如音系、句法和语义及其大脑定位。更重要的是，我描述了神经网络中不同子系统之间在时序上的动态功能互动，并确定了能够保证这种互动的脑白质结构。我们发现，一般语言网络可以被描述为基于分子水平的特定网络，在该水平上，共同参与的脑区具有神经递质的相似性。这为语言功能与大脑结构之间存在一定的依存关系提供了强有力的信号。

在本书中，我认为句法是人类语言的核心，因为它提供了规则和运算机制来决定句子中单词间的关系。在第 1 章中，我确定了语言的左半球额-颞网络和一个用于句法的特定神经网络。这个特定网络保证：①两个单词（或元素）被句法绑定为短语单位，这基于被称为“合并”的句法操作；②多重、递归地运用合并，将短语单位在句法上绑定为句子。在该网络中，Broca 区后部和邻近的额叶岛盖构成了一个局部环路，以支持合并的基础句法运算。Broca 区后部（BA44 区）也作为核心语言网络的一部分，通过特定的白质纤维束——弓状束连接到颞上皮层后部（见导论，图 0.1）。这两个脑区以及它们之间的连接反映出一个长程回路，它支持句子中短语单位的句法和题元关系的指派。这两个区域，特别是连接它们的纤维束，已被证明对句法能力的发展至关重要，而且对人类语言机能的形成可能也十分关键。这意味着部分灰质和白质似乎是人类独特语言机能的神经生物学基础。

然而，除非我们在神经网络中加入有关时间动态的信息，否则对神经网络及其中起作用的灰质和白质部分的描述仍不完整。毕竟，语言处理是实时发生的。电生理测量允许我们以毫秒为单位记录大脑活动，它提供了音系、句法和语义加工的时间进程信息，但除了少数使用颅内记录的情况外，它只能对这些动态过程进行粗略的大脑定位。这些颅内记录在单词加工方面提供了有趣的结果，但迄今为止只涉及一个脑区的单个神经元，忽略了脑网络中的其他部分。因此，语言网络中不同区域如何编码、共享乃至整合信息片段尚存在思考空间。我简要地谈到了这个问题，并推测不同脑区之间的信息交换可能通过所谓的“镜像神经元集群”来实现，它在负责发送和接收信号的脑区中分别对信息进行编码和解码。

在本节的余下部分，我将重新论述人类大脑中不同神经科学水平上已知的语言网络有关部分的功能和结构。我会从成人大脑中较大的额-颞语言网络出发，然后放大到特定的部分，这些部分可以追溯到不同神经科学水平，直至它们的神经解剖学细节及其种系发生背景。

8.1.1　我们大脑中的语言网络

人类语言网络由额下回和颞叶皮层的脑区及连接它们的白质纤维束构成，这个较大的网络负责语言加工。在该网络中，不同的脑区和特定的子网络支持对单词的声音、意义、单词在短语和句子中的关系，以及这些要素的韵律参数等信息的加工。

语言的声音涉及单词的形式和韵律参数、单词本身、短语和句子。单词由不同的音位构成，这些音位最初由位于颞上皮层中部的初级和次级听觉皮层加工。颞上皮层的后部及前部负责处理音系方面的语言特定信息，后两个区域通过短程纤维束与初级听觉皮层相连，保证信息从听觉系统的低级处理区域传递到下一级进行音系加工。

一旦音位词形被识别，下一级加工水平和它们各自的神经网络将被激活。我们假设，大脑的语言系统最初使用句法词类信息在线构建短语结构，这个过程似乎包括两个步骤：第一步是识别相邻元素；第二步是有层级地构建局部句法结构。第一步涉及颞上回前部和额叶岛盖，它们通过腹侧的纤维束——钩束连接，图 8.1 中其被标记为红色。在第二步中，句法层级的构建涉及 Broca 区后部（BA44 区）。句子中句法关系的加工则涉及一个由 Broca 区（BA44 区）和颞上回/沟后部组成的网络，这两个脑区通过背侧纤维束连

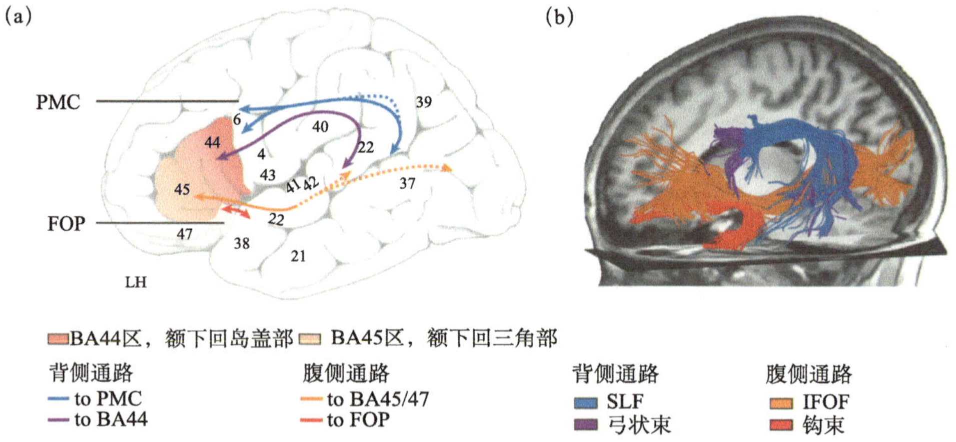

图 8.1 人类大脑中的核心语言纤维束。(a) 系统展示图；(b) 解剖展示图。有两条位于背侧的通路和两条位于腹侧的通路。连接背侧前运动皮层（PMC）和颞叶皮层后部的背侧通路［颞上回/沟（pSTG/STS）后部］涉及上纵束（SLF）（浅蓝色所示）；连接 Brodmann 分区 BA44 区和 STG 后部的背侧通路包含弓状束（紫色部分）。连接额下皮层即 BA45/47 区等与颞叶皮层的腹侧通路涉及额-枕下束（IFOF）（橙色表示）；连接下额叶皮层前部即（额叶岛盖）与颞上回前部的腹侧通路涉及钩束（红色部分）。改编自 Friederici & Gierhan. (2013). The language network. *Current Opinion in Neurobiology*, *23*(2), 250-254. 经 Elsevier 许可

接，即弓状束，在图 8.1 中用紫色标明。存储在颞中回的词汇-语义信息通过 Broca 区前部进行通达（BA45 区 /BA47 区），这两个脑区由位于腹侧的纤维通路连接，其简写为“额-枕下束”（IFOF），图 8.1 中用橙色表示。颞上回 / 沟后部被认为是句法和题元信息整合的区域。当处理韵律信息时，右半球就会起作用，胼胝体（连接两个半球的纤维束）支持左半球加工的句法信息同右半球加工的韵律信息之间的互动。

白质纤维束构成的连接是脑区间信息传递与脑区协作的基础，这种协作已由功能连接结果与神经振荡测量所证实，两者都反映了这些脑区的联合激活。

在语言感知过程中，大脑不同区域和子系统加工的语义和句法信息需要通过整合来实现理解，在这一点上的问题是大脑的哪个区域负责句法和语义信息的整合。我讨论了颞叶皮层后部作为整合的主要区域，这是基于我们观察到的结果，即当自然语言句子中的语义和句法信息都需要加工时，这个区域就会被激活；当加工没有任何语义信息的句法序列时，这个区域就不会被激活。然而，额下回的 BA45 区也呈现出一个类似的、依赖语义信息的激活模式（Goucha & Friederici，2015）。BA45 区可能在句法-语义整合中发挥作用似乎对上述问题的答案提供了另一种选择。事实上，Hagoort（2005）提出，额下皮层是负责整合的脑区。在这里，我认为，如果额下皮层参与整合，那么 BA45 区更可能专门参与这一加工，这是由于 Goucha 和 Friederici（2015）研究的数据显示，只要存在最小的语义信息，BA45 区便与 BA44 区一同参与句法上的结构化序列的加工。除功能数据之外，还可以根据神经受体构筑数据来确定 BA45 区作为整合脑区的这一身份（Amunts et al.，2010）。该数据表明，BA45 区可以被细分为两个亚区：后部（BA45p）和前部（BA45a）（见导论，图 0.2）。BA45 区后部邻近已知与句法相关的 BA44 区，它有时与 BA44 区一同激活（至少在最小的语义信息仍存在于刺激材料之中时）。BA45 区前部（BA45a）与 BA47 区相邻，在加工语义信息时常与 BA47 区一起激活。因此，除了颞叶皮层后部，BA45 区的两个亚区，前部（BA45a）和后部（BA45p），也为整合过程提供了可能的基础。颞叶皮层后部与 BA45 区是否具有不同的整合子功能，还是共同参与整合，仍有待进一步研究。

8.1.2　我们大脑中的句法网络

在本小节，我将重点讨论句法网络，原因有二：第一，我认为句法是人类语言机能的核心；第二，有充分的证据表明，非人类动物，如非人类灵长类动物和狗可以学习单词和固化短语的意义，但不能学习句法。

当在不同的神经科学水平上对人类语言网络进行分解时，那些涉及人类特定的句法加工能力的大脑结构在神经结构和神经功能水平上似乎具有专门特征。与句法加工过程相关的脑结构有两个：一是 BA44 区，位于额下回的 Broca 区后部；二是连接这个区域和颞叶后部皮层的纤维束，也就是弓状束，这个网络被认为是支持人类复杂句法加工的。那么，这些大脑结构的特点是什么呢?

8.1.2.1 Broca 区

在由 Broca 区内的 BA44 区同颞上回后部构成的句法网络中，BA44 区起着特殊的作用。BA44 区负责层级句法结构的生成，因此在神经生理水平上具有独特性，这个脑区在功能和不同神经结构水平等诸多方面与其他区域存在差异。

在最低结构水平之一的细胞构筑层面，BA44 区与其他额叶脑区在皮质的六个层级上的颗粒度有所不同（Amunts et al.，1999）。BA44 区（中等颗粒结构）在某些层上比其后部的运动皮层（BA6 区）（无颗粒结构）具有更多锥体神经元，但比完全颗粒化的 BA45 区皮层（颗粒结构）则要少得多（Brodmann，1909）。此外，较之大脑右半球，成人的 BA44 区被证明在语言主导的大脑左半球具有更大的体积。这种不对称性与人类的语言机能相关联，而黑猩猩的左、右半球细胞结构上尤其不存在这一类似的差异（Schenker et al.，2010）。因此，与右半球的 BA44 区相比，左半球的 BA44 区在成年人中显得特别大。

在微观结构组织学水平上，已有研究表明 BA44 区的树突结构比邻近的运动皮层及其右半球对侧脑区更为复杂、精密（Scheibel，1984）。树突保证了神经元之间的信息传递，因而与特定脑区表征的加工过程紧密相关。BA44 区复杂的树突结构被认为与该区域支持的特别复杂的功能加工过程有关，即语言，或具体来说是句法。在成人大脑中，我们可以清楚地看到 BA44 区和相邻的运动皮层的功能差异，这反映在脑电图测量的局部场电位上：BA44 区参与言语计划，运动皮层则支持说话的运动行为（Flinker et al.，2015）。因此，人脑左半球的 BA44 区是特异的，因为它的树突结构比相邻的脑区或右半球的对侧区域更加密集。

从功能相关的最低水平之一的神经递质水平来考虑，这些神经递质可用于分析较大的语言网络（Zilles et al.，2014），以及专门分析额下皮层的 Broca 区（Amunts et al.，2010）。这些分析表明：① BA44 区位于 Broca 区的后部，与位于前部的 BA45 区相分离；② BA44 区可以根据神经受体构筑再细分为背侧和腹侧两部分；③ BA44 区可以与位于更为腹侧的额叶岛盖区分开来。这些神经受体构筑的差异能够很好地映射到（大脑）系统水平的功能语言数据上。我们可以逐项考虑这些数据。

（1-1）BA44 区在细胞结构（Amunts et al.，1999）和受体构筑上（Amunts et al.，2010）与 BA45 区不同。

（1-2）BA44 区负责句法加工，在功能上区别于负责语义、命题加工过程的 BA45 区（Friederici，2002；Goucha & Friederici，2015）。

（2-1）受体构筑分析表明，BA44 区可分为背侧和腹侧两个部分（Amunts et al.，2010）。

（2-2）神经成像数据表明，BA44 区背侧部分参与音系加工，而其腹侧部分参与句法加工（Hagoort，2005）。

（3-1）BA44 区的腹侧部分与邻近的额叶岛盖在受体构筑上不同（Amunts et al.，2010）。

（3-2）BA44 区的腹侧部分与额叶岛盖在功能上相分离（Zaccarella & Friederici，2015a）。

这些数据表明，在受体构筑层面，BA44 区可以明显区别于邻近脑区，它既可以与位于较前的 BA45 区相区分，也可以与位于腹内侧的额叶岛盖相分离。

综上所述，结构和分子分析揭示了许多参数，它们可以区分位于 Broca 区内的 BA44 区与左侧额下回的其他相邻区域。这些差异可以映射到语言网络的特定功能上，因此对语言机能而言显得十分关键。

8.1.2.2　背侧语言通路

在较大的左半球语言网络中，支持加工人类语法能力的特定子网络包括额下回的 BA44 区和颞回后部，它们通过位于背侧的纤维束——特别是弓状束——连接（图 8.1）。

在宏观结构层面上，我们可以将白质纤维束密度与句法行为联系起来，而且我们发现在发育过程中的弓状束成熟度，尤其是其髓鞘化程度，预测了句法表现（Skeide et al.，2016）。这一结构-功能关系进一步得到了另一项报告的支持，即在进行性失语症中，这一背侧通路完整性的降低与句法表现的下降相关（Wilson et al.，2011）。这个包含 Broca 区、颞叶后部以及其背侧和腹侧通路的经典语言网络在所有人类大脑中都普遍存在，但语言通路中某些纤维束的强度会受到所学特定语言的调节（Goucha et al.，2015）。

在功能连接水平上，Broca 区内的 BA44 区与颞上回后部在句子加工过程中表现出高度的功能协同性（Den Ouden et al.，2012；Makuuchi & Friederici，2013）。这两个区域的连接在儿童时期随年龄的增长而增强。此外，句子理解测试的相关分析表明，这些区域之间的连接在 5—6 岁（儿童）的句子加工中变得更加重要（Xiao et al.，2016b）。

使用振荡指标的研究发现，在加工短语和句子的句法结构时，左侧额叶、顶叶和颞叶的脑区具有很高的同步性（Ding et al.，2015；Meyer et al.，2015）。这些数据意味着在加工句子的过程中，左侧额叶和颞叶后部的神经元集群在句子加工时会协同激活。看来，大脑各区域的神经元集群往往会实时协作。

总的来说，这些数据指向特定的结构连接，该连接通过背侧通路将 Broca 内的 BA44 区与颞叶后部这两个脑区相连，这些数据也指向上述区域间强大的功能连接。背侧通路在句法层级结构加工中的功能相关性也已在一些研究中得到了确切的证明。

8.1.3 跨种系发生和个体发育的语言网络

最后，当考虑跨越个体发育和种系发生的语言网络时，我们可以更多了解关于人类句法机能背后的神经生物学细节。一种简单的观点是，与成人相比，非人类灵长类动物和幼儿并不具备语言能力，特别是句法能力。那么，他们对应的结构网络有何不同？现有数据表明，这些网络在 BA44 区不同，而且在连接 BA44 区和颞上皮层后部的背侧纤维束上也有差异。

8.1.3.1 Broca 区

我们已经看到，BA44 区的细胞构筑结构及其左右半球的相对表现在成年人类和非人类灵长类动物中不同。对包括 BA44 区在内的 Broca 区进行的细胞构筑分析显示，成年人类的 Broca 区存在明显的左向不对称性（Amunts et al.，2003），但在黑猩猩中却没有发现这一现象（Schenker et al.，2010）。在人类中，左向不对称性在生命早期并不存在，但随后会沿着功能相关的发展轨迹而逐渐显现。

在人类的发育过程中，我们可以观察到支持句法加工的 BA44 区与支持语义加工的 BA45 区之间的有趣分化。BA45 区在个体 5 岁时表现出左右脑不对称性，而 BA44 区到 11 岁时才表现出来（Amunts et al.，2003）。这些数据反映了行为层面（Friederici，1983）、电生理层面（Strotseva-Feinschmidt et al.，已投稿）的语义和句法功能的发展轨迹。在脑成像水平上，BA44 区对句法加工的特异性只在儿童晚期得以发展，在此之前，BA45 区也参与了加工（Skeide et al.，2014），这表明完整的语言句法能力出现得较晚。成熟的 BA44 区在句法上表现出明显的特异性，这似乎反映了在成人与婴儿、猴子之间观察到的结构和功能上的差异，因此可能对语言机能起着关键作用。

8.1.3.2　背侧语言通路

我们已经了解到，BA44 区和颞上回后部由背侧纤维束（弓状束）连接，它们共同代表了成人的句法网络。在这一点上，我们可能会问：是否在种系发生和个体发育中也存在类似的平行现象？对比研究发现，成人的这种纤维束与人类婴儿（Perani et al.，2011）和非人类灵长类动物（Rilling et al.，2008）不同，这条背侧通路在猕猴和黑猩猩（没有语言者）中非常弱，但在成人（掌握语言者）中却非常强（Rilling et al.，2008）。此外，在新生儿（尚未掌握语言者）中，弓状束也很弱，且髓鞘化程度很低（Perani et al.，2011）。这些数据表明，当弓状束的髓鞘化程度较低时，句法功能也就较差。这一结论得到了一项研究结果的支持，即弓状束强度的提高与加工复杂句法结构能力的提升直接相关（Skeide et al.，2016）。所以，这条纤维束可能是导致成人语言能力区别于处在前语言期的婴儿和猴子的原因之一。

总之，种系发展和个体发育数据为 BA44 区以及连接 BA44 区和颞上皮层后部的弓状束在语言机能上的特殊作用提供了有力证据。这些大脑结构可能是为了促进人类加工句法的能力的提升而出现的，该纤维束可以被看作为了实现人类的语言能力而必须演化的一环。

8.2　尾声：会说话的人——不仅仅是单词

人类与非人类灵长类动物的不同之处在于句法结构的构建能力，这一主张为我们在本书中对语言的评价奠定了基础。本书的很多章节都集中在句法上，然而，当我们在考虑语言时，可能更倾向于将语义作为语言最重要的方面。毕竟，我们想要交流意义。然而，为了做到这一点，我们需要通过句法将单词组合成短语和句子。

我们用词汇来指代物体和心智实体以及行为和心理状态，但我们需要句法来确定句子中词汇之间的题元关系。句法允许表达逻辑关系（例如，if—then 关系：如果他做了 X，那么 Y 就会发生），也允许我们表达对自己和他人的信念（例如，“我认为他相信……”）。

语言使我们能够与他人一起规划未来，并从记述中追寻过往。语言构成了我们社会和文化互动的基础，互动不仅发生在“此时此地”，更重要的是也发生在“彼时彼处”。

这一演化过程是在大脑中实现的。据我们所知，与我们的近亲相比，大脑只经历了微小的变化，但这种变化却格外重要。我认为，Broca 区的句法特异性，尤其是其后部，即 BA44 区，以及支持它与颞叶皮层之间的脑区连接解释了其中的一种变化。从演化的角度来看，人类是否发展了语言能力来满足上述需求，语言的浮现是否决定了“会说话的人”作为一种文化载体而存在，仍然是未解之谜。

术 语 表[1]

语言部分

白质（white matter）：大脑结构主要由纤维束组成，它们在成熟状态下被髓鞘包围，使电信号能够快速传导	
层（layer）[2]：灰质内细胞组织的结构水平。大脑皮层主要含有六层，可以根据神经细胞密度进行划分	
层级结构（hierarchical structure）：在句法上，语言成分的基本结构组织，表达短语与句子中元素之间的支配关系	
超音段（的）（suprasegmental）：超越单个语音[3]的一个或一系列声音特征，如重音或音高	
初级听觉皮层（primary auditory cortex，PAC）：位于双侧颞叶上侧表面、Heschl 回之中。后者也称为初级听觉皮层（BA41 区）。此外，Heschl 回附近还可以识别出三个脑区：一个位居其后的区域（颞平面），一个在其前部外侧的区域（极平面），以及一个在颞上回皮层外侧凸起上的区域，向下延伸至颞上沟	
传导性失语症（conduction aphasia）：一种罕见的流利性失语症，呈现出完整的理解能力与言语产生能力，但词汇或句子重复能力较差。自发言语中的常见语误有音位调换和替代	
词汇替代（word substitution）：一种语误，两个词在句中彼此替代	
词汇选择（lexical selection）：在言语产生中，从心理词典内提取和选择一个特定词的过程	

① 各部分术语按先英文后中文排列，英文术语按英文字母顺序排列，中文术语按中文拼音顺序排列。——译者注

② 这里的“层”指的是大脑灰质皮层内根据细胞构筑或组织形式划分的结构层。——译者注

③ 这里的“单个语音”指单个“音段”。——译者注

词类（word category）：单词所属的语法类（名词、动词、介词、形容词等）
词序（word order）：特定语言里，句中单词的线性组织方式
顶叶（parietal lobe）：人类与哺乳类动物四大皮层脑叶之一，位于枕叶之上、额叶和中央沟后部
短语（phrase）：构成句子句法结构成分的一组词或单个词。短语由它们中的主要元素的句法类别进行命名（如名词短语、限定词短语、形容词短语等）
额下沟（inferior frontal sulcus，IFS）：额中回与额下回之间的脑沟
额下回（inferior frontal gyrus，IFG）：人类大脑额叶中的脑回。其上界是额下沟，下界是外侧裂，后界是中央前沟下部。额下回上面是额中回，后面则是中央前回
额下回岛盖部（pars opercularis）：位于 Broca 区后部，额下回的岛盖部分（BA44 区）
额下回眶部（pars orbitalis）：位于 Broca 区前-腹侧区域，额下回的眶部（BA47 区）
额下回三角部（pars triangularis）：位于 Broca 区前部，额下回的三角部分（BA45 区）
额叶（frontal lobe）：人类与哺乳类动物四大皮层脑叶之一，位于每个脑半球前部，在顶叶前部、颞叶皮层的上侧与前部
额叶岛盖（frontal operculum，FOP）：额下皮层脑区，覆盖脑岛，位于（额下）腹内侧区域，邻接语言相关经典脑区 Broca 区
额-枕下束（inferior-fronto-occipital fasciculus，IFOF）：连接 BA45 区、BA47 区和 STG/MTG 后部、枕叶皮层的腹侧通路，也称作极囊束系统（ECFS）
非常规（non-canonical）：人类语言中的一个句子内，元素的顺序与该特定语言的基本词序不同
格标记（case marking）：语言中的一种形态属性，表达短语或句子中名词、代词、限定词以及修饰词的语法功能。在许多语言中，一个特定词的格信息都明显地通过形态屈折来标记，这些屈折标记通常后附于词尾。典型的语法格有主格、宾格、属格和与格。它们与句子中的题元角色紧密相关
个体发育（ontogeny）：个体有机体的发展过程
工作记忆（working memory，WM）：做复杂任务，如推理、理解和学习时所需的一种主动保存信息的心智能力。工作记忆是认知心理学和神经科学的核心理论概念
弓状束（arcuate fasciculus，AF）：背侧连通前额叶到颞上回后部的神经通路。弓状束的一部分在前额叶到顶叶区域与上纵束紧密平行，但它的后部弯入颞叶皮层后部，不再与上纵束平行
功能词（functional word）：主要携带句法信息的元素，允许通过对其他项目的锚定、连接或排序来配置结构。功能词主要包括介词、代词、限定词、连词、助动词、分词与屈折形态（标记）
钩束（uncinate fasciculus，UF）：连接额叶岛盖和颞叶皮层前部的腹侧通路
构音障碍（dysarthria）：运动-言语系统的神经功能障碍，表现为音位发声能力较差
海马体（hippocampus）：人类与其他哺乳类动物大脑中的主要组分。在人类与其他灵长类动物中，海马体位于颞叶内侧、皮层表面之下。就像与之密切相关的大脑皮层一样，它也是成对结构，在大脑的左右两侧呈镜像对半分布

合并（merge）：人类语言中，由已构成的句法客体 X（如，吃）和 Y（这些苹果）构成新句法客体 Z（吃这些苹果）的运算机制
灰质（gray matter）：脑皮层脑回和脑沟上 2～3 mm 的外层覆盖物，包含许多沿脑皮层不同层排列的细胞体
基底神经节（basal ganglia）：一组位于前脑底部的皮层下核团，包括背侧纹状体、腹侧纹状体、苍白球、腹侧苍白球、黑质和底丘脑核
角回（angular gyrus，AG）：在缘上回的后侧，位于顶叶，沿着颞叶的上缘，并在腹侧与颞上沟相邻（BA39 区）
进行性非流利性失语症（progressive non-fluent aphasia）：由双侧额叶前部和左半球外侧裂周区皮质萎缩引起的一种失语症类型，导致言语产生困难及对语法复杂的句子难以形成最佳理解
镜像神经元（mirror neuron）：在观察或执行一个动作时会激活的神经元
句法（syntax）：语言中将项目（单词、单词块以及短语）安排到可能的、允许的组合中的规则
联系学习（associative learning）：一种基于同时发生的两个独立刺激间联系的学习过程
脑损伤（brain lesion）：因损伤或疾病而引起的神经组织损坏
颞顶联合区（temporo-parietal junction，TPJ）：位于颞叶和顶叶之间，朝向外侧沟后部（BA39 区）
颞极（temporal pole）：颞叶最前端，位于颞上沟前界之前（BA38 区）
颞上沟（superior temporal sulcus，STS）：将颞上回与颞中回分开的脑沟
颞上回（superior temporal gyrus，STG）：人脑颞叶上三大脑回之一，上界是外侧沟，下界是颞上沟，包括 BA41 区和 BA42 区（初级听觉皮层），以及 Wernicke 区后部（BA 22 区）
颞上回前部（anterior superior temporal gyrus，aSTG）：指颞上回的前部区域。内侧由脑岛的环形沟围绕，外侧从颞上沟的前部边界延伸至 Heschl 回的前部边界
颞叶（temporal lobe）：人类与哺乳类动物四大皮层脑叶之一，位于两侧大脑半球中外侧裂下方
颞中回（middle temporal gyrus，MTG）：位于颞上回、颞下回之间的颞叶脑回（BA21 区）
排序（ordering）：将句子论元（主语、直接宾语和间接宾语）与动词论元结构连接起来的过程。对非常规（词序）结构加工而言，排序的认知需求会特别大
派生形态（derivational morphology）：通过增加带有语义信息的形态后缀，把词转变为其他词（对比 *drink* 与 *drinkable*）。它们可以改变一个词的词类及其词干传递的意义①
胼胝体（corpus callosum）：脑中最大的白质结构，沿着内纵束底部连接左右大脑半球
嵌套 / 内嵌（embedding）：一个语言单位（可能）包含另一个语言单位

① 原文所指的“词干意义的改变”宜理解为词干与派生词缀结合后，原来主要由词干传递的整体词汇意义发生改变，因为“*drink*”和“*drinkable*”的词干都是“*drink*”，词干意义本身不会发生变化，但它是整个单词词汇意义的主要来源，当它与派生词缀“*-able*”组合后，词的整体意义发生了变化。——译者注

情绪韵律（emotional prosody）：除了说话内容之外，还通过韵律参数（如强度和音高）来传达情绪信息，也包括言语元素的延长及其停顿。情绪韵律承载着意义（如愉快或悲伤，或者害怕与愤怒）。在言语中，该信息在听觉信号中被编码
丘脑（thalamus）：位于大脑皮层和中脑之间的皮层下两半区域呈中线对称的结构
屈折形态（inflectional morphology）：通过给单词添加承载形态句法信息的形态后缀来决定成分间语法关系的元素（如对比 *run* 和 *runs*）。原型屈折范畴包括数、时、人称、格与性
人工语法学习（artificial grammar learning，AGL）：认知心理学和神经科学采用的一类实验范式，包含可以生成无意义人工语言的人造规则。在神经语言学中，当语义信息从（人工语言）序列中剥离时，这些语法就被用来考察选择性地涉及句法加工、内隐 / 外显学习的脑区
上纵束（superior longitudinal fasciculus，SLF）：连接顶下叶与前运动、额叶皮层的神经通路
神经递质（neurotransmitters）：使神经元之间神经传递得以实现的化学"信使"
神经元（neuron）：神经系统中能产生电兴奋的细胞
生命性（animacy）：名词的语义特征，使名词有知觉 / 有生命。它与句子中发出动作的行为者角色紧密相连，因为大多数行为者都是有生命的（除了在做动作的机器人）
失语法症（agrammatism）：一种失语症，表现为脑损伤后的患者产生电报式的句子，而遗漏了（传递）信息内的功能词。它也会影响依赖于功能词或屈折形态的复杂语法结构的理解，例如，*The boy was pushed by the girl*（"男孩被女孩推"）在只加工功能词时，会被误解为 *boy pushed girl*（"男孩推女孩"）
失语症（aphasia）：由特定语言相关区域的功能障碍而造成的语言障碍，通常由中风、头部创伤或皮质萎缩引起
世界知识（world knowledge）：语言以外驱动概念-语义解读的知识
受体（receptors）：接收细胞外化学信息（神经递质）的蛋白质分子
受体构筑（receptor architecture）：由不同皮层脑区内神经递质受体的区域和层次分布对脑皮层的描写
树突（dendrite）：神经细胞接收来自其他神经元信号的连接
髓鞘（myelin）：环绕神经细胞轴突的白色脂质，作为电（译者注：即神经电信号）传输的绝缘层
髓鞘化（myelination）：发展过程中髓鞘的增长
梭状回（fusiform gyrus，FG）：颞叶的一部分，内侧邻接于海马旁回，外侧与颞下回相接，尾侧与舌回相接（BA37 区）
题元关系（thematic relations）：表达名词所示功能与动词所示的动作意义之间关系的语义描述
题元角色（thematic roles）：句中就动词而言的名词功能类型。两个主要的题元角色是施事（即动作发出者）和受事。施事：发出句中动词描述的行为的人或物。受事：承受句中动词所描述的行为的人或物
题元角色指派（thematic role assignment）：句中动词对名词功能的指派

完形概率（cloze probability）：一个词补充完整一个句子框架的概率。单词的完形概率依赖于它与先前句子语境之间的连贯性，完形概率越高，连贯性就越强

纤维束（fiber bundles）：神经细胞的白质纤维投射，连接大脑中不同的灰质区域

小脑（cerebellum）：大脑下部的后脑中，在第四脑室、脑桥和髓质后面的脑区

形态学（morphology）：在更基本的语言学单位（语素）上对词内部结构进行的研究

移位（movement）：句法学的某些理论认为，这是一种由更基本的句子生成非常规（词序）句子的操作。它将一个元素从其原本的位置［留下一个不发音但仍在功能上活跃的“副本”（copy）以供解读，称为空位］移置到句子里的新位置上（填充项）

音段（的）（segmental）：任何可以在语流中被识别的言语的分段

音高（pitch）：对基本频率（声带振动产生声音的频率）的感知关联

音节（syllable）：一组声音，包括可有可无的起始音（典型的是辅音）、韵核（一般是元音）以及可有可无的韵尾

音位（phoneme）：声音单位的抽象心智表征，在给定语言中可以区别单词（如 hat 对 cat）

音系学（phonology）：对说话人头脑中可以区分意义的离散、抽象的声音元素进行的研究

语法（grammar）：在既定语言中，表达词汇如何组合在一起的一组规则

语法编码（grammatical encoding）：产生构造完好的句法结构的过程，其中，所有语法关系都一致得到了（正确）表达

语法倒错性障碍（paragrammatism）：言语障碍，导致话语产生中出现成分错误交叉或未说完整的成分

语素（morphemes）：承载意义的最小语言学单位（在单词 *books* 中存在两个语素：*book* 和-*s*）。语素[①]可以是自由的（如任何单独的词）

语调（intonation）：除了重读句子的主题焦点外，语调是韵律信息的另一个方面。语调通过区分如疑问句和陈述句的方式来表达说话人的情感和意图

语误（speech errors）：在语言产生中，话段里任何偏离目标形式的错误说法。语误可以根据被改变的语言单位（音位、语素、单词）以及表征的水平（音韵的、语义的）进行分类

语言机能（language faculty）：学习、产生和理解语言的心智倾向

语义学（semantics）：对个体词汇以及由词汇聚集在一起形成的短语和句子的意义的研究

语用学（pragmatics）：对交际中语境知识的研究

运动皮层（motor cortex）：额叶皮层脑区，沿着中央沟前部的中央前回背侧分布，包括初级运动皮层（BA 4 区）、前运动皮层（BA6 区）和辅助运动区（SMA）

韵律（prosody）：在超音段水平（音节、韵律词、语调短语）上的一组描写语言的言语属性。这些属性包括语调、声调、重音和节奏

---

① 这里宜理解为可以独立成词的语素，也可以是黏着的（比如，后缀）。语素也可以分为屈折（在“*he runs*”中的 -*s*）与派生（“*childhood*”中的 -*hood*）两种形态（标记）（这里的“语素”宜理解为“词缀语素”，词根语素并不具备这两种形态）。——译者注

枕叶（occipital lobe）：人类与哺乳类动物四大皮层脑叶之一，位于大脑最后部，在顶叶和颞叶之后
置乱（scrambling）：称呼非基本词序的一个共同术语。依照 Chomsky 式传统，每种语言都假定存在作为句子结构基础的基本词序，因此表现出各种不同词序的语言被认为是“打乱”了它们的“正常”词序
中心内嵌句（center-embedded sentence）：一个句子（“*the boy is my son*”，“这个男孩是我的儿子”）含有另一个嵌套在其内部的句子［*the boy* (*who is running*): *is my son*，“正在跑步的这个男孩是我的儿子”］①
中央沟（central sulcus）：脊椎动物的大脑皮层中的褶皱，是把顶叶和额叶、初级运动皮层和主要躯体感觉皮层分开的重要标志
中央前沟（precentral sulcus）：在中央沟前部，且与之平行的脑沟。它将额下、中、上回同中央前回分开。多数大脑中，中央前沟可以分为两个部分：中央前沟下侧与中央前沟上侧。不过，中央前沟也可以一分为三，或者形成一个连续的脑沟
中央前回（precentral gyrus）：额叶中，中央沟和中央后回之间的脑回
轴突（axon）：神经细胞间的连接，通过它一个神经元可以将信号传递给其他神经元。轴突通过突触与其他神经元接触，信号的传递通过神经递质实现
主语-动词一致（subject-verb agreement）：句子中主语和动词通过形态屈折来实现性、数和格的合法搭配
注意（attention）：一种选择并专注于刺激的特定方面而忽略其他方面的过程
Broca 区（Broca’s area）：大脑额叶下侧部分的脑皮层区域。由两个细胞构筑上分离的部分构成，前部叫作额下回三角部（BA45 区），后部称为额下回岛盖部（BA44 区）
Brodmann 分区（Brodmann area，BA）：根据 Brodmann（1909）提出的划分方式，Brodmann 分区是由大脑皮层细胞构筑或细胞组织方式所定义的脑皮层分区
Heschl 回（Heschl’s gyrus）：颞叶皮层中的颞横回，埋在外侧沟内，并向内侧延伸至脑岛皮层的环形沟
Wernicke 区（Wernicke’s area）：大脑颞叶中的脑皮层区域，位于颞上回后部（BA 22p 区）
Wernicke 失语症（Wernicke’s aphasia）：一种失语症类型，表现为患者的言语产生能力完好，但具有严重的理解障碍，一般是由无法理解口头表达的词或句的意思造成的

方法部分

动态因果建模（dynamic causal modeling, DCM）：采用 fMRI 或 EEG/MEG 时间序列（数据）来考察脑区之间相互影响的技术。该方法使用不同模型来拟合时间序列数据，并采用贝叶斯模型比较法选出优胜模型

① 这里是英语的例子，限定性主语关系小句“*who is running*”内嵌于主句主语“*the boy*”和主句谓语“*is my son*”之间。——译者注

各向异性分数（fractional anisotropy，FA）：描述轴突管束中水分扩散的各向异性（依赖于方向的一种性质）程度的标量值。FA 作为一种测量（指标），常用于弥散成像（分析）以量化弥散过程。它可以反映白质中的纤维密度、轴突直径以及髓鞘化（程度）	
功能磁共振成像（functional magnetic resonance imaging，fMRI）：一项定位与大脑中特定功能相关的脑活动的技术。它取代了部分侵入性的正电子发射断层摄影术，以一种非侵入性的、最先进的方法，在亚毫米量级上对语言网络进行功能-解剖重构。然而，磁共振成像的时间精度十分有限，因为它测量的是以秒为量级的大脑活动血流动力学。功能磁共振成像揭示了定位的精确信息以及神经活动的变化量级，这些变化由响应外部刺激或者在没有外部刺激时静息态中的内部波动引发。这些神经活动的改变反映在基于神经血管耦合效应的血氧水平依赖（BOLD）信号的改变	
功能连接（functional connectivity）：估计大脑动态变化的分析范式。评估功能连接的方法主要采用直接（EEG/MEG）和间接（fMRI）数据源来量化局部或远程脑网络中神经元充电 / 放电的同步性。该术语（也）指脑区同步振荡地图。这些地图可以表明哪些脑区在一同工作，但并不提供脑区间数据流向的信息	
基于连接的脑区划分（connectivity-based parcellation）：一种基于轴突连接相似性将脑区划分为不同亚区的技术	
结构磁共振成像（structural magnetic resonance imaging，sMRI）：一项提供大脑灰质和白质详细形态与几何特征的技术，如它们的体积、密度、厚度和表面积	
近红外光谱成像（near infrared spectroscopy，NIRS）：一项使得 BOLD 反应的记录更为灵活的技术。这是由于记录系统直接安置在被试的头上，不需要被试像在 fMRI 中那样躺着一动不动。这项优势使它成为婴儿、儿童语言习得研究的重要方法之一。不过，NIRS 的空间分辨率远低于 fMRI，且它的时间分辨率也较差。因此，该技术主要运用于十分年幼的被试，他们往往无法长时间一动不动地躺着	
静息态功能磁共振成像（resting-state functional magnetic resonance imaging，rfMRI）：一项测量被试在“静息”时 fMRI 数据的技术，即被试不参与任何任务。这与任务相关的 fMRI 不同。例如，在语言研究中，与条件相关的激活会被分离出来作为剩余数据进行分析。两种方法与行为上的语言数据相结合可以为语言网络中不同脑区间的功能连接提供有价值的数据	
颅内记录（intracranial recordings）：一种通过将电极直接放置在暴露的大脑表面来记录脑活动的侵入性技术，也被称为脑皮层电图技术（ECoG）	
弥散张量成像（diffusion tensor imaging，DTI）：基于测量水分弥散以提供内部纤维结构的一种技术。水分在与内部结构一致的方向上弥散得更快，因此弥散张量的主要方向可以用来推断大脑中的白质连接。它可以用来识别人脑中不同的纤维束	
脑磁图（magnetencephalography，MEG）：一种记录由皮层电活动引起的磁场的技术。脑磁图技术可以提供波幅、潜伏期和分布等与语言相关的磁场成分，其时间分辨率与 ERP 相当，但空间分辨率则有所提高	
脑电图（electroencephalography，EEG）：一种在头皮上记录不同频带神经振荡电活动的技术	
频带（frequency band）：δ 波：1—4Hz 的脑活动频率范围；θ 波：4—8Hz 的脑活动频率范围；α 波：8—13Hz 的脑活动频率范围；β 波：13—30Hz 的脑活动频率范围；γ 波：30—100Hz 的脑活动频率范围	

失匹配负波范式（mismatch negativity paradigm）：实验范式，其中很少发生的（异常的）刺激在一系列标准刺激中呈现，异常刺激和标准刺激通常在一个关键特征上有所不同。在成人中，这两类刺激的区分反映为变化出现后100—200ms达到峰值潜伏期的负偏向。这种负偏向被称为失匹配负波（MMN）
事件相关电位（event-related potentials，ERP）：对脑皮层就特定刺激事件做出反应时的电活动的量化，具有毫秒量级的高时间分辨率。对类型相似事件诱发的皮层电活动进行平均就可以得到一些波形，称为ERP成分。这些成分拥有相较于基线而言的正、负极性，刺激起始后以毫秒计的时间潜伏期，以及典型的、空间分辨率较差的头皮分布。极性、最大ERP成分出现的时间以及分布（部分地）构成了不同ERP成分名称的基础
血氧水平依赖（blood-oxygen-level dependent，BOLD）：对神经活动变化的一种测量，基于响应外部刺激或静息时内部波动的神经-血管耦合效应
有效连接（effective connectivity）：决定神经语言网络中已定义脑区之间信息流动的分析范式。该术语（也）指采用统计-数学方法估计神经网络中一个脑区到另一个脑区的数据流向
早期左侧前部负波（early left anterior negativity，ELAN）：120—200ms的负向ERP成分，最大值出现在左侧前部头皮，反映了早期结构构建过程
振荡（oscillation）：中枢神经系统中一群神经元有节律地或重复地放电。每秒的放电次数代表该振荡的频率。由于放电次数的不同，各个频带就可以被区分开来
中止正漂移（closure positive shift，CPS）：反映在一个央-顶分布正漂移中的ERP成分，可作为加工语调短语边界的标记。CPS似乎与韵律边界有关，无论这些边界是在语流中明显出现的，还是暗含在书面句子（通常由逗号所提示）之中
左侧前部负波（left anterior negativity，LAN）：300—500ms的负向ERP成分，最大值出现在左侧前部头皮，反映了形态句法加工过程
坐标系（coordinate system）：大脑的三维坐标系，用来沿着 *x*、*y* 和 *z* 轴定位大脑脑区。最常用的空间系统是Talairach空间（由神经外科医生Jean Talairach所创）和MNI空间（源自蒙特利尔神经科学研究所）
N100：刺激呈现后100ms左右出现的负向ERP成分。它与声学过程有关
N400：出现于400ms左右的负向ERP成分，呈央-顶分布，反映了词汇-语义过程
P600：在600ms后出现的正ERP成分，呈央-顶分布，与晚期句法整合有关

中英词汇对译表

英文	缩略语	中文
accentuation focus		重读焦点
acoustic-phonologic processor		声学–音系加工
activation		激活
active		主动的
adult		成人
age of acquisition	AOA	习得年龄
agrammatism aphasia		失语法症
angular gyrus	AG	角回
animacy		生命性
anterior		前部的
anterior insula	aINS	脑岛前部
anterior superior temporal gyrus	aSTG	颞上回前部
anterior temporal lobe		颞叶前部
aphasia		失语症
arcuate fasciculus	AF	弓状束
argument structure		论元结构
articulation		发声
artificial grammar learning	AGL	人工语法学习
artificial grammars		人工语法
associative learning		联系学习
attention		注意（力）
audition		听觉
axons		轴突
BA44		BA44 区
BA45		BA45 区
BA47		BA47 区
basal ganglia		基底神经节
bilingualism		双语（现象）
block		区组
blood-oxygen-level dependent	BOLD	血氧水平依赖
bottom-up		自下而上
brain lesion		脑损伤
Broca’s aphasia		Broca 失语症
Broca’s area		Broca 区

Broca's region		Broca 区域
BROCANTO		BROCANTO 语
Brodmann area	BA	Brodmann 分区
canonical subject-first word order		常规主语居先词序
case marking		格标记
caudal		尾部的
center-embedded sentence		中心内嵌句
central sulcus		中央沟
cerebellum		小脑
children		儿童
chimpanzee		黑猩猩
closure positive shift	CPS	中止正漂移
cloze probability		完形概率
cluster		团块
cluster overlap		团块重叠
combinatorial processe		组合过程
communication		交际
complex syntax		复杂句法
complexity		复杂度、复杂性
conceptual processing		概念加工
conceptual-semantic		概念-语义（的）
conceptual-semantic representation		概念-语义表征
conduction aphasia		传导性失语症
congruous		一致
connectivity-based parcellation		基于连接的脑区划分
content word		实义词
control condition		控制条件
coordinate system		坐标系
corpus callosum	CC	胼胝体
correct		正确
co-speech gesture		言语同步手势语
cotton-top tamarin		绒顶柽柳猴
critical period		关键期
cytoarchitectonic		细胞构筑的
deaf children		聋童
dendrite		树突
derivational morphology	deriv	派生形态（学）
deviant		偏差（刺激）

diffusion tensor imaging	DTI	弥散张量成像
dorsal		背侧的
dorsal fiber tracts		背侧纤维束
dorsal language system		背侧语言系统
dorsal pathway		背侧通路
dynamic causal modeling	DCM	动态因果模型
dysarthria		构音障碍
early left anterior negativity	ELAN	早期左侧前部负波（早左前负波）
effective connectivity		有效连接
electroencephalography	EEG	脑电图
embedding		嵌套、内嵌
emotional prosody		情绪韵律
Euclidean distance		欧氏距离
event-related brain potentials		事件相关脑电位
event-related potentials	ERP	事件相关电位
feature-based semantics		特征语义学
fiber bundle		纤维束
finite-state grammar	FSG	有限状态语法
flattened speech		平调言语
formulating		构拟
fractional anisotropy	FA	各向异性分数
frequency band		频带
frontal lobe		额叶
frontal operculum		额叶岛盖（部）
function word		功能词
functional connectivity		功能连接
functional level		功能水平
functional magnetic resonance imaging	fMRI	功能磁共振成像
fusiform gyrus	FG	梭状回
gap		空位
generate		生成
gestational week	GW	孕期
gestures		手势语
grammar		语法
grammatical encoding		语法编码
gray matter		灰质
head-driven phrase structure grammar		中心语驱动的短语结构语法
hearing children		听觉正常的儿童

Heschl's gyrus	HG	Heschl 回
hierarchical embedding		层级嵌套、内嵌
hierarchical structure		层级结构
hierarchically embedded		在层级上嵌套的、内嵌的
hippocampus		海马体
hummed speech		哼吟言语
iconic gesture		形象手势语
impulse		脉冲
incongruous		不一致
incorrect		错误
individual maximum of activation		个体激活最大值
individual peak activity		个体峰值活动
infant		婴儿
inferio-fronto-occipital fasciculus	IFOF	额-枕下束
inferior		下侧的
inferior frontal gyrus	IFG	额下回
inferior frontal sulcus	IFS	额下沟
inferior parietal cortex		顶下皮层
inflectional morphology		屈折形态（学）
input		输入
integration		整合
interhemispheric functional connectivity		大脑半球间功能连接
interpretation		解读
intonation		语调
intonational phrase boundary		语调短语边界
intonational phrasing		语调短语化
intracranial recording		颅内记录
intrahemispheric functional connectivity		大脑半球内功能连接
language faculty		语言机能
language organ		语言器官
language production		语言产生
late positivity		晚正成分
layer		层
left anterior negativity	LAN	左侧前部负波（左前负波）
left hemisphere	LH	大脑左半球
lexical access		词汇通达
lexical preposition		词汇介词
lexical retrieval		词汇提取

lexical selection		词汇选择
lexical-semantic		词汇-语义（的）
lexical-semantic categorization		词汇-语义分类
lexicon		词汇
linguistic prosody		语言韵律
linguistic-semantic representation		语言学-语义表征
local syntax		局部句法
macaque		猕猴
magnetencephalography	MEG	脑磁图
mass localization		物质定位
mean length of utterance		平均话语长度
merge		合并
message construction		信息构建
middle frontal gyrus	MFG	额中回
middle superior temporal sulcus	mSTS	颞上沟中部
middle temporal gyrus	MTG	颞中回
milliseconds	ms	毫秒
mirror neuron		镜像神经元
mismatch negativity		失匹配负波
mismatch negativity paradigm		失匹配负波范式
molecular level		分子水平
monitoring		监控
morphemes		语素
morphology		形态学
morphosyntactic categorization		形态句法分类
motor cortex		运动皮层
motor readiness brain potential		运动准备脑电位
movement		移动
myelin		髓鞘
myelination		髓鞘化
N100		N100
N400		N400
natural grammar		自然语法
near infrared spectroscopy	NIRS	近红外光谱技术
neuron		神经元
neurotransmitter		神经递质
newborns		新生儿
non-canonical		非常规

normal speech		正常言语
number marking		数标记
occipital lobe		枕叶
onset		起始
ontogeny		个体发育
ordering		排序
oscillation		振荡
oscillatory frequency		振荡频率
output		输出
P600		P600
paragrammatism		语法倒错性障碍
parietal lobe		顶叶
pars opercularis		额下回岛盖部
pars orbitalis		额下回眶部
pars triangularis		额下回三角部
parsing		解析
partial correlation		偏相关
passive		被动的
percent signal change	signal change（%）	信号变化百分比
phoneme		音位
phonological encoding		音韵编码
phonological word form		音系词形
phonology		音系学
phrase		短语
phrase structure grammar	PSG	短语结构语法
phrase structure reconstruction		短语结构重构
phylogeny		种系发生
picture-word-interference paradigm		图-词干扰范式
picture-word-priming paradigm		图-词启动范式
pitch		音高
planum polare		极平面
planum temporale		颞平面
posterior		后部的
posterior superior temporal cortex	pSTC	颞上皮层后部
posterior superior temporal gyrus	pSTG	颞上回后部
posterior temporal cortex	pTC	颞叶皮层后部
posterior temporal lobe	pTL	颞叶后部
postverbal message		后言语化的信息

pragmatics		语用学
precentral gyrus		中央前回
precentral sulcus		中央前沟
premotor cortex	PMC	前运动区
pre-supplementary motor area	preSMA	前辅助运动区
preverbal message		前言语化的信息
primary auditory cortex	PAC	初级听觉皮层
processes		加工过程
processing		加工
processing pitch		加工音高
proficiency		熟练度
progressive non-fluent aphasia		进行性非流利性失语症
prosodic boundary		韵律边界
prosody		韵律
push-button reaction time paradigm		按键反应时范式
readiness potential		准备脑电位
receptor similarity		受体相似性
receptorarchitectonic parcellation		神经受体构筑方面的脑区划分
receptorarchitecture		神经受体构筑
receptors		神经受体
region of interest	ROI	感兴趣区
resting-state functional connectivity		静息态功能连接
resting-state functional magnetic resonance	rfMRI	静息态功能磁共振成像
right hemisphere	RH	大脑右半球
rostral		喙部的
scrambling		置乱
second language learning		第二语言 / 二语学习
seed		种子点
segment		分段
segmental		音段（的）
selectional restriction		选择限制
semantic combinatoric		语义组合（学）
semantic network		语义网络
semantic relation		语义关系
semantically		语义上
semantic		语义、语义学
sensitive period		敏感期
sign language		手语

single cell recording		单细胞记录
single pulse stimulation		单脉冲刺激
slip of the tongue		口误（或语误）
songbird		鸣禽
specific language impairment	SLI	特定型语言障碍
speech		言语
speech errors		言语错误
standard		标准（刺激）
stimulation		（采用某种技术实行）刺激
stimulus type		刺激类型
stress		重读
structural level		结构水平
structural magnetic resonance imaging	sMRI	结构磁共振成像
Subject 1		1 号被试
subject-verb agreement		主语-动词一致
suffix		后缀
superasegmental		超音段（的）
superior		上侧的
superior longitudinal fasciculus	SLF	上纵束
superior temporal gyrus	STG	颞上回
superior temporal sulcus	STS	颞上沟
supplementary motor area	SMA	辅助运动区
supramarginal gyrus		缘上回
suprasegmental		超音段（的）
syllable		音节
synapses		突触
synatx	syn	句法（学）
syntactic complexity		句法复杂度 / 性
syntactic movement		句法移位
syntactic network		句法网络
syntactic phrase structure building		句法短语结构构建
syntactic phrases		句法短语
syntactic relation		句法关系
syntactic word category		句法词类
tempora lobe		颞叶
temporal pole		颞极
temporo-parietal junction	TPJ	颞顶联合区
test string		测试串

thalamus		丘脑
thematic relation		题元关系
thematic role assignment		题元角色指派
thematic role		题元角色
top-down		自上而下
tractography-based parcellation		基于纤维跟踪成像的脑区划分
uncinate fasciculus	UF	钩束
ventral		腹侧的
ventral fiber tract		腹侧纤维束
ventral language system		腹侧语言系统
verb-argument		动词-论元
volume of interest	VOI	感兴趣体积
Wernicke's region		Wernicke 区域
Wernicke's aphasia		Wernicke 失语症
Wernicke's area		Wernicke 区
white matter		白质
white matter fiber tracts		白质纤维束
word category		词类
word order		词序
word substitution		词语替代
word list		词串
working memory		工作记忆
world knowledge		世界知识

如需查阅原书参考文献，请扫描下方二维码。